VERANTWORTEN

VERANTWORTEN

Im Auftrag des Direktoriums
der Salzburger Hochschulwochen
als Jahrbuch herausgegeben
von Gregor Maria Hoff

Tyrolia-Verlag · Innsbruck-Wien

Der vorliegende Band
enthält die Vorlesungen und den Festvortrag
der Salzburger Hochschulwochen,
die in der Zeit vom 6. bis zum 12. August 2012
an der Universität Salzburg abgehalten wurden.

Mitglied der Verlagsgruppe „engagement"

Bibliographische Information Der Deutschen Nationalbibliothek
Die Deutsche Nationalbibliothek verzeichnet diese Publikation in der
Deutschen Nationalbibliographie; detaillierte bibliographische Daten
sind im Internet über http://dnb.d-nb.de abrufbar.

2012
© Verlagsanstalt Tyrolia, Innsbruck
Umschlaggestaltung: graficde'sign pürstinger, Salzburg
Druck und Bindung: Alcione, Lavis (I)
ISBN: 978-3-7022-3206-1
E-Mail: buchverlag@tyrolia.at
www.tyrolia-verlag.at

Inhalt

Vorwort
7

Erzbischof Dr. Robert Zollitsch
Grußwort
11

Hubert Wolf
„Die Kirche fürchtet gewiß nicht die Wahrheit,
die aus der Geschichte kommt" (Johannes Paul II).
Zur Verantwortung der Kirchengeschichte
15

Hans Joas
Laudatio für José Casanova zur Verleihung
des Theologischen Preises
37

José Casanova
Dankrede nach Verleihung des Theologischen Preises
51

Friedrich Wilhelm Graf
Die gesellschaftliche Verantwortung der Kirchen
in der pluralistischen Moderne. Ihre Chancen, ihre Probleme
und neuen Herausforderungen
69

Gregor Maria Hoff
Verantwortung des Glaubens –
Exposé einer messianischen Topologie
97

Armin Nassehi
Verantwortung versus Opportunität.
Ein Plädoyer für aufgeklärten Opportunismus
113

Markus Vogt
Verantworten – im Horizont demografischer Entwicklung
129

Martina Löw / Gerhard Vinken
Anpassung und Wirkung.
Anforderungen an Stadtentwicklung und Baukultur heute
181

Andreas Weiß
Preisträger des Publikumspreises
American History „Exodus"
Ein biblisches Erzählmotiv als identitätssichernde
Verantwortungsstrategie
213

Übersicht über die Lehrveranstaltungen
235

Die Autoren des Bandes
238

Vorwort

In wachsendem Maße entzünden sich gesellschaftliche Konflikte anhand von Gerechtigkeitsfragen. Es handelt sich um mehr als bloße Verteilungskämpfe. Partizipation stellt die Herausforderung des 21. Jahrhunderts dar. Sie fordert dazu auf, die gesellschaftlichen Fakten, die wir schaffen, vor den Folgen der Zukunft, die wir absehen können, zu verantworten.

Der Umbruch der Sozialsysteme, der Zugang zu Lebensressourcen, die Verteilung von Umweltbelastungen – sie fordern zum Nachdenken über die Mechanismen gesellschaftlicher Ein- und Ausschließungen auf. Migrationsströme teilen die Welt mitten in Europa und ziehen Grenzen, die sich über Ernährung und Gesundheit, Einkommen und Bildung definieren. Sie betreffen die Möglichkeiten persönlicher Lebensgestaltung und tasten die Würde von Menschen an.

Verantworten bildet den Imperativ jeder Zeit. In das 21. Jahrhundert führt er mit eigener Brisanz ein. Er leitet in den arabischen Ländern den Protest gegen die Herrschenden an und bringt die protestierenden Jugendlichen in Spanien auf die Straße. Er übt Druck auf Entscheider-Eliten aus, die unter dem Verdacht stehen, sich auf Kosten der Allgemeinheit zu bereichern. Die Forderung nach Verantwortung gegenüber der Zukunft konfrontiert mit den Schulden, die wir gemacht haben – den ökologischen wie den wirtschaftlichen.

Unter Globalisierungsbedingungen fordern die veränderten Problemszenarien zu neuen Positionsbestimmungen, vor allem aber zur Suche nach Lösungsoptionen auf. Die technische Entwicklung befragt dabei auch Kirche und Theologie auf ihre Fähigkeit, sich dem entsprechenden Problemdruck zu stellen.

Die Salzburger Hochschulwoche 2012 setzte hier an. Sie griff das imperative Verantwortungsmoment als Motiv unterschiedlicher Ortsbestimmungen auf. Wo stehen wir – als Christinnen und Bürger? Welche Verantwortungsräume tun sich auf – kirchlich, gesellschaftlich? Welche Problemszenarien belasten unsere Zukunftserwartungen – und welches religiöse und wissenschaftliche Kapital können wir einsetzen, sie zu bestehen?

Aus den zahlreichen inspirierenden Vorlesungen und intensiven Diskussionen der Salzburger Hochschulwoche 2012 hat eine gan-

Vorwort

ze Reihe den Weg auch in eine breitere mediale Öffentlichkeit gefunden. Dass es gerade Kirchenthemen waren, die ihr Echo gefunden haben, macht 50 Jahre nach dem Beginn des 2. Vatikanischen Konzils nachdenklich. Der Raum, den die Kirchen in der säkularen Gesellschaft einnehmen, stellt vor neue Herausforderungen. Um sie bestimmen zu können, sind Fragen notwendig – Fragen auch an kirchlich Selbstverständliches. Solche Fragen hat der Heilige Vater mit seiner Rede von der „Entweltlichung der Kirche" gestellt – Fragen daran hat der protestantische Theologe Friedrich Wilhelm Graf mit seiner Vorlesung adressiert.

Fragen hat auch der Träger des Theologischen Preises der SHW 2012, Prof. Dr. José Casanova, gestellt – Fragen nach dem Ort der Frau in der Kirche, Fragen nach Gender-Gerechtigkeit, Fragen nach der Zukunftsfähigkeit der Kirche. Sein Bekenntnis zu einer tief empfundenen Loyalität mit der eigenen Kirche schloss eine bemerkenswerte Lektion ein: Wir dürfen in unserer Kirche das Fragen nicht verlernen. Wir müssen der Erfahrung Raum geben dürfen, dass wir nicht vorab alle Antworten kennen. Der abschließende Festvortrag von Prof. Dr. Hubert Wolf hat dies in eindringlicher Form und historisch begründet vor Augen gestellt.

Im Jahr 2012 erinnert man sich an die Eröffnung des 2. Vatikanischen Konzils vor 50 Jahren. Dieses Konzil hat sich den Herausforderungen der modernen Welt gestellt. Es hat Entdeckungen gemacht und Umstellungen vorgenommen. Religionsfreiheit und ein entschiedenes Bekenntnis zu den Menschenrechten gehörten nicht zu den kirchlichen Selbstverständlichkeiten 1962. Mehr noch: Sie waren die längste Zeit von der katholischen Kirche als unmöglich betrachtet worden. Was unmöglich erschien, konnte unter veränderten Bedingungen, in offener Auseinandersetzung mit den Zeichen der Zeit, notwendig werden – um der Wahrheit des Evangeliums angesichts neuer Probleme gerecht werden und seine Bedeutung kommunizieren zu können. Darin hat das Konzil seine Verantwortung gesehen – darin sehen die Salzburger Hochschulwochen ihren Verantwortungsraum. Dazu gehören unbequeme Fragen. Die Kirche darf sie sich nicht nehmen oder gar verbieten lassen, und sie darf sie auch nicht unterdrücken. Sonst wird sie nicht tun können, was ihr Auftrag verlangt: „Freude und Hoffnung, Trauer und Angst

Vorwort

der Menschen von heute, besonders der Armen und Bedrängten aller Art" (GS 1) zu teilen. Die Salzburger Hochschulwoche 2012 hat nach Wegen gesucht, den Glauben an das Evangelium menschennah und problembewusst, realitätshaltig und nachdenklich zu verantworten. Die Beiträge des vorliegenden Bandes dokumentieren diesen intellektuellen Prozess. Ein herzlicher Dank gebührt allen Vortragenden der Salzburger Hochschulwoche 2012 und den Autorinnen und Autoren, die diesen Band möglich gemacht haben.

Gregor Maria Hoff
Obmann

Grußwort des Vorsitzenden der Deutschen Bischofskonferenz, Erzbischof Dr. Robert Zollitsch, zum Akademischen Festakt

Sehr geehrter Herr Erzbischof, lieber Primas Germaniae,
sehr geehrter Herr Professor Hoff,
liebe Festgäste, meine Damen und Herren,

der Name Salzburg hat weltweit einen guten Klang. Diese Stadt ist von der Geschichte und nicht zuletzt vom Barock geprägt und beweist zugleich mit Kunst und Architektur der Gegenwart Zeitgenossenschaft. Gerade in diesen Sommertagen scheint sie von Musik und Kultur überzufließen. Auf Menschen aus aller Welt wirkt sie wie ein Magnet. Auch ich freue mich, heute bei Ihnen in Salzburg zu sein und die Grüße der Deutschen Bischofskonferenz überbringen zu können.

Mit dem festlich gestalteten Gottesdienst im Dom und diesem Festakt gehen die Salzburger Hochschulwochen 2012 zu Ende. In seinem Vortrag erinnerte Professor Wolf an die Überzeugung des seligen Papstes Johannes Paul II., die Kirche habe die Wahrheit der Geschichte nicht zu fürchten. Diese Aufforderung, sich der eigenen Geschichte und damit auch dem eigenen Auftrag vor Gott und der Gegenwart zu stellen, steht als Leitgedanke auch über den Salzburger Hochschulwochen insgesamt.

In einer Zeit des Umbruchs sollte die Gründung der Sommeruniversität im Jahr 1931 gewiss dazu beitragen, katholische Positionen auf wissenschaftlichem Niveau nach innen und nach außen zu vermitteln. Angesichts neuer Herausforderungen und verbreiteter Orientierungssuche ist dies auch heute ein wichtiges Anliegen. Zugleich aber setzten die Gründungsväter das Signal, dass diese Positionen nicht unverrückbar ein für alle Male bestehen, sondern immer wieder der Selbstreflexion und des Dialoges mit der Welt bedürfen. Das II. Vatikanische Konzil hatte diese doppelte Zielset-

Grußwort

zung im Blick, wenn es in *Gaudium et Spes* (GS 40 – 44) zunächst beschreibt, was die Kirche den Menschen mit dem Glauben vermittelt. Dann aber legt das Konzil dar, was „die Kirche [selbst] von der heutigen Welt" erfährt. Genannt werden die geschichtliche Erfahrung, der Fortschritt der Wissenschaften sowie die verschiedenen Formen der menschlichen Kultur. Durch sie werden „neue Wege zur Wahrheit aufgetan". Der Dialog mit der Welt kann mithin zu einem besseren Verständnis des Menschen, des christlichen Glaubens und der Aufgaben der Kirche in der Gegenwart beitragen. Das Konzil ermuntert uns, die „Zeichen der Zeit" wahrzunehmen und sie im Licht des Evangeliums richtig zu deuten. Insofern sind die Salzburger Hochschulwochen nicht nur Ort der Bestärkung, sondern auch Ort der kritischen Selbstvergewisserung in einer modernen Lebenswelt. Das diesjährige Thema „Verantworten" fügt sich in diesen Zusammenhang ein, provoziert es doch zugleich die Frage nach dem Menschen, nach der Freiheit und letztlich nach Gott.

Dass dieser Weg bis zum heutigen Tag so konsequent und auf so hohem Niveau beschritten werden konnte, ist neben der illustren Reihe der Referenten insbesondere auch den Verantwortlichen in Präsidium und Direktorium zu danken. Vor allem die Obmänner seien hier anerkennend erwähnt, die der Sommeruniversität ihr je eigenes Profil verliehen haben. Neben dem heutigen Rektor der Universität Professor Heinrich Schmidinger sei darum Ihnen, Herr Professor Hoff, ein herzliches „Vergelt's Gott" gesagt.

Mit bewundernswerter Energie und jugendlicher Dynamik haben Sie, werter Herr Professor, das Programm um neue Elemente bereichert. Damit werden Signale gesetzt, die im Raum der Wissenschaft, der Kirche und vor allem unter jungen Menschen wahrgenommen werden. Für die Wirksamkeit und den weiteren Bestand der Salzburger Hochschulwochen ist es von entscheidender Bedeutung, neben den bewährten und willkommenen Teilnehmerinnen und Teilnehmern immer wieder auch neue Interessenten anzusprechen. Es ist richtig, dabei auch über gewohnte Grenzen hinauszuschauen und unbekannte Wege zu erproben. Dass Sie in diesen Tagen in Ihrem Amt als Obmann bestätigt wurden, ist Anerkennung für Geleistetes und Ermunterung für Neues.

Das Statut der Salzburger Hochschulwochen sagt lapidar, dass der Erzbischof von Salzburg der Vorsitzende des Präsidiums ist. Es

Grußwort

war ein Glücksfall, dass dieses wichtige Amt in den letzten Jahren Ihnen, lieber Herr Erzbischof Alois, anvertraut war. Es liegt in der Spiritualität Ihres Ordensgründers Don Bosco, bei aller eigenen Klarheit den Menschen Raum zu lassen. Aus dieser Zielgerichtetheit und Weite haben Sie den Salzburger Hochschulwochen zugleich Richtung und Raum gegeben. Hierfür sei Ihnen im Namen der Deutschen Bischofskonferenz von Herzen Dank gesagt.

Hubert Wolf

„Die Kirche fürchtet gewiss nicht die Wahrheit, die aus der Geschichte kommt." (Johannes Paul II.)

Zur Verantwortung der Kirchengeschichte[1]

„Es ist an der Zeit, dass die Anmaßungen der ‚historischen Wissenschaft' und der ‚wissenschaftlichen Historiker' auf ihre eigene Sphäre und in ihre Grenzen verwiesen werden" – so ereiferte sich Erzbischof Edward Manning auf dem Ersten Vatikanischen Konzil 1870. Er hatte dabei vor allem seinen Rottenburger Bischofskollegen, den profilierten Kirchenhistoriker Carl Joseph von Hefele im Blick, der sich mit historischen Argumenten gegen die Dogmatisierung der päpstlichen Unfehlbarkeit ausgesprochen hatte. Manning fuhr fort, wer wirklich katholisch sein wolle, dem sei es verboten, „vom unerschütterlichen Felsen der Wahrheit des kirchlichen Lehramtes in den Sumpf der menschlichen Geschichte herabzusteigen".[2]

Hefele hielt dagegen: Seine Verantwortung als Kirchenhistoriker und Bischof gebiete ihm, Widerspruch gegen das neue Infallibilitätsdogma einzulegen, weil der Papst an sich nicht unfehlbar sein könne, da historisch feststehe, dass zumindest ein Papst in der Geschichte in einer zentralen Glaubensfrage geirrt hat: Honorius I. (625–638), der im Monotheletenstreit den menschlichen Willen

---

1 Vortrag, gehalten beim Akademischen Festtag der Salzburger Hochschulwochen am 12. August 2012. Die Vortragsform wurde beibehalten, die Nachweise auf das Wesentliche beschränkt. Der Verfasser bereitet eine größere Studie zu den „vergessenen Optionen" der Kirchengeschichte vor.
2 Edward Manning, [Private Aufzeichnungen während des Ersten Vatikanischen Konzils] „The Ecumenical Council" und „Notes on Vatican I"; zitiert nach August Bernhard Hasler, Pius IX. (1846–1878), päpstliche Unfehlbarkeit und I. Vatikanisches Konzil. Dogmatisierung und Durchsetzung einer Ideologie (Päpste und Papsttum 12/1), Stuttgart 1977, S. 343, S. 345f.

in Christus leugnete.³ Das 6. Ökumenische Konzil von Konstantinopel (680/81) verurteilte Honorius I. feierlich als Häretiker. Über mehrere Jahrhunderte hindurch mussten sich die römischen Päpste bei ihrem Amtsantritt ausdrücklich von der Irrlehre Honorius' I. distanzieren und ihren als Ketzer verurteilten Amtsvorgänger auf dem Stuhl Petri mit dem Anathem belegen.

Für Hefele war klar: Was historisch nachweislich falsch ist, nämlich die ununterbrochene Infallibilität der Päpste, kann auch theologisch nicht wahr sein. Was dem geschichtlichen Befund eindeutig widerspricht, kann nicht zu einer dogmatischen Wahrheit erhoben werden. Vier Fünftel der deutschen Bischöfe ließen sich 1870 auf dem Ersten Vatikanum von ihrem kirchenhistorisch gebildeten Amtsbruder überzeugen und sprachen sich gegen die Definition der Unfehlbarkeit aus. Hefele glaubte aus Gewissensgründen seine Verantwortung als Kirchenhistoriker wahrnehmen zu müssen. Verzweifelt schrieb er an einen Freund: „Lieber als ehrlicher Schwabe, wenn auch suspendiert, in die Grube fahren, als aus Menschenfurcht falsches Zeugnis geben."⁴ Und später: „Etwas, was an sich nicht wahr ist, für göttlich geoffenbart anzuerkennen, das tue, wer kann. Non possum."⁵

Manning hielt Hefele entgegen: „Wir sind hier doch nicht in der Schule, sondern auf einem Ökumenischen Konzil. Nicht die Historiker ... sind zu befragen, sondern das lebende Orakel der Kirche."⁶

3   Carl Joseph von Hefele, Honorius und das sechste allgemeine Concil, Tübingen 1870. Vgl. auch Georg Kreuzer, Die Honoriusfrage im Mittelalter und der Neuzeit (Päpste und Papsttum 8), Stuttgart 1975; Hubert Wolf, Indem sie schweigen, stimmen sie zu? Die Tübinger Katholisch-Theologische Fakultät und das Unfehlbarkeitsdogma, in: Hubert Wolf (Hg.), Zwischen Wahrheit und Gehorsam. Carl Joseph von Hefele (1809–1893), Ostfildern 1994, S. 78–101.

4   Schreiben Hefeles an Kardinal Schwarzenberg vom 10. August 1870; zitiert nach Theodor Granderath, Geschichte des Vatkanischen Konzils von seiner ersten Ankündigung bis zu seiner Vertagung. Nach den authentischen Dokumenten dargestellt, 3 Bde., Freiburg i. Br. 1903–1906, hier Bd. 3, S. 560.

5   Schreiben Hefeles an Ignaz von Döllinger vom 14. September 1870; Text bei Johann Friedrich von Schulte, Der Altkatholizismus. Geschichte seiner Entwicklung, inneren Gestalt und rechtlichen Stellung in Deutschland, Gießen 1887, S. 223.

6   Manning, Aufzeichnungen (wie Anm. 2), S. 345f.

„Die Kirche fürchtet gewiss nicht die Wahrheit ..."

Und selbst wenn Hefele hundertmal historisch Recht habe, sei dies bedeutungslos. Denn dann müsse halt das „Dogma die Geschichte besiegen".[7]

Und genauso kam es: Jahrzehntelange mühsame kirchenhistorische Forschung mit eindeutigen Faktenbelegen spielte keine Rolle. Trotz des häretischen Papstes Honorius I. wurde die Unfehlbarkeit der Päpste definiert. Die opponierenden Bischöfe reisten vor der Schlussabstimmung ab, weil sie sonst aus Gewissensgründen gegen das neue Dogma und Pius IX. hätten stimmen müssen. Nach und nach unterwarfen sich aber alle; am Ende, nach über einem Jahr, auch Hefele, den die doppelte Verantwortung fast zerriss: Als Kirchenhistoriker blieb er von der Unmöglichkeit des Unfehlbarkeitsdogmas überzeugt, als Bischof wollte er jedoch nicht die Verantwortung für eine Kirchenspaltung übernehmen. „Es ist aber die Einheit der Kirche ein so hohes Gut", dass sie sogar das höchste persönliche Opfer rechtfertigt: das „sacrificium intellectus" – so begründete Hefele seinem Diözesanklerus gegenüber seine schlussendliche Unterwerfung unter das Unfehlbarkeitsdogma.[8]

Von dieser Niederlage hat sich unser Fach, das sich im 19. Jahrhundert, dem Säkulum der Geschichte, als Leitwissenschaft der katholischen Theologie verstanden hatte, im Grunde bis heute nicht erholt. Kirchengeschichte spielt im Rahmen der theologischen Erkenntnislehre bei aller formelhaften Beschwörung der Bedeutung der Geschichtlichkeit für Theologie und Kirche faktisch keine Rolle mehr. Es kam im Gefolge des Ersten Vatikanums zu einer weitgehenden Selbstmarginalisierung.[9] In aktuelle Debatten mischten sich

---

7 Dieses Wort will Döllinger aus dem Munde Mannings gehört haben; Quirinus [Ignaz von Döllinger], Römische Briefe vom Conzil, München 1870, S. 61. Vgl. auch Hasler, Pius IX. (wie Anm. 2), S. 346.

8 Rundschreiben Hefeles „An den hochwürdigen Clerus" der Diözese Rottenburg vom 10. April 1871; Faksimile in: Wolf (Hg.), Wahrheit (wie Anm. 3), nach S. 155.

9 Vgl. zum Folgenden Hubert Wolf, Der Historiker ist kein Prophet. Zur Theologischen (Selbst-)Marginalisierung der katholischen deutschen Kirchengeschichtsschreibung zwischen 1870 und 1960, in: Ders. (Hg.), Die katholisch-theologischen Disziplinen in Deutschland 1870–1962 (Programm und Wirkungsgeschichte des II. Vatikanums Bd. 3), Paderborn 1999, S. 71–93.

Hubert Wolf

Kirchenhistoriker in der Regel nicht ein, „heiße Eisen" fassten sie nicht an. Der Münchner Kirchenhistoriker Ignaz von Döllinger, der wegen seiner Ablehnung des Unfehlbarkeitsdogmas exkommuniziert worden war, warf seinen Fachkollegen nicht umsonst vor, sie betrieben nur noch theologische „Allotria".[10]

Die Kirchenhistoriker versuchten alles, um aus dem Wetterwinkel des römischen Lehramtes herauszukommen, was ihnen auch tatsächlich weitgehend gelang. Zunächst gerieten die Exegeten mit ihrer an protestantische Vorbilder angelehnten historisch-kritischen Schriftauslegung, dann vor allem die Moraltheologen mit ihren Anfragen an die kirchliche Sexualmoral in den Fokus des Heiligen Offiziums. Kirchengeschichte galt dort als eher harmlos, wenn auch die Antimodernismus-Enzyklika Pius' X. 1910 den für historisches Denken zentralen Entwicklungsgedanken noch einmal feierlich verwarf und der eine oder andere Kirchenhistoriker erneut vor das Tribunal der römischen Zensurbehörden zitiert wurde.[11]

Die *cum grano salis* erfolgreiche Vermeidungsstrategie gegenüber römischen Bannstrahlen hat das Fach freilich mit theologischer Bedeutungslosigkeit bezahlt. Die Kirchenhistoriker entwickelten zwei ganz unterschiedliche Modelle, um sich zu schützen: Zum einen betrieb man Kirchengeschichte rein positivistisch, konzentrierte sich auf monumentale Akteneditionen (wie etwa das Großprojekt „Concilium Tridentinum"), verzichtete auf jede Wertung und mied vor allem das Feld der Dogmengeschichte wie der Teufel das Weihwasser. Statt Dogmenentwicklung betrieb man Realienforschung. Eine Frucht ist die bis heute unverzichtbare „Realenzyklopädie für Antike und Christentum". Wer jedoch eine dogmenhistorische Fra-

10 Vgl. Adolf von Harnack, Aus der Werkstatt des Vollendeten. Als Abschluß seiner Reden und Aufsätze, hg. von Axel von Harnack, Gießen 1930, S. 116f.
11 Rundschreiben Unseres Heiligsten Vaters Pius X., durch göttliche Vorsehung Papst, über die Lehren der Modernisten, vom 8. September 1907, „Pascendi dominici gregis", lateinischer und deutscher Text, Freiburg i. Br. 1908. Zum Umgang der Kirche mit dem „Modernismus" vgl. Claus Arnold, Kleine Geschichte des Modernismus, Freiburg i. Br. 2007; Hubert Wolf/Judith Schepers (Hg.), „In wilder zügelloser Jagd nach Neuem". 100 Jahre Modernismus und Antimodernismus in der katholischen Kirche (Römische Inquisition und Indexkongregation 12), Paderborn u. a. 2009.

ge beantwortet wissen will, bleibt auf protestantische Autoren verwiesen.[12]

Zum anderen unterwarf man die historische Arbeit einem „dogmatischen Kriterium".[13] Die von Jesus Christus gestiftete Kirche wurde von den neuscholastisch orientierten Kirchenhistorikern als „ihrer Natur nach unveränderlich" angesehen, das heißt, Wesen, Verfassung, Lehre und Disziplin der Kirche mussten genau so bleiben, wie Jesus sie von Anfang an eingesetzt hat. Jede Art von Entwicklung ist dabei von vornherein ausgeschlossen, eine offene historische Forschung nicht mehr möglich, denn die Erkenntnis der Kirchengeschichte „lässt sich *a priori* erkennen und jeder Forscher, der nicht irren will, muss mit einer solchen *a priori* von ihr erworbenen Kenntnis an ihr Studium herantreten". Die Dogmatik und in letzter Konsequenz das kirchliche Lehramt definieren, was kirchenhistorische Forschung zu Tage fördern darf und was nicht. Kirchengeschichte ist kein eigenständiges Fach mehr, sondern nur noch eine unmündige Magd, die der Dogmatik und dem Lehramt die Schleppe hinterher trägt.

Beide Konzeptionen sind nicht geeignet, der großen Verantwortung gerecht zu werden, die Johannes Paul II. der Kirchengeschichte im Vorfeld des Heiligen Jahres 2000 zugeschrieben hat. Am 1. September 1999 führte der Papst aus: „Die Kirche fürchtet gewiss nicht die Wahrheit, die aus der Geschichte kommt."[14] Im Kontext der Öffnung der Archive der Römischen Inquisition und der Indexkongregation hatte er bereits am 31. Oktober 1998 die Aufgabe der Geschichtswissenschaft genauer umrissen: „Das kirchliche Lehramt kann nicht mit Gewissheit einen moralischen Akt – wie die Bitte um Vergebung – vornehmen, bevor es sich nicht exakt über die

---

12 Vgl. Wolf-Dieter Hauschild, Dogmengeschichtsschreibung, in: TRE 9 (1982), S. 116–125; Wolf, Historiker (wie Anm. 9).
13 Matthias Höhler, Das dogmatische Kriterium der Kirchengeschichte: Ein Beitrag zur Philosophie der Geschichte des Reiches Gottes auf Erden, Mainz 1893. Die nachfolgenden Zitate ebd., S. 43, S. 44, S. 45, S. 51–52. Das Buch entstand aus einer Artikelserie, die im Katholik 73 (1893) H 1, S. 38–49, S. 112–130, S. 249–260, S. 385–397, S. 511–536 erschien.
14 Papst Johannes Paul II., Ansprache am 1. September 1999, in: L'Osservatore Romano vom 2. September 1999.

Hubert Wolf

Situation dieser Zeit hat ins Bild setzen lassen." Johannes Paul II. spielte hier auf die Gründung der Heiligen Römischen und Universalen Inquisition 1542 im Kontext der Bekämpfung des Protestantismus an. „Deshalb besteht der erste Schritt in der Befragung der Historiker, von denen man nicht eine ethische Bewertung erwartet, die außerhalb ihres Zuständigkeitsbereiches läge, sondern vielmehr eine Hilfe zur möglichst präzisen Rekonstruktion der Ereignisse, Gewohnheiten und Einstellungen von damals im Zusammenhang des geschichtlichen Umfeldes der betreffenden Epoche."[15]

Bevor das Lehramt also handeln kann und angesichts der derzeitigen schwierigen Lage der Kirche Schritte der Reform einleitet, besteht der erste Schritt – überträgt man die Äußerungen Johannes Pauls II. auf dieses Problem – „in der Befragung der Historiker" und ihrer „möglichst präzisen Rekonstruktion" der geschichtlichen Wirklichkeit. Wie kann nun unser Fach, die Kirchengeschichte, dieser hohen Verantwortung nachkommen, ohne dabei seine Grenzen zu überschreiten?

Kirchengeschichte muss sich zunächst als historische Ekklesiologie begreifen, die sich dem empirischen Verfahren verpflichtet weiß.[16] Sie kann ihren Erkenntnisgewinn nur in innerweltlichen Verknüpfungen von Ereignissen, Bedingungen und Ursachen finden. Ihr Untersuchungsgegenstand ist die Kirche in ihrer Geschichte. Die spirituelle Dimension der Kirche, die *Quahal Jahwe* als Erlösungsgemeinde Gottes, ist ihr aufgrund ihrer Methoden nicht

---

15 Papst Johannes Paul II., Ansprache an die Teilnehmer der Internationalen Studientagung zur Erforschung der Inquisition (31. Oktober 1998), veranstaltet von der Theologisch-Historischen Kommission des Zentralkomitees des Heiligen Jahres, in: L'Osservatore Romano vom 20. November 1998. Vgl. auch http://www.vatican.va/roman_curia/congregations/cfaith/cti_documents/rc_con_cfaith_doc_20000307_memory-reconc-itc_ge.html (12.09.2012).
16 Zum Folgenden grundsätzlich Hubert Wolf, Was heißt und zu welchem Ende studiert man Kirchengeschichte? Zu Rolle und Funktion des Faches im Ganzen katholischer Theologie, in: Wolfram Kinzig/Volker Leppin/Günther Wartenberg (Hg.), Historiographie und Theologie. Kirchen- und Theologiegeschichte im Spannungsfeld von geschichtswissenschaftlicher Methode und theologischem Anspruch (Arbeiten zur Kirchen- und Theologiegeschichte 15), Leipzig 2004, S. 53–65.

zugänglich. Sie kann sich nur der in der Geschichte „subsistierenden" Institution Kirche zuwenden, der *ekklesia* im eigentlichen Wortsinn, die ursprünglich die Versammlung der rechtsfähigen Bürger einer Polis meint. Deshalb misst sich der Wert der Kirchengeschichte an der Präzision ihrer historisch-kritischen Arbeit.

Aber gerade mit dieser dezidert historischen Methode ist sie ein theologisches Fach und hat theologisch Relevantes zu sagen. Die Kirchengeschichte ist, wie es Döllinger einmal treffend formulierte, neben der Systematik das „zweite Auge" der Theologie. Ohne Kirchengeschichte fehlt dem theologischen Blick die nötige Tiefenschärfe.

Ein möglicher Ansatzpunkt, um die theologische Aufgabe der historisch arbeitenden Kirchengeschichte wissenschaftstheoretisch zu fassen, lässt sich in Anlehnung an die Lehre von den *loci theologici* des Melchior Cano finden.[17] Wenn eine theologisch relevante Frage zu beantworten ist, dann müssen nach Cano zehn theologische Orte als „Dokumentationsbereiche" und „Bezeugungsinstanzen" befragt werden: Heilige Schrift, Tradition, katholische Kirche, Konzilien, römische Kirche, Kirchenväter, Theologen, menschliche Vernunft, Philosophen und schließlich die Geschichte als Ganze.

Wenn die Geschichte selbst eine theologisch relevante Bezeugungsinstanz ist, muss diese dann nicht in adäquater Weise befragt werden? Wie aber könnte man Geschichte sachgemäßer befragen als mit den eigens für sie entwickelten historischen Methoden? Und welches theologische Fach wäre dazu geeigneter als die Kirchengeschichte? Dasselbe gilt auch für die anderen Loci wie die Konzilien, die Kirchenväter und nicht zuletzt die Tradition der Kirche, die sich in unterschiedlichen Traditionen niederschlägt, die wiederum nur historisch greifbar sind. Kirchengeschichte befragt die loci theologici, zu denen sie aufgrund ihrer Methodik in einer besonderen Affinität steht. Und sie bringt das Ergebnis in den Diskurs mit den anderen theologischen Wissenschaften ein.

---

17 Vgl. Max Seckler, Die ekklesiologische Bedeutung des Systems der „Loci theolocici", in: Walter Baier (Hg.), Weisheit Gottes – Weisheit der Welt. Festschrift für Joseph Kardinal Ratzinger, Bd. 1, St. Ottilien 1987, S. 37–65.

Hubert Wolf

Vor allem aber kommt sie so der Aufgabe, die Johannes Paul II. ihr zugewiesen hat, nach, und informiert das Lehramt über ihre möglichst präzisen historischen Rekonstruktionen. Sie deckt für Theologie und Lehramt den ganzen Tisch der Tradition, damit bei aktuellen Entscheidungen die ganze „katholische" Fülle auf dem Tisch liegt.[18] Dabei wird freilich nicht einer postmodernen Beliebigkeit das Wort geredet. Vielmehr besteht die Verantwortung der Theologie als ganzer und nicht zuletzt des Lehramtes darin, diese Modelle zu würdigen und zu entscheiden, inwieweit sie Anregungen geben können für den Weg der Kirche durch die Zeit.

Denn die Kirche war in ihrer Geschichte nie ein monolithischer Block. Vielmehr rangen unterschiedliche Katholizismen miteinander um den rechten Weg.[19] Im Bild eines sich drehenden Rades ausgedrückt, gab es eher zentrifugal und eher zentripetal wirkende Kräfte des Katholizismus. Auf wichtige Fragen wurden unterschiedliche Antworten gegeben, ohne dass dabei automatisch die Einheit der Kirche infrage gestellt worden wäre. Diese alternativen Modelle der Verwirklichung des Katholischen, diese vergessenen Optionen für die heutige Reformdiskussion wieder zugänglich zu machen, gehört zu den wichtigsten Aufgaben unseres Faches. Zur Verantwortung des Kirchenhistorikers gehören aber auch die Enttarnung angeblich ewiger Wahrheiten und kritische Zwischenrufe, wenn die Gefahr besteht, dass das Lehramt und die systematische Theologie einer ideologischen Blickverengung aufsitzen, die durch die historische Wirklichkeit nicht gedeckt ist.

Wer nicht nur von Geschichtlichkeit der Kirche redet, wem es um die Wahrheit geht, die aus der Geschichte kommt, der muss den Entwicklungsgedanken festhalten. Die Kirche in ihrer äußeren Gestalt ist und war einem ständigen Wandel unterworfen. Ihre Ämter und Institutionen haben sich im Lauf der Zeit entwickelt und sind nicht von Jesus Christus so gestiftet worden, wie sie heute sind. Manche kirchlichen Einrichtungen sind nach einer Blütezeit ver-

18 Vgl. Hubert Wolf, Den ganzen Tisch der Tradition decken. Tendenzen und Perspektiven neuzeitlicher Kirchengeschichte, in: Theologische Quartalschrift 184 (2004), S. 254–276.
19 Vgl. Rudolf Reinhardt, Katholizismus und Katholizismen. Zur Deutung der Kirchengeschichte des 17. und 18. Jahrhunderts, in: Zeitschrift für Kirchengeschichte 103 (1992), S. 361–365.

gangen, andere erst spät in der Geschichte der Kirche entstanden. Auch das Dokument „Erinnern und Versöhnen", das die Internationale Theologische Kommission im Auftrag des Papstes im Heiligen Jahr 2000 vorlegte, bekannte sich ausdrücklich zum Prinzip der *ecclesia semper reformanda*: „Die Kirche ist zugleich heilig und stets der Reinigung bedürftig, sie geht immerfort den Weg der Buße und Erneuerung."[20] Eine Relativierung des Glaubensbekenntnisses und der feierlich definierten Dogmen wurde dabei explizit ausgeschlossen.

Der Traditionsprozess, der seinen Ausgangspunkt im historischen Christusereignis nimmt, kommt niemals zum Stillstand, weil Gott sich in Jesus Christus ganz auf die Geschichte eingelassen hat und die Kirche unter den wechselnden Bedingungen der jeweiligen Zeit die zentrale Aufgabe hat, den Tod und die Auferstehung des Herrn zu bezeugen. Die Kirche als Institution ist Teil der Geschichte und wird vergehen wie die Geschichte selbst. Transformationsprozesse im Lauf der Tradition sind stets an der Tagesordnung. Und der Traditionsstrom ist, wenn er wirklich katholisch sein und dem Ganzen entsprechen will, immer pluriform. Wo – um ein Beispiel zu nennen – der synoptische Jesus vom Reich Gottes als einer sozialen Wirklichkeit, als einem vom Sein Gottes geprägten Be-Reich spricht, da redet Paulus von der *Charis*, der Gnade, die eher individualistisch gedacht werden muss. Diese Transformation und gleichzeitige Pluriformität war legitim, sonst hätte die Kirche diese ganz unterschiedlichen Modelle nicht in den Kanon der Heiligen Schrift aufgenommen.

Was für die Heilige Schrift gilt, gilt auch für die weitere Geschichte der Kirche. Es kam und kommt zu immer neuen Inkulturations- und Transformationsprozessen. Die Formierung der Kirche war eben mit der Hellenisierung des Christentums keineswegs abgeschlossen.[21] Das Amalgam der jüdischen Christusbotschaft und der griechischen Philosophie ist nur ein Modell von Katholizität

---

20 Gerhard Ludwig Müller (Hg.), Erinnern und Versöhnen. Die Kirche und ihre Verfehlungen in ihrer Vergangenheit, Freiburg i. Br. 2000, S. 9.
21 Vgl. Carl Andresen, Art. Antike und Christentum, in: TRE 3 (1978), S. 50–99, hier S. 73–77; Joachim Drumm, Art. Hellenisierung, in: LThK3 4 (1995), Sp. 1407–1409.

und nicht das allein seligmachende, denn Kirchengeschichte hört im 5. Jahrhundert eben nicht auf. Wer die hellenistische Gestalt des Christentums zur katholischen Kirche schlechthin erklärt, müsste zahlreiche spätere Entwicklungen in der katholischen Kirche für häretisch halten. Erinnert sei hier nur

– an den Jurisdiktionsprimat und die Unfehlbarkeit des römischen Bischofs,
– an die Ernennung der Bischöfe durch den Papst allein, statt der Wahl durch die Gemeinde,
– an das Junktim der Charismen der Eheunfähigkeit und des Leitungsdienstes als Voraussetzung für die Übernahme des priesterlichen Dienstes,
– an die Entwicklung der frühneuzeitlichen Kirche zur römisch-katholischen Konfession in Abgrenzung zu anderen christlichen Denominationen,
– oder an das „ordentliche Lehramt", das es so erst seit Mitte des 19. Jahrhunderts gibt.

Besonderes Interesse verdient in diesem Zusammenhang das Thema einer einheitlichen, durch die Jahrhunderte hindurch kontinuierlichen und widerspruchsfreien Lehrentwicklung in der katholischen Kirche. Am heftigsten ist über diese Frage im Kontext der Rezeptionsgeschichte des Zweiten Vatikanischen Konzils diskutiert worden. Im Wesentlichen haben sich dabei zwei Sichtweisen herauskristallisiert: Das Kontinuitäts- und das Diskontinuitätsmodell, die beide jeweils entweder positiv oder negativ besetzt sein können.[22]

Zunächst zum Diskontinuitätsmodell: Es geht davon aus, dass das Konzil einen Bruch darstellt. Während die einen diese kritische Absetzung des Zweiten Vatikanums von der pianischen Epoche als lange überfällige Reaktion der Kirche auf die Erfordernisses der modernen Zeit positiv betrachten und die innovativen Reformen feiern, sehen die anderen darin einen Verrat an der Tradition der Kirche, vor allem am Konzil von Trient, und eine Kapitulation vor dem gefährlichen modernistischen Zeitgeist.

---

22 Dazu grundlegend Günther Wassilowsky, Universales Heilssakrament Kirche. Karl Rahners Beitrag zur Ekklesiologie des II. Vatikanums (Innsbrucker theologische Studien 59), Innsbruck/Wien 2001, S. 16–22.

„Die Kirche fürchtet gewiss nicht die Wahrheit ..."

Die Anhänger des Kontinuitätsmodells bestreiten dagegen, dass das Konzil überhaupt etwas Neues gebracht hat. Es habe sich vielmehr bewusst der kirchlichen Tradition untergeordnet. Während die einen diese Kontinuität als Feigheit der Väter vor wirklichen Reformen charakterisieren, äußern andere ihre tiefe Zufriedenheit darüber, dass das Konzil jeder Tendenz zum Bruch mit der kirchlichen Lehrtradition widerstanden habe. Am nachdrücklichsten hat diese Position wohl Joseph Ratzinger vertreten, der 1985 in einem Interview äußerte: „Einem solchen Schematismus eines *Vor* und eines *Nach* in der Geschichte der Kirche, der überhaupt nicht gedeckt ist durch die Dokumente, die nichts anderes tun, als die Kontinuität zu bekräftigen, heißt es entschieden entgegenzutreten. Es gibt keine *vor*- oder *nach*-konziliare Kirche. ... In dieser Geschichte gibt es keine Brüche und es gibt keine Unterbrechung der Kontinuität."[23] Auch als Papst ist Ratzinger bei einer strikten Ablehnung der „Hermeneutik des Bruches" im Hinblick auf das Konzil geblieben. Statt von einfacher Kontinuität spricht er jetzt aber von einer „Hermeneutik der Reform", der „Erneuerung des einen Subjektes Kirche, die der Herr uns geschenkt hat unter Wahrung der Diskontinuität".[24] Damit sind neue Möglichkeiten der Konzilsinterpretation eröffnet. Es bleibt aber im letzten unklar, was der Papst genau unter „Reform" versteht.[25] Dem strikten Wortsinn nach hat *re-formare* damit zu tun,

---

23 Joseph Ratzinger, Zur Lage des Glaubens. Ein Gespräch mit Vittorio Messori, München 1985, S. 33. Hervorhebungen im Original.

24 Ansprache von Papst Benedikt XVI. an das Kardinalskollegium und die Mitglieder der Römischen Kurie vom 22. Dezember 2005, in: Verlautbarungen des Apostolischen Stuhls 172, Bonn 2006, S. 11.

25 Vgl. Günther Wassilowsky, Kontinuum – Reform – (Symbol-)Ereignis? Konzilsgeschichtsschreibung nach Alberigo, in: Franz Xaver Bischof (Hg.), Das Zweite Vatikanische Konzil (1962–1965). Stand und Perspektiven der Forschung im deutschsprachigen Raum (Münchener Kirchenhistorische Studien Neue Folge 1), Stuttgart 2012, S. 27–44, hier S. 33–36. Wassilowsky sieht bei Benedikt XVI. einen dezidiert „antirevolutionären Reformbegriff" am Werk, der dem organischen Denken des 19. Jahrhunderts entspringe, und durch „Kalkulierbarkeit" und Systemkonformität" gekennzeichnet sei. Dazu jetzt auch Jan Heiner Tück, Die Verbindlichkeit des Konzils. Die Hermeneutik der Reform als Interpretationsschlüssel, in: Ders. (Hg.), Erinnerung an die Zukunft. Das Zweite Vatikanische Konzil, Freiburg i. Br. 2012, S. 85–104, hier S. 97–103.

eine vorhergehende *de-formatio* wieder in Ordnung zu bringen und dabei auf die Möglichkeiten, die der breite Traditionsstrom der Kirchengeschichte bietet, zurückzugreifen.[26]

Was die zentralistische, auf den Papst konzentrierte Ekklesiologie angeht, haben die Vertreter der Kontinuitätsthese ohne Zweifel Recht. Die Lehren vom Jurisdiktionsprimat und der päpstlichen Unfehlbarkeit des Ersten Vatikanischen Konzils wurden auf dem Zweiten Vatikanum klar bestätigt.[27] Aber wie sieht es im Hinblick auf das Verhältnis der katholischen Kirche zu den Menschenrechten, namentlich der Religions- und Gewissensfreiheit, oder zu den Juden als dem Gottesvolk des Alten Bundes aus?

Mit dem Breve *Quod aliquantum* hatte Pius VI. 1791 nicht nur die Zivilkonstitution des französischen Klerus, sondern auch die demokratische Staatsidee und die Menschenrechte verworfen. Als der französische Priester und Philosoph Félicité de Lamennais ein Bündnis der Katholiken mit den Liberalen gegen die Restauration von Thron und Altar propagierte, dazu den Papst als Garanten der von Gott verbürgten Freiheit anrief und die Katholiken als geborene Kämpfer für die Menschenrechte ansah, traf ihn 1832 der Bannstrahl Gregors XVI. mit aller Macht. In *Mirari vos* verdammte der Papst die Gewissensfreiheit als „quidem pestilentissimus error", als „geradezu pesthaften Irrtum". Pius IX. setzte diese Linie 1864 im *Syllabus errorum*, einer Liste mit achtzig Zeitirrtümern, konsequent fort. Er verdammte Gewissens-, Meinungs-, Presse- und Religionsfreiheit als „deliramentum", als „Wahnwitz". Diese Linie lässt sich weit ins 20. Jahrhundert hinein ziehen.[28]

---

26 Zum Reformbegriff in der Kirchengeschichte immer noch lesenswert, wenn auch nicht unumstritten, Konrad Repgen, „Reform" als Leitgedanke kirchlicher Vergangenheit und Gegenwart, in: Römische Quartalschrift 84 (1989), S. 5–30.

27 Vgl. Dogmatische Konstitution über die Kirche „Lumen Gentium" Nr. 25 und die „Nota explicativa praevia Pauls VI. Die Texte des Konzils sind inzwischen in unterschiedlichen Ausgaben leicht greifbar. Hier wird zitiert nach der zum Standardwerk gewordenen Ausgabe von Karl Rahner/Herbert Vorgrimler (Hg.), Kleines Konzilskompendium. Sämtliche Texte des Zweiten Vatikanischen Konzils, Freiburg i. Br. u. a. 2008, S. 123–197, hier S. 152–154.

28 Vgl. Hubert Wolf, Katholische Kirchengeschichte im „langen" 19. Jahrhundert von 1789–1918, in: Ders. (Hg.), Ökumenische Kirchenge-

„Die Kirche fürchtet gewiss nicht die Wahrheit ..."

Wie anders das Zweite Vatikanische Konzil: *Gaudium et Spes* bezeichnet es als vornehme Aufgabe der Kirche, „die personale Würde und die Freiheit des Menschen" zu schützen. Das Evangelium, „das der Kirche anvertraut ist", „proklamiert die Freiheit der Kinder Gottes" und „respektiert sorgfältig die Würde des Gewissens und seiner freien Entscheidung".[29] Und in *Dignitatis humanae* erklärt das Konzil, Religionsfreiheit sei nicht nur ein individuelles Recht. Vielmehr müsse die „Freiheit als Freisein vom Zwang in religiösen Dingen, die dem einzelnen zukommt, ihnen auch zuerkannt werden, wenn sie in Gemeinschaft handeln".[30]

Gewissensfreiheit: hier pesthafter Irrtum, da Konsequenz der Freiheit, die das Evangelium proklamiert. Religionsfreiheit: hier in Bausch und Bogen verdammt, da in der von Gott garantierten Menschenwürde, die die katholische Kirche zu verkünden hat, ganz selbstverständlich enthalten. Wer hier von Kontinuität redet, nimmt die Texte nicht zur Kenntnis. Die Lehre der Kirche hat sich hier nicht nur entwickelt, sondern sich sogar in ihr Gegenteil verkehrt. Der in Frankfurt Sankt Georgen lehrende Jesuit Klaus Schatz bezeichnete das Dekret über die Religionsfreiheit nicht umsonst als einen „Einschnitt, der in seiner Bedeutung noch kaum voll erfasst ist; die durchgängige Linie des Anti-Liberalismus, der das 19. und die erste Hälfte des 20. Jahrhunderts erfüllt, ist am entscheidenden Punkte korrigiert".[31]

---

schichte. Bd. 3: Von der Französischen Revolution bis 1989, Darmstadt 2007, S. 91–177, hier S. 143–146.

29 Die pastorale Konstitution über die Kirche in der Welt von heute „Gaudium et Spes", in: Rahner/Vorgrimler (Hg.), Konzilskompendium (wie Anm. 27), S. 449–552, hier S. 488.

30 Die Erklärung über die Religionsfreiheit „Dignitas humanae", in: ebd., S. 661–675, hier S. 665.

31 Klaus Schatz, Allgemeine Konzilien – Brennpunkte der Kirchengeschichte, Paderborn 1997, S. 326f. Ähnlich Franz Xaver Bischof, Die Erklärung über die Religionsfreiheit Dignitatis humanae, in: Ders./ Stephan Leimgruber (Hg.), Vierzig Jahre II. Vatikanum. Zur Wirkungsgeschichte der Konzilstexte, Würzburg 22005, S. 334–354, hier S. 349: Bischof spricht davon, das Konzil sei in der Frage der Religionsfreiheit nicht nur graduell, sondern prinzipiell von der bisherigen kirchlichen Lehrtradition von Pius VI. bis Pius XII. abgewichen.

Hubert Wolf

Und auch Benedikt XVI. hat in einer Ansprache an die Mitglieder der Kurie vom 22. Dezember 2006 im Nachgang zu den Irritationen, die seine Regensburger Vorlesung hervorgerufen hatte, festgestellt, dass „die islamische Welt heute mit großer Dringlichkeit sich vor einer ganz ähnlichen Aufgabe findet, wie sie den Christen seit der Aufklärung auferlegt ist und vom Zweiten Vatikanischen Konzil als Frucht eines langen Ringens zu konkreten Lösungen geführt wurde". Insbesondere seien die Errungenschaften der Aufklärung wie die Menschenrechte mit der Meinungs- und Religionsfreiheit zu akzeptieren. Damit sprach der Papst zwar nicht von einem Bruch. Er räumte jedoch ein, dass der Katholizismus, was sein Verhältnis zur Moderne angeht, eine grundlegende Entwicklung durchgemacht hat. Und er stellte zudem die schwierige, im Konzil erfolgreich abgeschlossene Suche nach einem Weg in die Moderne dem Islam als gelungenes Beispiel vor Augen.[32]

Eine ganz ähnliche Wende hat die Kirche auch in ihrem Umgang mit den Juden vollzogen. Sie war über Jahrhunderte hinweg von einem Antijudaismus geprägt. Noch 1930 konnte Gustav Gundlach in der ersten Auflage des „Lexikons für Theologie und Kirche" einen verbotenen völkischen Rassenantisemitismus von einem kirchlich erlaubten und staatspolitisch notwendigen Antisemitismus unterscheiden. Die Bekämpfung des „tatsächlich-schädlichen Einflusses des jüdischen Volksteils auf den Gebieten des Wirtschafts- und Parteiwesens, des Theaters, Kinos und der Presse, der Wissenschaft und Kunst" sei – mit „sittlichen und rechtlichen Mitteln" – durchaus geboten.[33]

Das deutlichste Zeichen für den katholischen Antijudaismus war aber die Karfreitagsfürbitte für die Juden, die mit „Oremus et pro perfidis Judaeis" begann.[34] Die meisten Katholiken assoziierten

---

32 http://www.vatican.va/holy_father/benedict_xvi/speeches/2006/december/documents/hf_ben_xvi_spe_20061222_curia-romana_ge.html (28.08.2012).
33 Gustav Gundlach, Art. Antisemitismus, in: LThK1 1 (1930), Sp. 504f.
34 Vgl. Hubert Wolf „Pro perfidis Judaeis". Die Amici Israel und ihr Antrag auf eine Reform der Karfreitagsfürbitte für die Juden (1928). Oder Bemerkungen zum Thema katholische Kirche und Antisemitismus, in: Historische Zeitschrift 279 (2004), S. 611–658.

hiermit „perfide Juden". In der Fürbitte hieß es weiter: „dass Gott, unser Herr, den Schleier der Verblendung wegnehme, auf dass auch sie erkennen Christus unseren Herrn" und ihren „Finsternissen entrissen" werden.

In *Nostra aetate* wird dagegen nachdrücklich das gemeinsame Erbe von Juden und Christen beschworen. Das Konzil lehnte die pauschale Verurteilung der Juden als von Gott verflucht ab und beklagte „im Bewusstsein des Erbes", das die Kirche mit den Juden gemeinsam hat, alle „Verfolgungen und Manifestationen des Antisemitismus, die sich zu irgendeiner Zeit und von irgendjemandem gegen die Juden gerichtet haben". Da das „Juden und Christen gemeinsame Erbe so reich" sei, wolle das Zweite Vatikanum die „gegenseitige Kenntnis und Achtung" auf dem Weg des brüderlichen Gespräches fördern.[35]

Diese neue Hochschätzung für das Volk des Alten Bundes wurde in der Neuformulierung der Karfreitagsfürbitte für die Juden im Messbuch Pauls VI. noch deutlicher: „Lasst uns beten für die Juden, zu denen Gott, unser Herr zuerst gesprochen hat: Er bewahre sie in der Treue zu seinem Bund und in der Liebe zu seinem Namen, damit sie das Ziel erreichen, zu dem sein Ratschluss sie führen will."[36] In der Konsequenz dieses radikalen Umdenkens der Kirche steht auch das Schuldbekenntnis Johannes Pauls II., in dem er um Vergebung bat für die Sünden „gegen das Volk des Bundes und der Seligpreisungen". Der Papst gedachte dabei der Leiden, „die dem Volk Israel in der Geschichte auferlegt wurden".[37] Angesichts von mehr als sechs Millionen ermordeten Juden und des ausbleibenden lauten öffentlichen Protests Pius' XII. eine konsequente Bitte um Vergebung.

---

35 Die Erklärung über das Verhältnis der Kirche und den nichtchristlichen Religionen „Nostra aetate", in: Rahner/Vorgrimler (Hg.), Konzilskompendium (wie Anm. 27), S. 355–359.

36 Messbuch. Die Feier der heiligen Messe. Für die Bistümer des deutschen Sprachgebietes. Teil I: Die Sonn- und Feiertage deutsch und lateinisch. Die Karwoche deutsch. Einsiedeln u.a. 1975, S. [48].

37 http://www.vatican.va/roman_curia/congregations/cfaith/cti_documents/rc_con_cfaith_doc_20000307_memory-reconc-itc_ge.html (28.08.2012).

Hubert Wolf

Damit steht fest, dass die Lehre der Kirche sich nicht nur entwickelt, sondern sich in zentralen Punkten sogar in ihr Gegenteil verkehrt hat. Das heißt: Die Behauptung einer ununterbrochenen, in sich konsistenten Kontinuität in der Lehre der Kirche ist eine Fiktion, die der historischen Überprüfung nicht standhält. Das heißt aber auch: Wenn die Kirche in so zentralen Fragen wie Gewissensfreiheit, Menschenrechte und theologische Einschätzung der Juden ihre Position radikal ändern beziehungsweise reformieren konnte, dann kann sie es – zumindest theoretisch – auch in anderen Bereichen. Damit ergeben sich aus kirchenhistorischer Sicht ganz neue Möglichkeiten für die Debatte um die Reform der Kirche.

Lassen Sie mich deshalb abschließend drei heute weitgehend vergessene, alternative Optionen der Kirchengeschichte kurz skizzieren.

Da geht es erstens um den Streit um eine monarchische oder kollegiale Kirchenleitung. So kontrastierte der Tübinger Kirchenhistoriker Karl August Fink die Aussagen des Ersten Vatikanums von 1870 mit dem Konstanzer Konzil von 1415.[38] In *Pastor aeternus* wurde definiert, infolge des Primats des römischen Bischofs über den ganzen Erdkreis sei eine Appellation gegen Entscheidungen anderer kirchlicher Instanzen an ihn stets möglich, und seine ex-cathedra-Entscheidungen erfolgten „ex sese, nicht aber aufgrund der Zustimmung der Kirche".[39] *Haec sancta* dagegen hatte bestimmt, das Konzil habe seine Gewalt unmittelbar von Christus. „Jeder Mensch, gleich welchen Ranges und welcher Würde, und wenn es die päpstliche sein sollte, ist daher verpflichtet, dem Konzil in allem, was den Glauben, die Beilegung des genannten Schismas und die Reform der Kirche an Haupt und Gliedern betrifft, strikt zu gehorchen".[40] Wer sich den Beschlüssen des Konzils widersetzt, und sei es der

---

38 Vgl. Karl August Fink, Das Konzil von Konstanz. Martin V., in: Hubert Jedin (Hg.), Handbuch der Kirchengeschichte Bd. III/2, Freiburg i. Br. 1968, S. 545–572. Zur Gegenposition vgl. Walter Brandmüller, Das Konzil von Konstanz 1414–1418, Bd. 1: Bis zur Abreise Sigismunds nach Narbonne, Paderborn u. a. 1991, hier S. 239–261. Zum ganzen vgl. Wolf, Ende (wie Anm. 16).

39 Dogmatische Konstitution „Pastor aeternus" vom 18. Juli 1870, in: Giuseppe Alberigo (Hg.), Conciliorum oecumenicorum decreta, Bd. 2, Bologna ³1973, S. 811–816, hier S. 816.

40 Dekret „Haec sancta" vom 6. April 1415, in: ebd., S. 409f.

„Die Kirche fürchtet gewiss nicht die Wahrheit ..."

Papst, wird mit dem Bann belegt. Des Weiteren sollte die Appellation gegen Beschlüsse des Papstes bei einem allgemeinen Konzil jederzeit möglich sein.

Der Widerspruch zwischen Konstanz und dem Ersten Vatikanum war für Fink evident. Hier Verbot einer Appellation gegen Beschlüsse des Konzils beim Papst, dort Verbot einer Appellation gegen Entscheidungen des Papstes bei einem allgemeinen Konzil. Hier alle juristische und dogmatische Autorität in der Kirche beim Konzil, dort Jurisdiktionsprimat und Unfehlbarkeit beim Papst allein. Hier eine kollegiale Ekklesiologie, dort eine monarchische.

Andere Kirchenhistoriker bestritten einen durch das Erste Vatikanum herbeigeführten Traditionsbruch. Sie konnten aber das historische Faktum des Konstanzer Konzils nicht negieren, das nach vierzig Jahren das Große Abendländische Schisma durch die Wahl Martins V. zum allgemein anerkannten Papst beendete – nota bene: es wählte nicht das Kardinalskollegium, sondern das Konzil. Deshalb griffen sie zur Lösung der Notverordnung mit einmaliger Gültigkeit: Die Oberhoheit des Konzils habe nur zur Zeit des Schismas mit zuletzt drei Päpsten gegolten, sei aber in „normalen" Zeiten mit einem Papst ohne Relevanz.[41]

Gegen diese Interpretation wehrte sich Fink mit Nachdruck. Für ihn hing alles von einer historisch sachgerechten Bewertung von *Haec sancta* ab. Er kam zu dem Schluss: „Da wäre es nun besser, statt dieses Dekret an der Konstitution des I. Vatikanischen Konzils zu messen, umgekehrt zu verfahren und somit der geschichtlichen Entwicklung gerecht zu werden".[42] Wenn das Konzil gültig einen Papst gewählt habe, was auch strengste Papalisten zugeben mussten, weil sich auf den in Konstanz gewählten Martin V. die römische Papstreihe bis heute zurückführt, dann müssten auch seine Dekrete als dogmatisch verbindlich angesehen werden. Dann bestehe aber ein Widerspruch zwischen *Haec sancta* und *Pastor aeternus*. Sonst

41 Vgl. Walter Brandmüller, Besitzt das Konstanzer Dekret Haec sancta dogmatische Verbindlichkeit? In: Römische Quartalschrift 62 (1967), S. 1–17. Eine exzellente Zusammenfassung der Diskussionen mit ausführlicher Bibliographie bietet Heribert Müller, Die kirchliche Krise des Spätmittelalters (Enzyklopädie Deutscher Geschichte Bd. 90), München 2012, S. 68–71.
42 Fink, Konzil (wie Anm. 38), S. 566.

müsse man *Haec sancta* mit seiner Erklärung der Superiorität des Konzils über den Papst für ungültig erklären, und dann sei das ganze Konstanzer Konzil ungültig gewesen. Dann habe es aber auch nicht gültig einen Papst wählen können. Dann wäre aber auch Pius IX., der das Erste Vatikanum einberufen hat, kein gültiger Papst gewesen. Damit wären auch das Konzil und sein Unfehlbarkeitsdogma nicht gültig zustande gekommen.

Gleichgültig, ob man sich dieser Argumentation Finks, der ein sehr formales Sukzessionsverständnis vertrat, oder der Sichtweise seiner Gegner anschließt, die Spannungen zwischen einem mehr monarchischen und einem eher kollegialen Konzept von Kirchenleitung dürften in diesem Streit genauso deutlich geworden sein wie die Diskontinuität, in der das Erste Vatikanum zu Teilen der kirchlichen Tradition stand. Das Konzil von Trient hatte bezeichnenderweise auf eine genaue Verhältnisbestimmung zwischen Primat und Episkopat verzichtet, weil die Väter fürchteten, eine solche Definition werde das Konzil und die ganze Kirche zerreißen.[43]

Die zweite vergessene Option der Kirchengeschichte betrifft die Amtsfrage. Die Diskussionen um alternative Wege zum Priestertum – genannt seien hier nur die Viri probati und die Entkoppelung von Zölibat und Priesterweihe – scheint sich totgelaufen zu haben. Rom hat eine Entscheidung mit hoher Verbindlichkeit vorgelegt. Vielleicht muss man die Frage kirchenhistorisch einmal andersherum stellen. Für das heutige Amtsverständnis steht außer Frage, dass die Vollmacht zur sakramentalen Sündenvergebung an die Priesterweihe gebunden ist und durch den Weiheakt objektiv übertragen wird. Das war aber in der Geschichte der Kirche nicht immer so. Vielmehr gab es in der iroschottischen Kirche des frühen Mittelalters ein Alternativmodell, das die Einheit mit Rom nicht tangierte.

In der iroschottischen Kirche gab es anders als auf dem Festland keine bischöfliche Struktur.[44] Es handelte sich vielmehr um eine

---

43 Vgl. Klaus Ganzer, Die Ekklesiologie des Konzils von Trient, in: Ders., Kirche auf dem Weg durch die Zeit. Institutionelles Werden und theologisches Ringen, Münster 1997, S. 266–281, hier S. 272–274.

44 Vgl. Arnold Angenendt, Das Frühmittelalter. Die abendländische Christenheit von 400 bis 900, Stuttgart ³2001, S. 205–212; Ders., Martin als Gottesmann und Bischof, in: Rottenburger Jahrbuch für

„Die Kirche fürchtet gewiss nicht die Wahrheit ..."

klösterlich geprägte Kultur. Hier wurde auch die Einzelbeichte erfunden, die so oft wie nötig wiederholt werden konnte. Die Lossprechung erfolgte unmittelbar nach dem Schuldbekenntnis. Die auferlegten Bußwerke mussten jedoch hinterher abgeleistet werden. In der spätantiken Kirche des Mittelmeerraumes gab es dagegen nach der Taufe nur die einmalige Möglichkeit der Inanspruchnahme des Bußsakraments. Das Schuldbekenntnis erfolgte in einem öffentlichen Akt, die Rekonziliation mit der Kirche in einem mehrstufigen langandauernden Verfahren. Die Exkommunikation wurde erst *nach* Ableistung der Bußwerke durch eine öffentliche Wiederzulassung zur Eucharistie aufgehoben. Eine weitere Chance zur Sündenvergebung gab es hier nicht.

Bei den Iroschotten erfolgte die Lossprechung interessanterweise nicht unbedingt durch einen geweihten Priester. Vielmehr kam die Vollmacht zur Sündenvergebung offenbar auch Mönchen und Nonnen zu, die sich durch die Radikalität ihrer Askese in der Christusnachfolge einen so großen Gnadenschatz im Himmel erarbeitet hatten, dass dieser die Bedingungen ihrer eigenen Erlösung übertraf. Von diesem Überschuss des *thesaurus gratiae* konnten sie anderen, weniger vollkommenen Christen im Akt der Sündenvergebung abgeben. Die Kompetenz zur Sündenvergebung wurde in der iroschottischen Kirche also nicht in erster Linie objektiv durch eine sakramentale Weihe übertragen und wirkte auch nicht *ex opero operato* unabhängig vom Gnadenstand des Spenders. Vielmehr hing die Kompetenz zur Lossprechung subjektiv von der Qualität der Christusnachfolge des Mönches oder der Nonne ab. Die Gesamtkirche hat zwar die Einzelbeichte, die Wiederholbarkeit der Beichte, die unmittelbare Lossprechung und letztlich den Ablass von den Iroschotten übernommen, die Vollmacht der Sündenvergebung aber objektiv an das Weihesakrament gebunden und nicht mehr an die subjektive Qualität der Christusnachfolge des Beichtvaters oder der Beichtmutter.

Kirchengeschichte 18 (1999), S. 33–47, hier vor allem S. 33–38; Raymund Kottje, Die Kirche im Herrschaftsbereich der Germanen und Kelten vor 600, in: Bernd Moeller u. a. (Hg.), Ökumenische Kirchengeschichte. Bd. 1: Von den Anfängen bis zum Mittelalter, Darmstadt 2006, S. 185–196, hier S. 191–193.

Hubert Wolf

Die dritte vergessene Option betrifft die Weihe von Frauen. Die Unmöglichkeit der Priesterweihe von Frauen ist vom Lehramt unter Hinweis auf die Praxis Jesu mehrfach mit hoher Verbindlichkeit festgestellt worden. Ein Blick in die Kirchengeschichte zeigt aber, dass es durchaus geweihte Frauen gab und gibt – freilich keine Priesterinnen, sondern Äbtissinnen.[45] Zwar wird immer wieder behauptet, bei der Äbtissinnenweihe handele es sich um eine bloße Benediktion, also um eine Einsegnung und nicht um eine Ordination im Sinne einer sakramentalen Weihe. Schon Gregor der Große sprach aber ausdrücklich von einer *Ordinatio* und zahlreiche mittelalterliche Sakramentare kennen den Ritus der *Ordinatio abbatissae*, der eng an das Formular der Bischofsweihe angelehnt war: Handauflegung, ein konsekratorisches Weihegebet („quae per nostrae manus impositionem hodie abbatissa constituitur") mit Übertragung einer „quasi-bischöflichen geistlichen Jurisdiktion" („ad gubernandam regendamque ecclesiam tuam fideliter"), die Übergabe von Ring, Stab und Pektorale sowie die Inthronisation auf einer Kathedra.[46] Angesichts dieser Ähnlichkeiten hat man die Abts- und Äbtissinnenweihe mitunter als kleine Bischofsweihe bezeichnet.[47] Und tatsäch-

---

45 Vgl. Angelus Häußling, Art. Abtsweihe, in: LMA 1 (1977), S. 67. Der Forschungsstand zur Abts- und Äbtissinnenweihe (namentlich im Vergleich zur Abts- und Bischofsweihe) ist äußerst bescheiden. Vgl. vorläufig Pierre de Puniet, Das Römische Pontifikale. Geschichte und Kommentar. Bd. 2: Consecrationen und Benedictionen, Kloster Neuburg 1935, S. 120–132.

46 Zitate aus dem Konsekrationsgebet bei der Äbtissinnenweihe des Römischen Pontificale; ebd. S. 123f. Auch dem äußerst zurückhaltenden Puniet kamen bei der Kommentierung dieses Weihegebets gewisse Bedenken. Er musste konstatieren, dass diese Formulierungen tatsächlich nach der Übertragung quasi-bischöflicher geistlicher Jurisdiktion" an die Äbtissin klingen (ebd. S. 123f.) oder sogar „ganz einfach den Text der Bischofsweihe widergeben" (ebd. S. 124). Diese Texte seien tatsächlich missverständlich, aber trotz der „etwas kräftigen Worte der Liturgie" könne die Kirche sie nicht im Sinne einer Bischofsweihe der Äbtissin gemeint haben. Die Äbtissinnenweihe verleihe eben „weder sakramentalen Charakter noch Ordinationsgnade", „obgleich es scheint, dass sie bisweilen als eine Art Erweiterung der Diakonenweihe betrachtet wurde (ebd. S. 125).

47 Vgl. Philipp Hofmeister, Mitra und Stab der wirklichen Prälaten ohne bischöflichen Charakter (Kirchenrechtliche Abhandlungen 104), Stutt-

„Die Kirche fürchtet gewiss nicht die Wahrheit ..."

lich haben sich Äbtissinnen nicht nur als Fürstinnen der Germania Sacra, sondern vor allem auch in Spanien und Italien bis weit ins 19. Jahrhundert hinein „quasi bischöflicher Vorrechte erfreut" und insbesondere episkopale Jurisdiktion über ihnen unterstellte Kleriker ausgeübt.[48] Von den Äbtissinnen von Las Huelgas bei Burgos in Spanien wird sogar berichtet, dass die Bischöfe der Umgebung immer nach der Weihe einer neuen Äbtissin ihrer „Collega", die unter einem Baldachin angetan mit den bischöflichen Insignien auf einer Kathedra saß, ihre Referenz erwiesen und ihr den brüderlichen Kuss gaben.[49]

„Die Kirche fürchtet gewiss nicht die Wahrheit, die aus der Geschichte kommt." Diesen Satz Johannes Pauls II. macht sich Kirchengeschichte zu eigen, um ihrer Verantwortung im Ganzen der Theologie und der Kirche nachkommen zu können, vor allem, wenn sie vergessene Optionen und alternative Modelle für die heutige Diskussion bereitstellt. Vielleicht können wir hier auch vom Judentum lernen. Denn im Talmud wurde in der Mischna zwar jeweils die Mehrheitsmeinung zu einem bestimmten Thema aufgeschrieben. In der Tossefta wurden jedoch auch alle damals unterlegenen, mitunter äußerst konträren Minderheitspositionen notiert, auch wenn sie nur von einem einzigen Gelehrten vertreten worden waren. Auf die Frage eines Schülers, warum man denn die unterlegenen Meinungen nicht einfach vernichtet und nur die Mehrheitsmeinung tradiert habe, antwortete ein Rabbi: „Damit man sich auf sie wird stützen können, wenn vielleicht ihre Stunde kommt."[50] Möglicherweise ist diese Stunde für die katholische Kirche heute gekommen.

---

gart 1928; Rudolf Reinhardt, Die Abtsweihe – eine „kleine Bischofsweihe"? In Zeitschrift für Kirchengeschichte 91 (1980), S. 83–88.

48   Puniet, Ponifikale (wie Anm. 44), S. 131.Vgl. auch Beispiel Philipp Hofmeister, Das Beichtrecht der männlichen und weiblichen Ordensleute (Münchener Theologische Studien 6), München 1954.

49   Vgl. José María Escrivá, La Abadessa de Las Huelgas, Madrid 1944.

50   Vgl. Max Seckler, Die schiefen Wände des Lehrhauses. Katholizität als Herausforderung, Freiburg i. Br. 1988, S. 75.

Hans Joas

Laudatio für José Casanova zur Verleihung des Theologischen Preises

Es ist nicht das erste Mal, dass ich die Ehre und die Freude habe, José Casanova einem Publikum vorzustellen, aber noch nie war der Anlass so erfreulich wie heute – bei der Verleihung des Theologischen Forschungspreises der Salzburger Hochschulwochen an meinen Kollegen und Freund. Zwar war ich an den Beratungen der Jury, die zur Preisvergabe führten, nicht beteiligt, und kenne insofern die dort vorgetragenen Argumente gar nicht, aber ich habe gerne und ohne zu zögern die Aufgabe übernommen, die man mir angetragen hat, nämlich „das Lebenswerk von José Casanova auch in seinen aktuellen Bezügen zu verdeutlichen". Werfen wir aber zuerst einen kurzen Blick auf den biographischen Hintergrund, der dieses Lebenswerk verständlich macht.[1]

Mehr als vierzig Jahre ist es her, dass ein hochbegabter Junge aus der spanischen Provinz, genauer gesagt aus einem Dorf in Aragon und nach dem Besuch einer kirchlichen höheren Schule in Zaragoza, sich nach Österreich aufmachte, um sich zum katholischen Priester ausbilden zu lassen. Das Spanien der 1950er und auch noch der 1960er Jahre müssen wir uns innenpolitisch vom kirchlich gestützten und legitimierten Franco-Faschismus regiert, außenpolitisch weitgehend isoliert, wirtschaftlich rückständig und kulturell von Europa abgeschnitten vorstellen. Das Dorf seiner frühen Jahre schildert José Casanova aber durchaus als eine für das Kind glückliche vorindustrielle Lebenswelt, und wer jemals zugehört hat, wenn José Casanova spanische Volkslieder singt, wer ihn beim Kochen (und Essen) erlebt hat oder sein Talent zu kabarettistischen Einlagen kennt, der kann leicht zu dem Schluss kommen, dass seine menschliche Wärme und freudige Spontaneität dort ihren Ursprung haben.

1   Die biographischen Informationen stammen teils aus meinen Gesprächen mit José Casanova (seit 1997), teils aus seinem autobiographischen Text: José Casanova, From Modernization to Secularization to Globalization. An Autobiographical Self-Reflection, in: Religion and Society. Advances in Research 2 (2011), S. 25–36.

Hans Joas

Sein Weg aber führte ihn heraus aus dieser Welt nach Innsbruck, seinen Studienort, den er durchaus als repräsentativ für die moderne Welt erlebte. Dort erwarb er sich die breiten Grundlagen philosophischen und theologischen Wissens, die in seinem Werk immer wieder aufscheinen. Als wichtigster akademischer Lehrer erwies sich Franz Schupp, Nachfolger des großen Karl Rahner auf dem Lehrstuhl für Dogmatik. Viel mehr als in Spanien wehte hier der Geist des zweiten Vatikanischen Konzils. Das aggiornamento der Kirche in Hinsicht auf Demokratie und Religionsfreiheit, die weitgehende Umstellung von einem naturrechtlichen zu einem personalistischen Bezugsrahmen, die Entklerikalisierung des Kirchenverständnisses – dies sind Motive, die José Casanova damals aufsog. Sie werden in seinen Schriften immer wieder deutlich, etwa wenn er die berühmten Hirtenworte der amerikanischen Bischofskonferenz zu Rüstungsfragen und zur wirtschaftlichen Gerechtigkeit „die größte empirische Annäherung an eine Institutionalisierung der Diskursethik auf der allgemeinen Ebene der Zivilgesellschaft"[2] nennt, weil diese Hirtenworte nicht einfach den Gläubigen vorgesetzt wurden, sondern aus einem komplexen Konsultationsprozess mit Experten, Interessengruppen, Aktivisten, katholischen Dissidenten und natürlich dem Vatikan entstanden. Das Spektrum der Lehrinhalte in Innsbruck war weit und umfasste neben den großen klassischen und modernen Theologen des katholischen auch die des protestantischen Christentums, die Befreiungstheologie und die kritische Theorie.[3]

In Innsbruck traf José Casanova auch die Frau seines Lebens, Ika, die als Tochter ukrainischer Displaced Persons in Bayern zur Welt gekommen war. 1973 legte José Casanova die Prüfung zum Magister der Theologie ab; in diese Zeit fällt auch die Entscheidung, nicht Priester und auch nicht Theologe zu werden, sondern sich der Soziologie zuzuwenden. Er nennt sich deshalb gelegentlich auch selbstironisch einen „Spätberufenen der Soziologie".

2 José Casanova, Catholic Ethics and Social Justice: Natural Law and Beyond, in: International Journal of Politics, Culture, and Society 6 (1992), S. 322–329, hier S. 322 (Übersetzung H.J.).
3 Nicht verschwiegen werden darf allerdings, dass Franz Schupp 1974 die kirchliche Lehrerlaubnis entzogen wurde. Vgl. zu ihm und seinem Werk Walter Raberger/ Hanjo Sauer (Hg.), Vermittlung im Fragment. Franz Schupp als Lehrer der Theologie. Regensburg 2003.

Laudatio für José Casanova

Bei allem Respekt vor den Innsbrucker Fachkollegen lässt sich nicht behaupten, dass ihre Universität den idealen Ort darstellte, um in der Soziologie voranzukommen. Franz Schupp war es, der dem Nachwuchsmann in dieser Situation den etwas paradoxen und für einen Deutschen deprimierend klingenden Hinweis gab, dass, wer an die große deutsche Tradition einer universalhistorisch ausgerichteten und philosophisch fundierten Soziologie anknüpfen wolle, nicht zum Studium nach Deutschland gehen solle, sondern in die USA. Die deutsche Soziologie war in dieser Sicht damals so oberflächlich und in einem schlechten Sinn „amerikanisiert", dass sie ihre eigenen imponierenden Traditionen weitgehend verdrängt hatte, während das deutsche Erbe eher auf der anderen Seite des Atlantiks bewahrt und weiterentwickelt worden sei. Dieser Rat bezog sich speziell auf die New School for Social Research in New York, deren Graduate Faculty während des Dritten Reiches so viele hervorragende Emigranten aus Deutschland und Österreich aufgenommen und nach dem Zweiten Weltkrieg weiterhin diese Traditionen, auch durch Aufnahme nun von osteuropäischen Emigranten, fortgesetzt hatte.

Diese Institution wurde für Jahrzehnte zur akademischen Heimat von José Casanova. Er machte dort 1977 seinen M.A. und 1982 seinen Ph.D. in Soziologie. Als prägendster akademischer Lehrer dort lässt sich der allerdings schon 1977 verstorbene Benjamin Nelson erkennen. Heute fast vergessen, war er vor allem durch eine große Studie zur Geschichte des Zins- oder Wucherverbots aus dem Buch Deuteronomium bekannt geworden, eine Studie, die in das Genre der weitausgreifenden religionshistorisch fundierten Soziologie wirtschaftlichen und moralischen Verhaltens fällt, das seit Max Weber (und Ernst Troeltsch) so großartige Werke hervorgebracht hat und wohl auch das Ideal verkörpert, dem José Casanova nachstrebt.[4]

4 Benjamin Nelson, The Idea of Usury. From Tribal Brotherhood to Universal Otherhood. Chicago 1949 (1969). Ein Auszug daraus liegt in deutscher Übersetzung vor: Über den Wucher, in: René König/ Johannes Winckelmann (Hg.), Max Weber zum Gedächtnis (Sonderheft der Kölner Zeitschrift für Soziologie und Sozialpsychologie). Köln 1963, S. 407–447. Vgl. außerdem ders., Der Ursprung der Moderne. Vergleichende Studien zum Zivilisationsprozeß. Frankfurt/ Main 1977. Ausführlich erörtert sein Werk Johann Arnason, Civili-

Hans Joas

Max Weber ist von Casanovas frühesten Veröffentlichungen an ein wesentlicher Bezugspunkt seiner Arbeit, wobei er zwar großes Interesse an den konkurrierenden Deutungen von dessen Werk zeigt, aber seine eigenen Auffassungen ohne den Fanatismus vorträgt, der die deutschen Weberianer oft zu persönlichen Animositäten und sektiererischen Spaltungen verleitete.[5]

Das Bild vom jungen José Casanova, das aus der Lektüre seiner ersten Veröffentlichungen entsteht, zeigt einen Soziologen, der eine klare Fragestellung und eine deutliche methodische Orientierung hat. Die Fragestellung ist die, warum Spaniens Geschichte so anders verlief als die des Westens – obwohl doch gerade Spanien im äußersten geographischen Westen Europas liegt, warum also Spanien so lange nicht im westlichen Sinn modern wurde. Die methodische Orientierung ist die einer weberianischen vergleichend-historischen Forschung, erweitert um ein emphatisches Verständnis von Demokratie und Öffentlichkeit, wie es der junge Jürgen Habermas entwickelte, und kritisch abgegrenzt von der die westlichen Sozialwissenschaften dominierenden sogenannten Modernisierungstheorie. Deren Versuch, aus einer stark protestantisch gefärbten Geschichtserzählung vom Aufstieg Nordwesteuropas Lehren für die Entwicklungspolitik zu ziehen – Lehren, in denen die USA der Nachkriegszeit jeweils als Nonplusultra gesellschaftlicher Entwicklung erschienen – verglich Casanova mit dem Zivilisationshochmut des viktorianischen Großbritannien des 19. Jahrhunderts.[6]

Gegenstand seiner Dissertation war, der Fragestellung und methodischen Orientierung Rechnung tragend, das Opus Dei, genauer „Die Ethik des Opus Dei und die Modernisierung Spaniens"[7]. Es

zations in Dispute. Historical Questions and Theoretical Traditions. Leiden 2003, S. 139–157.

5 Vgl. José Casanova, Interpretations and Misinterpretations of Max Weber: The Problem of Rationalization, in: Ronald Glassman/Vatro Murvar (eds.), Max Weber in Political Sociology. A Pessimistic Vision of a Rationalized World. Westport, Conn. 1984, S. 141–154.

6 José Casanova, Legitimacy and the Sociology of Modernization, in: Arthur Vidich/Ronald Glassman (eds.), Conflict and Control. Challenge to Legitimacy of Modern Governments. London 1979, S. 219–252, hier S. 220.

7 Die unter diesem Titel vorgelegte Dissertation ist unveröffentlicht und mir nicht bekannt. Aus diversen Aufsatzveröffentlichungen lässt

ging also nicht darum, in kriminalistischer Weise und mit verschwörungstheoretischen Unterstellungen die Geschichte einer „heiligen Mafia" darzustellen, sondern es ging darum, wie „ein reaktionäres, klerikales, traditionalistisches und anti-modernes ‚fundamentalistisches' Regime zur Modernisierung Spaniens beitragen konnte".[8] Wer genau waren die Träger dieser Modernisierung, wie entstanden ihre Konzeptionen, warum waren sie innerhalb des Regimes erfolgreich? Man spürt in dieser Fragestellung die modernisierungstheoretische Schule mit ihrer Leitfrage, was jeweils im Fall erfolgreicher wirtschaftlicher Modernisierungsprozesse das funktionale Äquivalent für die angeblich in Nordwesteuropa entscheidende protestantische Ethik gewesen sei. Robert Bellah hatte dies exemplarisch in seiner Analyse des damals einzigen erfolgreichen asiatischen Falles, nämlich Japans in der Tokugawa-Periode (1603–1868), vorgeführt.[9] Bei José Casanova kam aber, anders als bei den Modernisierungstheoretikern, auch eine von Habermas' Technokratiekritik[10] genährte Distanz zu administrativen Eliten ins Spiel. Er argumentierte, dass es Opus Dei gelungen sei, dem Franco-Regime eine administrative Rationalisierung und teilweise Verrechtstaatlichung nahezubringen, die es erlauben sollte, die spanische Wirtschaft in die Weltwirtschaft zu integrieren, ohne dabei das Regime zu zerstören.

Religion spielte in dieser Analyse natürlich eine wichtige Rolle, aber es wäre ganz verkürzt, José Casanovas Forschungsprogramm an diesem Punkt einfach als religionssoziologisch zu etikettieren. Es war viel breiter angelegt und ist, wenn ich dies richtig sehe, dies auch geblieben. José Casanova sieht Religion nicht als ein kleines Spezialgebiet an, mit dem er sich ebenso beschäftigt wie andere sich der Soziologie des Sports oder der Ernährung zuwenden. Ohne ein Verständnis der Zentralität der Religion ist für ihn – wie für die Klassiker der Soziologie Max Weber und Émile Durkheim – über-

sich die Argumentation aber gut entnehmen. Vgl. etwa José Casanova, The Opus Dei ethics, the technocrats and the modernization of Spain, in: Social Science Information 22 (1983), S. 27–50.
8   So im Rückblick Casanova, From Modernization, a.a.O., S. 27.
9   Robert Bellah, Tokugawa Religion. The Cultural Roots of Modern Japan. New York 1957.
10 Jürgen Habermas, Technik und Wissenschaft als Ideologie. Frankfurt/Main 1968.

haupt kein Verständnis gesellschaftlicher Wandlungsprozesse zu gewinnen. Hier stoßen wir allerdings auf einen paradox erscheinenden Sachverhalt. Die Soziologie betrachtet als ihre Klassiker zwei Gelehrte, für die jeweils Religion zentral war und die sich mit sozialen Phänomenen in der gesamten Geschichte der Menschheit beschäftigten; als Fach schrumpfte sie aber immer mehr zu einer „Gegenwartswissenschaft" und drängte sie die Beschäftigung mit Religion immer mehr an den Rand. Man könnte meinen, dass es sich hier um den Verrat eines Faches an seinen Gründern handelte, aber unverständlich wäre dann, warum das Fach dann überhaupt an ihnen festhält und sogar immer eindeutiger Weber und Durkheim zu seinen Klassikern erklärt. Die Paradoxie lässt sich nur auflösen, wenn wir erkennen, dass die beiden Klassiker der betrüblichen Entwicklung insofern selbst Vorschub leisteten, als ihre Werke Annahmen über einen fortschreitenden Bedeutungsverlust der Religion in einer neuartigen historischen Formation, über eine entzauberte oder säkularisierte Moderne also, enthielten.[11]

An genau diesem Punkt aber setzt nun der Gedankengang ein, der zu José Casanovas bisher wichtigstem Werk führte. Ausgelöst von spektakulären Fällen politisch-religiöser Mobilisierung: der schiitisch inspirierten iranischen Revolution von 1979, der katholisch geprägten Solidarność-Bewegung in Polen, der Herausbildung einer protestantisch-fundamentalistischen christlichen Rechten in den USA, der produktiven Rolle der postkonziliaren katholischen Kirche für Demokratisierungsprozesse in vielen Ländern vor allem Lateinamerikas – ausgelöst davon wandte José Casanova seit der zweiten Hälfte der 1980er Jahre sein Interesse der Frage nach dem genauen Charakter, den Folgen und der Legitimität solcher politisch-religiösen Mobilisierungen zu. Das Buch, das daraus entstand und 1994 auf den Markt kam, stellt eine bahnbrechende Leistung dar. Es ist nicht übertrieben, es als einen Klassiker der Religionssoziologie zu bezeichnen, der einen Paradigmenwechsel in der Forschung auf diesem Gebiet symbolisiert.

11 Dazu Hans Joas, Gefährliche Prozessbegriffe. Eine Warnung vor der Rede von Differenzierung, Rationalisierung und Modernisierung, in: Christel Gärtner u.a. (Hg.), Umstrittene Säkularisierung. Soziologische und historische Analysen zur Differenzierung von Religion und Politik. Berlin 2012, S. 603–622.

Laudatio für José Casanova

Die Rede ist von dem Werk „Public Religions in the Modern World"[12]. Seine Verdienste will ich kurz und etwas schematisch in vier Punkten benennen.

1. Zum ersten hat José Casanova schlicht besser als jeder andere Klarheit in das extreme Durcheinander von Säkularisierungsbegriffen gebracht und damit vielen Nachfolgern ein geeignetes Vokabular in die Hand gegeben. Allzu häufig reden die Kontrahenten in religionspolitischen Debatten aneinander vorbei, weil der eine unter Säkularisierung die abnehmende Bedeutung von Religion überhaupt, der andere ihren Rückzug aus der Öffentlichkeit und die dritte die Freisetzung gesellschaftlicher Bereiche von religiöser Kontrolle meint. Diese Unterschiede dürfte man aber nur vernachlässigen, wenn die Entwicklungstendenzen in diesen verschiedenen Hinsichten in dieselbe Richtung wiesen. Aber dies ist gerade nicht der Fall, wie jedem Kenner der USA unmittelbar einleuchtet, weil dort eine relativ strikte und historisch frühe Trennung von Staat und Kirche bzw. Religionsgemeinschaften mit einer anhaltenden Vitalität der Religion nicht nur einhergeht, sondern diese wohl sogar bedingt. Noch nicht einmal innerhalb der ersten Variante des Säkularisierungsbegriffs, derjenigen nämlich, die auf eine Schwächung der Religion zielt, ist die Lage eindeutig. Menschen können Mitglied ihrer Kirche bleiben, obwohl sie ihren Glauben verloren haben, oder austreten, obwohl sie weiterhin glauben. Der regelmäßige Gottesdienstbesuch ist, wenn überhaupt, dann nur bei Katholiken ein guter Indikator für Glaubensintensität usw.. Für José Casanova war die verbreitete Annahme eines fortschreitenden Bedeutungsverlusts von Religion aufgrund von Modernisierungsprozessen von Anfang an empirisch unplausibel. Die regionalen und nationalen Unterschiede sind hier enorm und lassen sich in der Regel nicht aus unterschiedlichen Graden der Modernisierung erklären. Die Trennung von Staat und Kirche schien ihm der plausible Aspekt der Säkularisierungsthese zu sein, vor allem aber wies er die Vorstellung einer fortschreitenden Privatisierung der Religion zurück.

2. Hier liegt sein eigentlicher Bruch mit einer enorm weitverbreiteten Annahme vor. Freilich spiegelt auch hier der Begriff („Privatisierung") mehr Klarheit vor, als er einlösen kann. Denn wenn vom

12 Chicago 1994.

Rückzug ins Private die Rede ist, dann ist durchaus uneindeutig, wo dieses liegt: außerhalb des Staates in der Zivilgesellschaft, außerhalb von Staat und Zivilgesellschaft in den Familien, nur im Seelenleben des einzelnen?[13] Eine weitere Unklarheit scheint mir dort zu bestehen, wo die Untersuchung öffentlicher politisch-religiöser Mobilisierungen zur These von einer fortschreitenden Entprivatisierung der Religion verdichtet wird. Unklar kann dabei ja sein, ob die Privatisierungsthese immer schon empirisch falsch war oder ob sich der reale Trend weg von der Privatisierung gewendet haben soll. Hier besteht also durchaus noch weiterer Klärungsbedarf. Dieser Bedarf wird noch erhöht durch die komplizierten Grenzverschiebungen zwischen dem Privaten und dem Öffentlichen etwa im Zusammenhang der Missbrauchsskandale, die dem Ansehen der katholischen Kirche so schweren Schaden zugefügt haben. José Casanova war durch sein Interesse an feministischen Kritiken einer zu simplen quasi-räumlichen Trennung von Öffentlichkeit und Privatheit schon früh für die begrifflichen und sachlichen Probleme, die hier liegen, sensibilisiert.

3. Sein Hauptinteresse im Buch von 1994 lag aber nicht hier, sondern in der Frage nach den Dynamiken der politisch-religiösen Mobilisierungen in einem ganze Gesellschaften ergreifenden Umfang. Das Spanien-Kapitel seines großen Buches etwa ist durchaus als eine Fortsetzung der vorhergehenden soziologischen Opus Dei-Analyse zu lesen, nun aber weniger unter dem Gesichtspunkt wirtschaftlicher Modernisierung und mehr unter dem Gesichtspunkt der Demokratisierung. Wie schon Max Weber wusste und in seinen Russland-Schriften zum Ausdruck brachte[14], hängen Fortschritte des Kapitalismus und Fortschritte der Demokratie nicht so einfach miteinander zusammen, wie es die „Modernisierungstheoretiker" gerne behaupten. Ich sehe José Casanovas Buch als eine in diesem Sinne weberianische Analyse der Demokratisierungsprozesse in Spanien, Brasilien und Polen unter dem besonderen Gesichtspunkt der Rolle von Gläubigen und Religionsgemeinschaften, voller

---

13 Hier stütze ich mich auf Überlegungen in meinem Buch: Hans Joas, Glaube als Option. Zukunftsmöglichkeiten des Christentums. Freiburg 2012, v.a. Kapitel 1.
14 Max Weber, Gesammelte politische Schriften. Tübingen 1980.

Laudatio für José Casanova

Aufmerksamkeit aber auch für andere Akteure und für die Lernprozesse aller Beteiligten in solchen Prozessen. Gerade auch die Kirchen und Religionsgemeinschaften sind in ihren politischen Zielen und Lehren keineswegs so fixiert, wie sie sich gerne rückblickend darstellen; auch in der katholischen Kirche gibt es entgegen dem hierarchisch-zentralistischen Erscheinungsbild komplizierte Einwirkungen von unten nach oben. Die beiden USA-Kapitel seines Buches – über den katholischen Weg zur respektierten Denomination und über den protestantischen Fundamentalismus – widmet José Casanova dann in ähnlicher Weise der Rolle von Kirchen zwar nicht in Demokratisierungsprozessen, aber in einer etablierten Demokratie, in der sie sich bei allem selbstgewissen Anspruch auf moralische Wahrheit notwendig als bloße Teilnehmer an öffentlichen Debatten verhalten müssen, nicht als Vormünder, die mit staatlicher Hilfe an der Überzeugung von Gläubigen und Ungläubigen vorbei Macht ausüben könnten.

4. Damit kommt schon die normative Seite von José Casanovas Arbeit ins Spiel. Sein Buch war ja nicht nur durch die Originalität der Fragestellung, die begriffliche Klarheit und die historisch-empirische Vorgehensweise vorbildlich, sondern auch – zumindest in meinen Augen – weil es sich nicht der Aufgabe entzieht, selbst normative Schlussfolgerungen aus der empirischen Forschung zu ziehen. Das Buch „Public Religions in the Modern World" stellt ein klares Plädoyer für die Legitimität einer öffentlichen Rolle von Religion dar und weist damit einen sich häufig als liberal bezeichnenden fundamentalistischen Säkularhumanismus zurück, der die Öffentlichkeit zu monopolisieren versucht und den Kirchen in ökonomischer Sprache den Rückzug auf ihr seelsorgerisches „Kerngeschäft" aufzwingen will. In eins damit werden natürlich auch vordemokratische Ansprüche der Kirchen oder ihre freiwillige Beschränkung auf die Einverstandenen abgelehnt.

Selbstverständlich sind die empirischen Befunde, begrifflichen Vorschläge und normativen Stellungnahmen alle nicht völlig unkontrovers. Die Rezeption des Buches setzte allerdings eher langsam ein. Ich habe dies insofern auf der eigenen Haut zu spüren bekommen, als meine jahrelangen Versuche bald nach der Veröffentlichung, einen deutschen Verlag für eine Übersetzung zu gewinnen, nicht erfolgreich waren. Dies halte ich im Rückblick für ein interessantes

Indiz dafür, wie gering noch Mitte der 1990er Jahre in Deutschland das Interesse an der Beschäftigung mit politisch-religiösen Mobilisierungen war. Das änderte sich total nach den Anschlägen vom 11. September 2001. Aufgrund seiner wissenschaftlichen Qualität wurde das Buch José Casanovas nun auch im deutschen Sprachraum breit wahrgenommen. Dabei hatte der Autor sich natürlich schon beträchtlich und in vielfältige Richtungen weiterentwickelt. Ich erkenne vor allem drei solche Richtungen:

1. Dem Buch über „Public Religions" wurde gelegentlich seine Beschränkung auf das katholische und protestantische Christentum vorgehalten. Dabei ist José Casanova durch seine Verbindung zur Ukraine auch mit dem orthodoxen Christentum wohlvertraut; er hat sich auch in mehreren Aufsätzen zur religiösen Situation in der Ukraine und generell zu den Fragen des religiösen Pluralismus in postkommunistischen Gesellschaften geäußert. Die eigentliche Herausforderung für seine Theorien aber stellten die großen nichtchristlichen Religionen, insbesondere der Islam, dar. Hier möchte ich vor allem seine ingeniösen Vergleiche der Geschichte von Katholizismus und Islam und ihrer Wahrnehmung in protestantischen oder säkularen Öffentlichkeiten hervorheben.[15] In der Tat galt der Katholizismus in vielen Ländern lange Zeit als ähnlich national unzuverlässig, inkompatibel mit der Demokratie und die Integration von Einwanderern behindernd, wie dies heute häufig vom Islam behauptet wird. Aus der erfolgreichen Geschichte des Katholizismus in dem klassischen Einwanderungsland USA zieht José Casanova optimistische Schlüsse für die Zukunft des Islam, dies allerdings mit großem Augenmaß und Sensibilität auch für die Länge des zurückzulegenden Weges. Durch die starke Berücksichtigung nicht-christlicher Religionen, teilweise auch der in Asien beheimateten, nimmt auch die Herausforderung zu, was die historische Tiefe der Analyse betrifft. Eine Frage wie die, inwiefern der ja aus dem christlichen Horizont stammende Begriff des Säkularen überhaupt geeignet ist, auf andere „Weltreligionen" angewendet zu werden, nötigt dazu, in

---

15 José Casanova, Civil Society and Religion: Retrospective Reflections on Catholicism and Prospective Reflections on Islam, in: Social Research 68 (2001), S. 1041–1080; ders., Catholic and Muslim Politics in Comparative Perspective, in: Taiwan Journal of Democracy 1 (2005), S. 89–108.

die Zeit der Grundinspirationen dieser Religionen zurückzugehen. Für uns beide ist unter dem Einfluss von Shmuel Eisenstadt und Robert Bellah dabei das Konzept der „Achsenzeit" von Karl Jaspers immer wichtiger geworden.[16] Die Trennung der drei Gegensatzpaare sakral/profan, transzendent/immanent und religiös/säkular ist uns dabei beiden ein wichtiges Anliegen – und das nicht aus Beckmesserei, sondern weil wir nur dann den Spezifika der Religion in Stammesgesellschaften und archaischen Staaten, der großen Umwälzung bei der Entstehung der Weltreligionen und den Sakralisierungen säkularer Gehalte im 19. und 20. Jahrhundert gerecht werden können.

2. Die empirische Beschäftigung mit der Rolle der Religion bei der Integration von Einwanderern[17] hat José Casanova gezeigt, wie vielfältig die Bedingungen in den einzelnen Ländern und entsprechend variabel die Rolle einzelner Religionen dabei ist. Traditionell werden Einwanderer in die USA durch die Migration eher religiöser, aber das gilt nicht für alle anderen Einwanderungsländer ebenso. Während in den USA Religion eher als Medium der Integration gesehen wird, gilt sie in Europa eher als Hindernis. Während in der Vergangenheit die Wirkung des religiösen Pluralismus in den USA auf die Religion der Einwanderer im Land selbst beschränkt blieb, dehnt sich heute durch die enorme Erleichterung des Reisens und der Kommunikation diese Wirkung mittlerweile oft auch auf die Herkunftsländer aus. Dies sind nur drei von vielen Befunden aus diesen Arbeiten. Generell zielt José Casanova immer mehr auf ein umfassendes Panorama der Globalisierung in religiöser Hinsicht. Gerade die katholische Kirche, die immer schon ihrem Selbstverständnis nach ein Global Player war, wenngleich sie faktisch eurozentrisch und in der Hierarchie sogar italiano-zentrisch blieb, steht vor völlig neuen Chancen, transnational wirkungsmächtig zu werden – Chancen, die natürlich auch verpasst werden können. Alle Religionen werden heute außerhalb ihrer Entstehungskulturen

---

16 Robert Bellah/Hans Joas (eds.), The Axial Age and Its Consequences. Cambridge, Mass. 2012. (Der Band enthält auch einen Beitrag von José Casanova.)

17 Vgl. etwa José Casanova, Einwanderung und der neue religiöse Pluralismus. Ein Vergleich zwischen der EU und den USA, in: Leviathan 2 (2006), S. 182–207.

verfügbar für individuelle oder kollektive Aneignung; sie geraten gleichzeitig unter Druck, mitgeschleppte Partikularismen derjenigen Kulturen, in die sie bisher eingebettet waren, neu zu reflektieren. Religion, Kultur und Territorium sind immer weniger miteinander identisch.

3. Der Bestandteil der konventionellen Sicht auf Säkularisierung, den José Casanova anfangs noch als bewahrenswert empfunden hatte, ist in den späteren Arbeiten ebenfalls zunehmend ins Rutschen geraten. Die Rede ist von der Differenzierung von Staat und Religion als notwendigem Bestandteil moderner Gesellschaften. Zum einen wird beim internationalen Vergleich immer deutlicher, dass weder die französische noch die US-amerikanische Variante hier einfach als Vorbild für andere und als Modernitätsindikator gewertet werden müssen. Von dem frühverstorbenen deutschen Staatsrechtler Winfried Brugger etwa[18] stammt eine Typologie, die die Vielfalt von Regelungen zwischen Theokratie und säkularistischer Diktatur ausfächert. Doch ist überhaupt die Leitlinie funktionaler Differenzierung in Casanovas Schriften nach meinem Eindruck zurückgetreten. Auf eine neue Synthese dieser empirischen, theoretischen und normativen Stränge aus der Feder José Casanovas dürfen wir uns alle freuen.

Denn José Casanova ist selbst derzeit nicht nur ein Analytiker der Globalisierung in religiöser Hinsicht, sondern ein globales Phänomen. Ich kenne kaum einen Menschen, der so multilingual ist wie er: Er beherrscht nicht nur das Spanische als seine Muttersprache, das Deutsche als die Sprache seiner Studienzeit, das Englische als die seiner Wissenschaft und das Ukrainische als die seiner Familie, sondern kann auch Texte lesen in französischer, italienischer, polnischer, russischer und portugiesischer Sprache. Sein Buch von 1994 ist ins Japanische, Spanische, Italienische, Polnische, Arabische übersetzt und wird im Chinesischen, Indonesischen und in Farsi erscheinen. José Casanova ist ein globales Phänomen, auch weil er ein global präsenter Wissenschaftler und öffentlicher Intellektueller ist und

---

18 Winfried Brugger, Von Feindschaft über Anerkennung zur Identifkation. Staat-Kirche-Modelle und ihr Verhältnis zur Religionsfreiheit, in: Hans Joas/Klaus Wiegandt (Hg.), Säkularisierung und die Weltreligionen. Frankfurt/Main 2009, S. 253–283.

Laudatio für José Casanova

eine der wichtigsten Stimmen in der transnationalen katholischen Öffentlichkeit, die sich zu einer der einschneidendsten historischen Entwicklungen unserer Zeit – der Globalisierung des Christentums – sachkundig äußern.[19] Seine globale Präsenz und Orientierung führen ihn aber nicht dazu, wie es bei postmodernen Autoren häufig vorkommt, Skepsis gegenüber der Aufklärung mit aufklärerischer Skepsis gegenüber religiösen Traditionen aporetisch zu verknüpfen. In einer knappen brillanten Auseinandersetzung mit Zygmunt Baumans Entwurf einer postmodernen Ethik schreibt er den bekenntnishaften Satz, mit dem ich diese Würdigung schließen will: „Ohne die Einbettung in eine bestimmte moralische Tradition hat die Moral des autonomen Selbst keinen Gehalt und bleibt deshalb gezwungenermaßen leer."[20]

---

19 Vgl. schon José Casanova, Globalizing Catholicism and the Return to a „Universal" Church, in: Susanne Rudolph/James Piscatori (eds.), Transnational Religion and Fading States. Boulder, Co. 1997, S. 121–143. Neuerdings das dritte Kapitel in: José Casanova, Europas Angst vor der Religion. Berlin 2009 (S. 85–119) und der Beitrag „Religion in Modernity as Global Challenge", in: José Casanova/Hans Joas u.a., Religion und die umstrittene Moderne. Stuttgart 2010, S. 1–16 (mit der Diskussion S. 17–21).

20 José Casanova, Rezension Zygmunt Bauman, Postmodern Ethics (Oxford 1993), in: Contemporary Sociology 24 (1995), S. 424–425, hier S. 425. Einen Rückblick auf seine Entwicklung nach 1994 bietet José Casanova selbst in: Public Religions Revisited, in: Hent de Vries (ed.), Religion. Beyond a Concept. New York 2008, S. 101–119.

José Casanova

Dankrede nach Verleihung des Theologischen Preises

Die Kirche in der Welt: Die theologische Verantwortung eines Soziologen und Laien
Zur gegenwärtigen Disjunktion von gesellschaftlicher und kirchlicher Moral

Ich bin äußerst dankbar und fühle mich zutiefst geehrt durch die Verleihung dieses theologischen Preises, den ich, so fürchte ich, nicht verdiene. Ich muss gestehen, dass ich die überraschende Nachricht mit einer Mischung aus Unglauben und Zögern aufgenommen habe. Unglauben, weil ich mich selbst nicht als Theologen betrachte und nicht wirklich ernsthaft über die theologische Dimension meiner soziologischen Arbeit reflektiert habe. Sicherlich habe ich mich immer glücklich geschätzt, in Innsbruck deutschsprachige Theologie studiert zu haben. Diese theologische Ausbildung ist nicht nur Grundlage meiner soziologischen Arbeit, sondern meines gesamten intellektuellen und akademischen Lebens. Für diese großartige Chance war ich stets dankbar und ich möchte die Gelegenheit nutzen, mich öffentlich beim Collegium Canisianum Innsbruck zu bedanken, jener Institution, die mir in vier unvergesslichen Jahren materielle und spirituelle Heimat war. Mein besonderer Dank gilt meinem Professor für Dogmatik, Franz Schupp, dessen eigene viel versprechende theologische Karriere durch die auch in der heutigen Kirche noch üblichen unbarmherzigen Inquisitionsverfahren auf unfaire Art und Weise beendet wurde.

Wenn es auch nie meine bewusste Absicht war katholische Soziologie unter dem Einfluss deutschsprachiger Theologie zu betreiben, so ist es doch offensichtlich, dass nicht nur die Problemstellung (*problematique*) eines großen Teils meiner soziologischen Arbeit, sondern mein soziologisches Denken selbst implizit durch meine theologische Ausbildung und meine persönliche theologische Erfahrung als spirituelles und intellektuelles Kind des Zweiten Vatikanischen Konzils geprägt sind. Der wichtigste Ertrag meiner Arbeit ist womöglich die selbst-reflektierte Kritik der säkularistischen Thesen, die nicht nur die Sozialwissenschaften durchdringen und zur vorherrschenden Säkularisierungstheorie geworden sind, sondern sowohl das alltägliche wie intellektuelle Denken in Europa prägen. Ich kann gut verstehen, dass diese soziologische Kritik von theologischer Bedeutung sein kann, insofern sie dazu beiträgt die theologische Reflexion und auch das religiöse Bewusstsein von diesen zutiefst einschränkenden säkularistischen Prämissen zu befreien. Aus diesem Grund nehme ich die Ehre, die mir durch die namhafte Jury zuteil wird, mit Demut und Freude entgegen.

Ich habe die Nachricht jedoch auch mit einem gewissen Zögern aufgenommen, denn ich sehe, dass die Annahme dieses theologischen Preises auch eine große Verantwortung beinhaltet. Angesichts des Themas der diesjährigen Hochschulwochen „verantworten", konnte ich die Wahl der Jury nicht anders als eine Berufung begreifen. Ich fühlte mich aufgerufen, meine Verantwortung als Soziologe und Laie zu übernehmen und meine persönliche soziologische Reflexion dessen vorzubringen, was ich als die zentralen Herausforderungen für die Kirche in der Welt von heute betrachte. Bereits seit einiger Zeit bin ich zutiefst beunruhigt durch den wachsenden und aus meiner Sicht gefährlichen Graben zwischen gesellschaftlicher und kirchlicher Moral bei Themen wie Geschlechtergerechtigkeit und Sexualverhalten. Diese Disjunktion ist problematisch für beide Seiten, die gesellschaftliche wie die kirchliche Moral. Heute muss ich mich auf die Gefahren, die diese Aufspaltung für die Zukunft der Kirche mit sich bringt, beschränken. Ich beanspruche hierin keine theologische Expertise, aber ich hoffe, dass meine kritische soziologische Reflexion eine ernsthafte theologische Reflexion innerhalb der Kirche provozieren kann.

Émile Durkheim, der französische Gelehrte, der gemeinsam mit Max Weber einer der Begründer der Soziologie als eigenständiger Disziplin ist, definierte Soziologie als „die Wissenschaft von der Moral". Ich selbst würde nicht so sehr den „wissenschaftlichen" Charakter der soziologischen Erforschung der Moral betonen. Doch stimme ich zu, dass das wissenschaftliche Studium der sich ändernden sozialen Verhaltensweisen und der Genese, Transformation und

Dankrede nach der Verleihung des Theologischen Preises

der Krisen der sozialen Normen und Werte eine der Hauptaufgaben der Soziologie ist.

Die gesamte Geschichte der Christenheit hindurch war die Beziehung zwischen gesellschaftlicher und kirchlicher Moral komplex und wechselseitig. Einfach formuliert könnte man sagen, dass etwa ab der Konstantinischen Wende bis ins 18. Jahrhundert die vorherrschende Richtung des Einflusses von der Kirche hin zur Gesellschaft verlief. Die Kirche versuchte das Saeculum, sprich die säkulare Gesellschaft und die in ihr lebenden Menschen, zu christianisieren. Charles Taylor bietet eine der überzeugendsten Darstellungen der vielfältigen und periodisch wiederkehrenden Bewegungen christlicher Reformbestrebungen, die auf unterschiedlichsten Wegen zum Entstehen des „Säkularen Zeitalters" beigetragen haben.

Doch ist zu berücksichtigen, dass sich zumindest seit dem 18. Jahrhundert die Einflussrichtung umgekehrt hat und es immer mehr die moderne säkulare gesellschaftliche Moral ist, die die kirchliche Moral herausfordert, prägt und beeinflusst. Zugespitzt könnte man sagen, dass die moralischen Schlüsselprinzipien, welche die moderne gesellschaftliche Moral beherrschen, jene selbst-evidenten Wahrheiten sind, die am prägnantesten während der Amerikanischen Revolution formuliert wurden:

> „Dass alle Männer (und, wie wir heute hinzufügen würden, Frauen) gleich geschaffen sind" und „dass sie von ihrem Schöpfer mit gewissen unveräußerlichen Rechten ausgestattet sind; dass dazu Leben, Freiheit und das Streben nach Glück gehören".

Man könnte berechtigterweise einwerfen, dass diese modernen säkularen Moralprinzipien auf vielfältige Art und Weise mit christlichen Moralprinzipien verknüpft sind – so wie es auch für die amerikanischen Verfasser des Entwurfs völlig klar war. Doch als sich die beabsichtigten und unbeabsichtigten Folgen dieser Moralprinzipien immer weiter entfalteten und in den verschiedenen Bereichen der modernen Gesellschaften immer stärker institutionalisiert wurden, geriet die katholische Kirche zusehends in die Defensive und bekämpfte diese neuartigen moralischen Entwicklungen regelmäßig. Nur widerwillig passte sie sich ihnen an, um sie schließlich in sich als in der christlichen Offenbarung begründete Prinzipien aufzunehmen.

José Casanova

Die relative Verspätung, mit der die katholische Kirche in den modernen moralischen Kreuzzug gegen die Sklaverei zog, und die noch länger andauernde Verspätung, mit der sie die modernen individuellen Menschenrechte, insbesondere das Recht auf Religionsfreiheit welches in der „unverletzlichen Würde der menschlichen Person" gründet, annahm, können als paradigmatische Illustrationen der Disjunktion zwischen der sich entwickelnden säkularen Moral und der sich widersetzenden kirchlichen Moral dienen. Sie zeigen die daraus resultierende Dynamik des *aggiornamento* und wie die „Zeichen der Zeit", die diese Disjunktion begleiten, erkannt und theologisch interpretiert werden können.

Bereits in der Mitte des 19. Jahrhunderts brachte Alexis de Tocqueville die „gnädige", beständige, universale und unaufhaltsame moralische politische Kraft des modernen Prinzips der „Gleichheit" der Bedingungen zum Ausdruck. Die imaginäre egalitäre moralische Gemeinschaft wurde immer weiter ausgedehnt, um immer weitere Personenkreise einzuschließen, denen gleiche Würde und Respekt zu geben ist. Zu Beginn waren dies lediglich weiße, männliche, erwachsene Bürger. Dem folgten Arbeiter und niedrigere Klassen, Frauen, andere Rassen und nicht-westliche, von europäischen Christen Versklavte und Kolonialisierte usw. Heute umfasst diese egalitäre moralische Gemeinschaft auch Kinder, auch wenn der Skandal um sexuellen Missbrauch dramatisch gezeigt hat, dass unsere männlich dominierte klerikale Kirche zu lange gebraucht hat, dies zu begreifen.

Heute konvergieren die Moralprinzipien Freiheit, Gleichheit und das Streben nach Glück weltweit am dramatischsten um Fragen der Geschlechtergerechtigkeit und der Sexualmoral. Während das Prinzip, dass „alle Männer und Frauen gleich geschaffen sind", immer mehr zu einer selbst-evidenten Wahrheit wird, scheint der unglaublich breite Graben zwischen der Norm der Geschlechtergleichheit und der abstoßenden Realität unter der Frauen weltweit zu leiden haben, bestehend aus ungleichem Wert, ungleichem Status und ungleichem Zugang zu Ressourcen und Macht, eine Herausforderung zu bleiben. Diesen Graben zu überwinden ist eine der wichtigsten historischen und politischen Aufgaben für alle Gesellschaften und Institutionen, auch religiösen.

Dankrede nach der Verleihung des Theologischen Preises

Die „Geschlechterfrage" ist in vielfacher Hinsicht eine fundamentale moralische Frage unserer Zeit, wie die „soziale Frage" die fundamentale moralische Frage der Mitte des 19. Jahrhunderts war. Die katholische Kirche, angetrieben von Kräften aus den Graswurzeln der katholischen Sozialbewegungen, ist vorbildhaft der sozialen Frage nachgegangen. Doch wenn es zur „Geschlechterfrage" kommt, so ist unsere Kirche, zumindest unsere Hierarchie und das Lehramt, gescheitert diese neue Herausforderung theologisch anzugehen. Sie gibt sich damit zufrieden, traditionelle Lehren, die der radikalen sozialen Transformation und den Zeichen der Zeit nicht gerecht werden, immer wieder neu vorzutragen.

Die Totgeburt eines von den US-Bischöfen angestrebten Pastoralbriefes zur Geschlechterfrage, vorsichtig betitelt „Partner im Mysterium der Erlösung: Eine Pastorale Antwort auf die Anliegen der Frauen für Kirche und Gesellschaft", bietet einen erneuten vernichtenden Beweis für das Scheitern der kirchlichen Hierarchie auf dieses Thema verantwortungsvoll zu reagieren. Nach einer Basisbefragung von 75 000 katholischen Frauen in 100 Diözesen beschloss das für den Entwurf verantwortliche Komitee die Anliegen in vier Themenbereiche zu gliedern: Frauen als Personen, Frauen in Beziehungen, Frauen in der Gesellschaft und Frauen in der Kirche. All diese Themen, insbesondere „Frauen in Beziehungen" und „Frauen in der Kirche", wurden auf unbestimmte Zeit vertagt und von der öffentlichen Diskussion in der Kirche ferngehalten. Doch die Geschlechterfrage wird nicht verschwinden. Im Gegenteil, der Missbrauchsskandal in unserer Kirche zeigt, dass das Problem nur noch dringender wird.

Ich möchte die zunehmende Disjunktion zwischen gesellschaftlicher und kirchlicher Moral aus soziologischer Perspektive betrachten und dabei drei moralisch umstritten Themen näher untersuchen: die Ordination von Frauen, die offiziellen Verlautbarungen der Kirchenhierarchie zu Geschlechtergerechtigkeit und Sexualmoral und den öffentlichen moralischen Aufschrei angesichts des sexuellen Missbrauchs von Kindern durch Kleriker.

José Casanova

a) Die Ordination von Frauen und gleichberechtigter Zugang zu Positionen mit Macht, Autorität und Status in der Kirche

Ekklesiologisch gesehen ist die Kirche als sakramentales eschatologisches Zeichen des Reiches Gottes zu betrachten und im Glauben zu erfassen. Soziologisch gesehen ist sie eine sozio-historische Institution im Saeculum. Die katholische Kirche kann wie jede andere religiöse Institution als „religiöses Regime" gedacht werden, das zur „Civitas Terrena" gehört und ist in vielfacher Hinsicht analog zu Politik und Ökonomie. In beiden Fällen ist die offensichtliche Frage, in welchem Umfang das System aus Machtbeziehungen und die sozialen Produktionsbeziehungen von Geschlechterdifferenzen geprägt und ungleich sind, d.h. ob Männer und Frauen ungleichen, selektiven Zugang zu religiöser Macht und Autorität und ungleichen, selektiven Zugang zu Produktionsmitteln, Verteilung und Konsumierung religiöser Güter haben.

Als universale Erlösungsreligion hat das Christentum seit jeher Männern und Frauen gleichen Zugang zu Erlösung und Heiligkeit geboten. Aus Gottes Sicht gibt es keine Geschlechterdiskriminierung. Mehr noch, als „liebender Vater" hat Gott eine weibliche „Vorzugsoption" für die Schwachen, Armen, Sanftmütigen, Waisen, Witwen. Dies ist die zentrale prophetische ethische Norm, welche die moderne Gleichheit der Geschlechter als transzendentes Prinzip vorwegnimmt.

Doch soziologisch betrachtet zeichnet sich die katholische Kirche durch ein duales System höchst differenzierter und kanonisch regulierter religiöser Rollen aus. Hier gilt es zunächst die sakramentale Unterscheidung zwischen ordiniertem Priestertum und Laien zu erwähnen. Zusätzlich wird zwischen den religiösen Orden – Mönchen, Brüdern und Nonnen – die dem höheren Ruf des Evangeliums folgen einerseits und den säkularen Christen (inkl. dem weltlichen Klerus), die in der Welt leben, andererseits unterschieden. Die Existenz von männlichen und weiblichen Orden und die hohe Zahl weiblicher Heiliger, besonders in der frühen Kirche, bestätigt, dass es tatsächlich einen geschlechtergerechten, universalen Zugang zum religiösen Heil innerhalb der *Ecclesia invisibilis* gibt. Innerhalb der *Ecclesia visibilis* als öffentlicher Versammlung und hierarchisch und

Dankrede nach der Verleihung des Theologischen Preises

bürokratisch organisierter episkopaler Kirche wird zwischen dem Klerus und Laien unterschieden. Das Priestertum als sakerdotale/sakramentale, lehramtliche und administrative/kanonische Autorität ist exklusiv Männern vorbehalten. Dies ist das fundamentale Problem patriarchaler Geschlechterdiskriminierung innerhalb der männlichen klerikalen Kirche.

Die offizielle Antwort der katholischen Männerhierarchie auf die moderne Forderung nach Ordination von Frauen ist, dass die Ordination göttlichen Ursprungs und daher unveränderlich sei, da Jesus selbst nur Männer als seine Jünger erwählt habe, die nun die Brücke zur apostolischen Sukzession des episkopalen männlichen Priestertums darstellen. Die Hierarchie besteht darauf, dass sie keine Autorität besitzt diese „göttliche" Anordnung zu ändern. Dies ist vielleicht ein überzeugendes soziokulturelles Argument innerhalb der kulturellen patriarchalen Prämissen des apostolischen Zeitalters, aber es ist keineswegs ein gut begründetes theologisches Argument mit schriftlicher Fundierung. Tatsächlich war durch die Kirchengeschichte hindurch der männliche Charakter des Priestertums eine selbstverständliche kulturelle Prämisse und so sehr Teil der sozialen *doxa* oder des „Ungedachten" (unthought), wie es Taylor nennt, dass jegliche seriöse theologische Rechtfertigung unnötig war. Erst als die demokratische Revolution der Moderne jegliche Form der Geschlechterdiskriminierung in Frage stellte, wurde eine Rechtfertigung erforderlich. Es stellte sich heraus, dass die diskursive theologische Argumentation innerhalb der katholischen Kirche, die die Ordination von Frauen verbieten würde, äußerst dünn ist.

Soziologisch ist vorherzusehen, dass es nur eine Frage der Zeit ist, bis die katholische Kirche den modernen Wert der Geschlechtergerechtigkeit ernsthaft als „Zeichen der Zeit" annimmt. Auch wenn ein gewisser theologischer Konsens, dass Frauen aus sakerdotalen/sakramentalen Funktionen ausgeschlossen werden sollten, für einige Zeit fortbestehen sollte, so wird die größere Schwierigkeit darin bestehen, überzeugende theologische und moralische Gründe für den Ausschluss von Frauen, besonders Ordensfrauen, von größerer administrativer Macht innerhalb der Kirche, einschließlich der Kurie und dem Kardinalskollegium, zu finden. Sollten historische Präzedenzfälle von Relevanz sein, so gilt es zu beachten, dass das römische Kardinalskollegium ursprünglich auch Laien offen stand und es daher keinen ernsthaften theologischen Grund gibt, warum das Kardinalskollegium wie auch weitere administrative Autoritätspositionen innerhalb der Kurie heute nicht auch weiblichen Laien oder zumindest Ordensfrauen offen stehen sollten.

Aber dies scheint nicht die Richtung zu sein, in die unsere Kirchenhierarchie steuert. Im Gegenteil, die lehramtliche Beurteilung der US Leadership Conference of Women Religious, welche von der Vatikanischen Glaubenskongregation am 18. April 2012 veröffentlicht wurde, und die Entscheidung, die LCWR unter die Disziplinaraufsicht dreier US Bischöfe zu stellen, zeigen das Bestreben die eingeschränkte Autonomie weiblicher Orden noch weiter einzuschränken und sie unter stärkere männliche klerikale Kontrolle zu bringen. Auffällig war, dass die Verurteilung des Vatikans und die Sanktionen sich weder gegen einzelne Personen richtete, die kirchliche Doktrinen in Frage gestellt haben sollen, noch gegen konkrete diskussionswürdige lehramtliche Positionen, die von der LCWR offiziell vertreten werden. Es war eine umfassende Zurechtweisung einer ganzen Organisation von 1500 Nonnen, die mehr als 300 Orden vorstehen und etwa 57 000 Ordensfrauen repräsentieren, das sind ca. 80 Prozent aller Ordensfrauen in den USA. Die Hauptanschuldigungen betreffen nicht spezifische lehramtliche Fehler, die von der Organisation vertreten werden, sondern die „Sünden der Auslassung", d.h. die Unterlassung, die Kernlehre bezüglich Abtreibung zu betonen und die durch Einladung von Sprechern zumindest implizite Vertretung „bestimmter radikaler feministischer Themen", die die katholische Lehre zu männlichem Priestertum, Verhütung und Homosexualität unterminieren.

b) Die inadäquate Antwort der Hierarchie auf die moderne sexuelle Revolution und die sich bildende Geschlechter- und Sexualmoral

Die durch die demokratische und sexuelle Revolution der Moderne und die fundamentale Transformation der Geschlechterbeziehungen und Geschlechterrollen hervorgerufenen radikalen Veränderungen der Rahmenbedingungen stellen eine besonders schwierige Herausforderung für die sakralen Ansprüche aller religiösen Traditionen

Dankrede nach der Verleihung des Theologischen Preises

dar. Es ist wenig überraschend, dass Geschlechterpolitik und Gleichberechtigung zentrale Politikbereiche sind und Religion zutiefst in Geschlechterpolitik involviert ist. In der Tat haben zahlreiche Analysten versucht das, was sie als einzigartiges globales Wiederaufleben religiösen „Fundamentalismus" in allen religiösen Traditionen konstruieren, als primär patriarchale Reaktion gegen die allgemeine globale Gefahr, die durch Geschlechtergerechtigkeit, die Emanzipation von Frauen und den Feminismus droht, zu interpretieren.

Der Feminismus scheint den Kommunismus als Schreckgespenst aller religiösen Traditionen ersetzt zu haben. Heute sind der Feminismus- und der Säkularismusdiskurs miteinander verwoben wie im 19. Jahrhundert Kommunismus und Atheismus miteinander verwoben wurden. „Geschlecht" wurde zur meist diskutierten „sozialen Frage", während „Religion" – absichtlich oder nicht – in den Strudel globalen Wettstreits geriet. Traditionelle religiöse Establishments tendieren dazu, die feministische Agenda und insbesondere die Vorstellung von Geschlecht als historisch kontingente, sozial konstruierte und daher veränderbare Realität, als größte Gefahr nicht nur für ihre religiösen Traditionen und autoritativen Moralforderungen, sondern für die Idee einer heiligen oder göttlich vorherbestimmten Naturordnung, die entweder im Naturgesetz, der Sharia oder irgendeinem „richtigem Weg" eingeschrieben ist und universell gültig ist für alle Zeiten, darzustellen.

Am Zweiten Vatikanischen Konzil übernahm oder zumindest begann die katholische Kirche theologische Entwicklungsprinzipien anzunehmen, die in der Historizität der göttlichen Offenbarung, Inkarnation und der kontinuierlichen historischen Entfaltung der göttlichen Pläne für die Erlösung der Menschheit wurzeln und die Kirche zur sorgsamen Wahrnehmung der „Zeichen der Zeit" fordern. Im Bereich der Geschlechtertheologie und der Sexualmoral beharrt die katholische Hierarchie jedoch seit der Veröffentlichung von *Humanae Vitae* auf einem traditionalistischen ontologischen Konzept der menschlichen Natur und der Humanbiologie, welches wiederum auf der essentialistischen Vorstellung eines a-historischen, unveränderlichen und universell gültigen Naturgesetzes basiert. Dieses traditionalistische Konzept gerät jedoch immer mehr in Spannung zu jeglichem evolutionär-historischen Entwurf der Entwicklung menschlicher Moral wie er von den Sozialwissenschaften vertreten wird und steht auch immer mehr in Kontrast zum wissenschaftlichen Entwurf einer sich verändernden biologisch-historischen Natur in den neuen evolutionären Lebenswissenschaften.

Das katholische *aggiornamento* ist in vielerlei Hinsicht eine erfolgreiche Adaption an einige fundamentale Moralprinzipien der säkularen Moderne. Doch bei Themen wie Familienstrukturen, Geschlechterrollen, Geschlechtergerechtigkeit, Macht und Autorität in der Kirche, Sexualität und Reproduktion, bleibt die katholische Kirche – oder zumindest ihre offizielle Hierarchie – einer traditionalistischen, naturalistischen und unreflektierten fundamentalistischen Position verhaftet.

Das historische Prinzip des *aggiornamento* und die kritische prophetische Unterscheidung der „Zeichen der Zeit" sind keinesfalls mit einer unkritischen Anpassung an die moderne säkulare liberale Kultur gleichzusetzen. Im Gegenteil, die Kirche kann eine kritische, wahrhaft prophetische Beziehung zur säkularen Kultur nur aufrechterhalten, wenn sie ihre eschatologischen Prinzipien von deren nicht aufhebbarer Einbettung in partikuläre traditionelle historische Kulturen zu unterscheiden vermag. Eschatologisch betrachtet werden der Leib Christi und die Civitas Dei wohl stets in einer spannungsvollen Beziehung zu jeglicher Gesellschafts„kultur" und zur Civitas Terrena stehen. Doch diese Spannung wird sich als historisch unhaltbar erweisen, wenn sie lediglich auf einer unkritischen Verteidigung einer traditionellen Form von Gesellschaftskultur basiert, die einer historischen Entwicklung von Moral entgegenzustehen scheint. Es geht hier nicht um moralischen Relativismus im Sinne einer willkürlichen individuellen Wahl oder eines Vorzugs, sondern um eine Kollision zwischen fundamentalen „heiligen" moralischen Werten.

Theologisch gesehen besitzt jede religiöse Gemeinschaft das Recht und die Pflicht das, was sie als gottgewollte Anordnung oder moralische Norm betrachtet, aufrecht zu erhalten. Soziologisch gesehen ist jedoch die Frage, wie lange eine religiöse Tradition, insbesondere eine „katholische", sich der Anpassung an neue moralische Werte widersetzen kann, wenn sich innerhalb der Gesellschaft ein beinahe universaler Konsens bezüglich des unverletzlichen Charakters eines Werts entwickelt. Die moderne Sakralisierung der Menschenrechte ist ein solcher Fall. Die Bestätigung und missio-

Dankrede nach der Verleihung des Theologischen Preises

narische Vertretung der modernen Menschenrechte durch die katholische Kirche, darunter das unveräußerliche Recht auf Religionsfreiheit basierend auf der unverletzlichen Würde der menschlichen Person, welches in der Vergangenheit mehrere Päpste verurteilt hatten, sollte zu theologischer und moralischer Vorsicht mahnen. Demütig hat die katholische Kirche öffentlich schwerwiegende moralische Fehler in der Vergangenheit eingestanden, sowohl in diesem Bereich wie auch vielen anderen Belangen.

Die Soziologie beobachtet als Reaktion auf die offizielle Verteidigung der katholischen Kirche einer „traditionalistischen" Position in Geschlechterfragen und den einzigartigen zwanghaften Fokus auf „Sexual"moral in der gesamten katholischen Welt einen dualen Prozess der weiblichen Säkularisierung und die Erosion der kirchlichen Autorität in der Sexualmoral. Vielleicht zum ersten Mal in der Geschichte der modernen Säkularisierung verlassen Frauen in großen Zahlen die Kirche. Am meisten betroffen ist Europa, doch immer mehr ergreift die Austrittswelle auch Nordamerika und Lateinamerika. Die Alarmglocken sollten schrillen.

Weibliche Säkularisierung ist sicherlich der signifikanteste Faktor in der seit den 1960ern drastisch voranschreitenden Säkularisierung westeuropäischer Gesellschaften und dem radikalen Abbruch der „Religion als Erinnerungskette" in Europa. Die männliche *intelligentsia* verließ die Kirche im 18. Jahrhundert, die männliche Bourgeoisie im frühen 19. Jahrhundert und das männliche Proletariat kehrte ihr im späten 19. und 20. Jahrhundert den Rücken. Doch solange Frauen in der Kirche verblieben, wurden Kinder getauft und als Christen erzogen. Somit gab es auch eine Zukunft für die Kirche und Möglichkeit eines Wiederauflebens der Religion und einer Umkehrung der Säkularisierung. Doch sobald Frauen in Strömen die Kirche zu verlassen beginnen, wie dies seit den 1960ern geschieht, sieht die Zukunft der Kirche soziologisch gesehen immer dunkler aus.

Ebenso entscheidend und von großer gesellschaftlicher Relevanz ist aus meiner Sicht die drastische Säkularisierung der Sexualmoral. Immer mehr praktizierende Katholiken missachten die Auflagen der katholischen Hierarchie und folgen in den meisten sexualethischen Belangen ihrem eigenen Gewissen. Öffentliche Meinungsumfragen in Europa, Nordamerika und Lateinamerika belegen immer mehr, dass junge katholische Erwachsene bewusst ihre Sexualität und ihre Religiosität voneinander trennen. Religion hat aus ihrer Sicht absolut keinen Einfluss auf ihre Einstellung zu Sexualität.

Auf der einen Hand beobachten wir eine Kirchenhierarchie, die beinahe schon zwanghaft die traditionelle Sexualmoral verteidigt, auf der anderen Hand ignoriert die Mehrzahl katholischer Gläubiger nicht nur einfach die moralischen Anordnungen der Hierarchie, sie fühlt sich immer behaglicher dabei Sexualität und Religion voneinander zu trennen. Man muss sich fragen, wohin diese radikale Dissoziation von privater Sexualität und Religion, ja sogar Moral noch führen wird. Aus meiner Sicht führt sie zu einer radikalen Säkularisierung des privaten Bereichs des individuellen Gewissens, die parallel zu sehen ist mit der Säkularisierung der Politik und des öffentlichen Bereichs. Während sich meine Arbeit bisher vor allem der Analyse der voranschreitenden Deprivatisierung von Religion gewidmet hat, müssen wir als Soziologen wie auch als Theologen unsere Aufmerksamkeit vermehrt auf die immer stärkere Säkularisierung des privaten Bereichs der Sexualität lenken.

Ich bin der Meinung, dass die unkritische Verteidigung traditioneller Sexualsitten und die umfassende Verurteilung der modernen Sexualrevolution im Namen des Naturrechts, welche das Zeichen der Zeit in der Entwicklung der modernen säkularen Moral nicht erkennt, kontraproduktiv sind und nicht in der Lage sein werden, eine kritische prophetische Rolle gegenüber einigen äußerst fragwürdigen Entwicklungen zu spielen. Nur eine Kirche, die den Wert des Kerns der modernen Moralentwicklung erkennt und als schicksalhaftes „Zeichen der Zeit" annimmt, kann eine kritische prophetische Rolle gegenüber unmoralischen und anomischen säkularen Trends spielen.

c) Das *skandalon* des sexuellen Missbrauchs von Kindern durch Kleriker

In keinem anderen Bereich wurde der Graben zwischen gesellschaftlicher und kirchlicher Moralität öffentlich sichtbarer als in den Enthüllungen rund um den sexuellen Missbrauch von Kindern durch Kleriker, die in den vergangenen Jahren die katholische Kirche Land

Dankrede nach der Verleihung des Theologischen Preises

um Land erschüttert haben. Der Skandal zeigt überall eine dreifache Struktur. Zuerst gab es den Anfangsschock und den Skandal um die öffentliche Enthüllung des sexuellen Kindesmissbrauchs durch Kleriker. Danach folgten der noch größere Schock und Skandal um die Enthüllung der weit verbreiteten und andauernden Vertuschung durch Bischöfe und die Kurie. Schließlich folgte die Bestürzung über die vielen völlig unangemessenen öffentlichen Stellungnahmen und Erklärungen vieler bischöflicher und vatikanischer Autoritäten.

Natürlich hat die Kirche den sexuellen Missbrauch von Kindern immer als schwere moralische Sünde betrachtet, auch wenn es schwer fällt den Eindruck zu vermeiden, dass sie Jesu strenge Warnung vor dem *skandalon* in Matthäus 18:6 nicht ernst genommen hat: „Wer einen von diesen Kleinen, die an mich glauben, zum Bösen verführt, für den wäre es besser, wenn er mit einem Mühlstein um den Hals im tiefen Meer versenkt würde." Jedenfalls hatte die Kirche Schwierigkeiten zu verstehen, in welchem Ausmaß der sexuelle Missbrauch von Kindern nicht nur ein schweres moralisches Vergehen, sondern ein frevelhaftes moralisches wie kriminelles Verbrechen in den sexuell vermeintlich freien, ja zügellosen gegenwärtigen Gesellschaften ist.

Der kanadische Moraltheologe Daniel Cere hat den sich herauskristallisierenden Graben zwischen gesellschaftlicher und kirchlicher Moralität auf den Punkt gebracht:

> „Die katholische Kirche scheint in einem tödlichen kulturellen Kreuzfeuer gefangen zu sein. Die Kirche wird weithin verspottet für ihren Versuch, der fortlaufenden Liberalisierung von Sexualität Widerstand zu leisten. Gleichzeitig wurde die Kirche zum Fokus heftigen öffentlichen Zorns, da sie als Vorzeigemodell jener Form von sexueller Transgression (Überschreitung) gilt, die die gegenwärtige Kultur in all ihrer sexuell freizügigen Transgression entschieden als abseits jeglicher Moral verurteilt."

Nichts zeigt den Graben zwischen gesellschaftlicher und kirchlicher Moralität deutlicher als die Tatsache, dass die Kirche sehr lang gebraucht hat zu erkennen, dass der sexuelle Missbrauch von Kindern, der in der Vergangenheit in zahlreichen Gesellschaften und Institutionen relativ weit verbreitet war, in der Moderne ein gesellschaftliches Tabu geworden ist und moderne Gesellschaften gelernt haben darauf mit jener skandalösen Schockierung und jenem moralischen Zorn zu reagieren, der gemäß Durkheim die typische gesellschaftliche Antwort auf die frevlerische Profanisierung jeglichen Tabus ist.

Die anfänglichen Stellungnahmen der Bischöfe und der Kurie machten die gesellschaftliche Degeneration der Moral oder die Liberalisierung der Sexualität in modernen säkularen Gesellschaften für den Missbrauch durch Kleriker verantwortlich oder betonten, wie es auch den Tatsachen entspricht, dass lediglich vier Prozent an Klerikern in Missbrauchsfälle verwickelt sind – ein Prozentsatz, wie er auch unter weltlichen Erziehern zu finden ist. Andere Statements brachten den großflächigen Skandal in Verbindung mit sensationsgierigen Medien, die von traditionellen anti-klerikalen und antikatholischen Vorurteilen angetrieben seien. Einige Stellungnahmen gingen noch weiter und sprachen von der Heuchelei liberalistischer und feministischer Ankläger, die Fälle von Kindesmissbrauch durch Kleriker skandalisierten, aber auf das noch größere und schwerwiegendere Verbrechen legaler Abtreibung in modernen Gesellschaften keineswegs mit der gleichen moralischen Empörung reagieren würden. All diese Aussagen zeigen deutlich, wie die Kirche immer noch daran scheitert, das Auseinanderdriften von gesellschaftlicher und kirchlicher Moralität zu verstehen. Die säkulare Gesellschaft und die öffentliche Meinung waren der Kirche in diesem moralischen Streitpunkt weit voraus, während die Kirche hinterher hinkte.

Glücklicherweise wurde unter Benedikt XVI. den mehrdeutigen Antworten und Halbmaßnahmen des Vatikans ein Ende gesetzt und eine neue Null-Toleranz-Politik gegenüber missbrauchenden Priestern in Gang gesetzt. Bei der Untersuchung jeglicher Anschuldigung ist mit den zivilen Autoritäten umfassend zusammenzuarbeiten. Wiederholte Zeichen von Reue und öffentliche Bitten um Vergebung für klerikale Vergehen und die den Opfern zugefügten schwerwiegenden Schäden sowie persönliche Treffen und der offene Dialog mit den Opfern und Familien begannen unter Benedikt XVI. All dies sind begründete Zeichen zu hoffen, dass der Höhepunkt des Skandals überschritten ist.

Doch welche moralischen Lehren hat die Kirche aus dieser verheerenden historischen Stunde gezogen? Eine aus meiner Sicht wichtige, aber noch unzureichend gezogene Lehre ist, dass die in der

Dankrede nach der Verleihung des Theologischen Preises

Welt stehende Kirche wie jeder andere Mensch und wie sämtliche weltlichen Institutionen in den Strudel der sexuellen Revolution, der gegenkulturellen Experimente und der allgemeinen anomischen Einstellungen und des devianten (abweichenden) Verhaltens geraten ist, die in den liberalen westlichen Gesellschaften der 1960er und 1970er endemisch geworden sind. Dies scheint jene punktuelle Lehre zu sein, die insbesondere von zwei Berichten eines Forschungsteams des John Jay College of Criminal Justice an die US-Bischofskonferenz bekräftigt wird.[1]

Die Ergebnisse der Berichte sind höchst relevant und zeigen, dass der sexuelle Missbrauch durch Kleriker eine historische Episode ist. So gab es einen dramatischen, fortwährenden Anstieg der Fälle sexuellen Missbrauchs Minderjähriger von den frühen 1960ern bis in die späten 1970er hinein. Dies gilt für sämtliche Diözesen und Regionen in den Vereinigten Staaten. Dem folgte ein ebenso rasanter, gleichmäßiger und einheitlicher Rückgang von den frühen 1980ern in die frühen 1990er hinein. Paradoxerweise wurde der Missbrauch erst langsam ab den frühen 1980ern öffentlich bekannt, zwei Jahrzehnte nachdem der endemische Missbrauch begonnen hatte und bereits wieder im Rückgang begriffen war.

Die kirchliche Hierarchie schien durch die Endergebnisse der Berichte erleichtert, denn im Gegensatz zur öffentlichen Meinung gab es keine nachweisbare Korrelation zwischen sexuellem Missbrauch durch Kleriker und die priesterliche Pflicht zum Zölibat, noch gab es eine Korrelation zwischen den bekannten homosexuellen Tendenzen unter Seminaristen und dem sexuellen Missbrauch von Kindern. Gerade in den 1990ern waren die homosexuellen Tendenzen in den Seminaren stark gestiegen, während die Missbrauchsraten das gesamte Jahrzehnt hindurch weiter gesunken sanken waren und auch im ersten Jahrzehnt des 21. Jahrhunderts niedrig blieben. Die Ergebnisse scheinen den Eindruck zu bestätigen, dass die Gründe für die Epidemie sozial und extern waren und nicht in der Kirche selbst lagen – ein klarer Hinweis, dass der säkulare Verfall der Moral auch einige

---

1 „The Nature and Scope of the Sexual Abuse of Minors by Catholic Priests and Deacons in the United States 1950–2002" und „The Causes and Context of Sexual Abuse of Minors by Catholic Priests in the United States, 1950–2010."

„faule Äpfel" innerhalb der Kirche verdorben hatte. Die Kirche zog aus dem Skandal demnach die Lehre, dass es größerer Wachsamkeit bedürfe, die Seminare reformiert werden müssten, das Zölibat noch stärker betont werden sollte und die Seminaristen und Priester vom zerstörerischen Einfluss säkularer Moral abgeschlossen und geschützt werden müssten. Die reine, klerikale Kirche scheint immer mehr zum Modell in einer unreinen, säkularen Welt zu werden.

Der Schluss könnte auch anders ausgefallen sein, wenn die Berichte und die kirchliche Lektüre ihrer Ergebnisse die Tatsache, dass der Rückgang sexuellen Missbrauchs durch Kleriker ebenso auf soziale Gründe zurückgeht, die eher extern als kirchenintern waren, berücksichtigt hätten. So hatte der Rückgang lange bevor die Kirche auf die Krise reagierte und ihre internen Reformen startete begonnen. Der wichtigste Grund für den plötzlichen, raschen Rückgang sexuellen Missbrauchs durch Kleriker war die geänderte Moralität in der säkularen Gesellschaft, die zu einer Kriminalisierung des sexuellen Missbrauchs von Frauen und Kindern führte. Diese, nun zunehmend als aberrant beurteilte Praxis, war bisher in den meisten sozialen Milieus weit verbreitet, wurde ignoriert und geheim gehalten. Die säkulare Revolution der Moral wurde vor allem von Feministinnen vorangetrieben, die die Gesellschaft auf den weit verbreiteten sexuellen Missbrauch von Frauen zuhause, am Arbeitsplatz und an öffentlichen Plätzen aufmerksam machten und zeigten, dass dieser moralisch nicht akzeptabel war und nicht ungestraft fortgesetzt werden konnte.

Die Stärkung der unverletzlichen Würde der Kinder und ihr Schutz vor sexuellem Missbrauch durch vorwiegend männliche Erwachsene ist vor allem die moralische Folge jener feministischen Bewegung, die auch die unverletzliche Würde von Frauen gehoben hat. Aus meiner bescheidenen soziologischen Sicht heraus geziemt es sich der Kirche behutsam die günstigen „Zeichen der Zeit" in diesen säkularen moralischen Entwicklungen zu erkennen. Der Feminismus ist sicherlich nicht das Hauptproblem der Kirche. Im Gegenteil, eine echte Antwort auf die feministische Herausforderung würde zur Lösung vieler Probleme, denen die Kirche derzeit gegenübersteht, beitragen.

Der Zölibat kann nicht für den Missbrauch verantwortlich gemacht werden, doch Klerikalismus war sicherlich Teil des Problems

Dankrede nach der Verleihung des Theologischen Preises

und zudem ein gewichtiger Grund für die inadäquate Reaktion. Ein nochmals verstärkter männlicher Klerikalismus ist sicherlich nicht die angemessene Antwort auf das Problem. Die Langzeitlösung kann nur in größerer Transparenz des Klerus, mehr Offenheit gegenüber den Laien und größerer Autorität und Verantwortung für Ordensfrauen in der Kirche bestehen. Die wachsende Klerikalisierung der Diözesanpriester, die sich zunehmend von Laien und der Welt zurückziehen, ist ein problematischer Trend in der Kirche von heute. Ordensmänner und -frauen hingegen gehen immer mehr in die Welt hinein. Dies führt zu einer paradoxen Wende. Während der weltliche Klerus immer „religiöser" wird und sich aus der Welt zurückzieht, wird der der Ordensklerus immer „weltlicher" und nimmt an der Welt teil. Die Orden sind heute einer der wenigen Orte in der Kirche, die relative Autonomie von bischöflicher Aufsicht und Kontrolle bieten. Aufgrund des immer stärkeren Trends zu einer zentralisierten, hierarchischen, klerikalen Autorität in der Kirche wird verständlich, warum der Vatikan und das Episkopat die Autonomie der Orden auf bestimmte Art und Weise wahrnehmen und ihre Autonomie einzuschränken versuchen. Die Disziplinierung der LCWR und der Versuch katholische Universitäten, die von Orden betrieben werden, zurechtzuweisen, sind offensichtliche Zeichen in diese Richtung.

Nun ist das harte Durchgreifen gegen Ordensfrauen, die die offizielle Position der Hierarchie zu Geschlechtergerechtigkeit und Sexualmoral in Frage stellen, sicherlich nicht die angemessene Antwort. Möglicherweise wird für kurze Zeit die interne Disziplin gestärkt, doch die Krise der moralischen Autorität der Hierarchie wird dadurch auf lange Zeit kaum gelöst, sondern zu einer weiteren Entfremdung von Frauen von der Kirche führen.

Sr. Pat Farrell, Präsident der LCWR, nannte die Forderungen des Vatikanischen Berichts „unbegründet", den Untersuchungsprozess „mangelhaft" und die Disziplinarmaßnahmen „unangemessen". Den Vertrauensbruch zwischen dem Vatikan und der LCWR beklagend erklärte Sr. Farrell gegenüber NCR (National Catholic Register):

> „Wir haben unterschiedliche Sichtweisen … über die Kirche, unsere Rolle in der Kirche und die Rolle der Laien in der Kirche. Wir haben uns selbst nie als illoyal gegenüber der Kirche

betrachtet, doch wenn bereits das Stellen von Fragen als Auflehnung interpretiert wird, so stellt uns das in eine sehr schwierige Position."

Hier steht letztendlich die Möglichkeit eines „faithful dissent"[2] innerhalb der Kirche auf dem Spiel. Wie moderne demokratische Gesellschaften sich das Prinzip des zivilen Ungehorsams zueigen machen müssen, so muss sich auch die katholische Kirche in einer modernen Welt das Prinzip „faithful dissent" in ihren Reihen aneignen und sich dem internen Pluralismus öffnen.

Wir Laien haben eine besondere Verpflichtung unsere Verantwortung als „Volk Gottes" zu übernehmen und gegenüber dem wachsenden Klerikalismus im Glauben verankert und loyal, aber doch mit Nachdruck unseren Widerspruch zum Ausdruck zu bringen, wenn wir dazu aufgerufen sind. Diese Vorlesung war meine bescheidene Antwort auf diesen Ruf, der loyale Widerspruch eines Soziologen und Laien, dessen Sorge dem immer breiteren Graben zwischen gesellschaftlicher und kirchlicher Moralität gilt.

(Übersetzung aus dem Amerikanischen: Michaela Neulinger)

---

2   eine in Loyalität zur Kirche vorgebrachte Kritik, ein Ein- oder Widerspruch in Treue.

Friedrich Wilhelm Graf

Die gesellschaftliche Verantwortung der Kirchen in der pluralistischen Moderne

Ihre Chancen, ihre Probleme und neuen Herausforderungen

Erlauben Sie mir zunächst drei Vorbemerkungen. *Erstens* danke ich sehr freundlich für die ehrenvolle Einladung, den Eröffnungsvortrag der diesjährigen Salzburger Hochschulwochen zu halten. Ich bin mir bewusst, dass ich damit in eine Sukzession eintrete, die durch ganz große Namen der neueren deutschsprachigen Theologiegeschichte, speziell der römisch-katholischen Theologiegeschichte geprägt ist. In meinem theologischen Gedächtnis verbindet sich in spontaner Ideenassoziation mit den Salzburger Hochschulwochen vor allem der Name Karl Rahner. *Zweitens*: Wer in einer pluralistischen Gesellschaft öffentlich über Religion und speziell die christlichen Kirchen spricht, steht unter einer spezifischen intellektuellen Rechenschaftspflicht: Er sollte von vornherein und möglichst prägnant seinen eigenen „Sehepunkt", seinen individuellen Standort in den vielfältig zerklüfteten Religionslandschaften der Gegenwart bezeichnen. In Sachen Religion lässt sich kein neutraler Ort des Denkens und Wahrnehmens einnehmen. Jeder Religionsdeuter, ob Mann oder Frau, jung oder alt, Deutscher oder Österreicher (und so fort), ist immer schon durch eine bestimmte, partikulare Glaubenswelt geprägt und durch je eigene religionsrechtliche und religionskulturelle Konstellationen. Deshalb ganz kurz meine geistesbiographische Visitenkarte: Ich bin protestantischer Theologe, mehr noch: ein entschieden liberaler protestantischer Theologe, ein später Erbe des deutschen Kulturprotestantismus. Ich lehre Systematische Theologie und Ethik in einer Evangelisch-Theologischen Fakultät, verachte klerikale Rechthaberei und religiös getarnten kleinbürgerlichen Moralismus, schätze argumentativen Streit als Chance zu besserer Einsicht und sehe in starker individueller Freiheit, gerade auch politischer Bürgerfreiheit, das höchste innerweltliche Gut. Die Koordinaten meines theologischen Sehepunktes werden

Friedrich Wilhelm Graf

markiert durch den liberalen Kulturprotestantismus in der Tradition Friedrich Schleiermachers und Ernst Troeltschs, Kantischen Republikanismus und fanatismusresistenten Denkglauben, der, im gelingenden Fall, Selbstbegrenzung und Demut durch Reflexivitätssteigerung befördern kann. *Drittens*: Protestanten reden ganz anders von der Kirche als römische Katholiken. Sie reden von den Kirchen, also im Plural, weil sie die konfessionelle Pluralisierung des Christentums in den reformatorischen Bewegungen des 16. Jahrhunderts und die ungebrochene Dynamik der Entstehung immer neuer, zumeist außereuropäischer Christentümer für theologisch legitim halten. Protestanten sind nicht auf die Kirche als Institution fixiert, etwa auf ihre Ämter, und sie kennen gerade das nicht, was den römischen Katholizismus für viele so macht- und glanzvoll erscheinen lässt: das Amt des Papstes. Protestanten brauchen keinen Papst und wollen keinen Papst, weil sie die Vorstellung eines verbindlichen kirchlichen Lehramtes in Fragen von Glaube und Lebensführung ablehnen. Allerdings tun sie im ökumenischen Zeitalter der modernen Christentümer und unter den Bedingungen religiöser Globalisierung gut daran, der Stimme des Papstes wahrnehmungssensibel und aufmerksam zu lauschen – denn er repräsentiert die größte der christlichen Konfessionskirchen. Mit Blick auf Benedikt XVI., den zum Papst gewordenen deutschen Theologieprofessor, gilt dies besonders stark. Denn er hat deutlicher als andere Repräsentanten seiner Kirche immer wieder betont, dass die aus den reformatorischen Bewegungen des 16. Jahrhunderts hervorgegangenen „kirchlichen Gemeinschaften" keine Kirchen im wahren Sinne des Wortes ecclesia seien. Aber er hat zugleich bemerkenswert intensiv wichtige deutschsprachige protestantische Theologen des 20. Jahrhunderts rezipiert. Gerade in Salzburg, wo der Theologieprofessor Joseph Ratzinger mehrfach bei den „Hochschulwochen" gesprochen hat, halte ich es deshalb für meine intellektuelle Pflicht, sich mit seiner Sicht „der Kirche" in der modernen Gesellschaft auseinanderzusetzen. In einem I. Hauptteil werde ich zunächst einige generelle Betrachtungen zum Thema „Christen in der Demokratie" vortragen. Im II. Hauptteil geht es dann um das von Benedikt XVI. in seiner Freiburger Rede entfaltete Konzept der „Entweltlichung der Kirche".

Die gesellschaftliche Verantwortung der Kirchen in der Moderne

I. Christen in der Demokratie

1. Von den Schwierigkeiten der Kirchen mit der parlamentarischen Demokratie

Beide großen Kirchen in Deutschland haben sich lange sehr schwer damit getan, normative Prinzipien der modernen parlamentarischen Demokratie zu akzeptieren. Die schon im Vormärz und verstärkt dann im deutschen Kaiserreich geführten Debatten über das Verhältnis der einzelnen christlichen Konfessionskulturen zu modernen Konzepten von Bürgerfreiheit, Volkssouveränität, Demokratie und Rechtsstaat blieben bis in die 1970er Jahre hinein von hoher Aktualität. Denn das neothomistische Naturrechtsdenken im römischem Katholizismus oder die zumeist sehr autoritären Ordnungsethiken im deutschen Luthertum ließen es nur sehr eingeschränkt zu, eine vorstaatliche Freiheit des Einzelnen zu denken und die Menschenrechte als normative Grundlage des parlamentarisch-demokratischen Verfassungsstaates anzuerkennen. Im Calvinismus hingegen hatten zentrale Reflexionsmuster der intensiv diskutierten politischen Ethik eine hohe Offenheit gegenüber Demokratie, Volkssouveränität und emphatischer Bürgerfreiheit ermöglicht. Zur Überwindung ihrer alten Demokratiefeindschaft und auch eines entschiedenen Antiliberalismus nahmen viele lutherische Ethiker nach 1945 deshalb politische Ordnungskonzepte des westeuropäischen, calvinistischen Protestantismus auf. Auch im Katholizismus mussten nach dem Ende des Zweiten Weltkrieges und in den Prozessen der Neugründung liberaler Rechtsstaaten überkommene Denkmuster politischer Ethik verabschiedet oder tiefgreifend renoviert werden, um neuen rechtlichen Herausforderungen wie Menschenrechtsindividualismus und parlamentarischem Mehrheitsprinzip gerecht werden zu können. Die konfliktreichen, intellektuell äußerst spannenden Wege, auf denen der kirchliche Protestantismus in Deutschland wie auch die römisch-katholische Kirche, repräsentiert durch die Deutsche Bischofskonferenz, seit den späten 1940er Jahren allmählich demokratiekompatible politische Ethiken entwickelten, können hier nicht im einzelnen nachgezeichnet werden. Denn das diskursive Feld theologischer Ethik ist vielfältig zerklüftet, und selbst die Positionen zentraler theologischer und kirchenpoli-

Friedrich Wilhelm Graf

tischer Akteure sind von den Zeithistorikern noch kaum erforscht worden. Deutlich ist jedoch: Beide großen Kirchen in Deutschland haben ihre überkommene Demokratiedistanz in harten, schwierigen Lernprozessen seit den 1950er Jahren zunehmend überwunden und sind im politischen System der Bundesrepublik Deutschland zu mächtigen staatstragenden Organisationen geworden. Sie haben einen erheblichen Anteil an der demokratischen Erfolgsgeschichte der Bundesrepublik. Wichtige Gruppen im DDR-Protestantismus können zudem in Anspruch nehmen, mutig eine Vorreiterrolle in der friedlichen Freiheitsrevolution von 1989 übernommen zu haben. Auch wenn mir das Eingeständnis peinlich ist: Über die österreichischen Verhältnisses weiß ich zu wenig, um sie in meiner Situationsbeschreibung angemessen und fair beurteilen zu können.

Inzwischen hat der Staat des Grundgesetzes seinen 60. Geburtstag gefeiert. Insoweit scheinen die alten Kontroversen über Christentum, Konfession und Demokratie nur noch für Ideenhistoriker relevant. Aber dies ist genau besehen nicht der Fall. Noch immer kann beim Thema „Christen im demokratischen Verfassungsstaat" von konfessionskulturellen Differenzen und auch konfessionspolitischem Streit nicht geschwiegen werden. Folgt man den einschlägigen Äußerungen des römischen Lehramtes, dann erwartet „die Kirche" vom katholischen Christen in der politischen Arena, den normativen Vorgaben, Weisungen „der Kirche" zu folgen.[1] Die protestantischen Überlieferungen hingegen kennen kein ethisches Mandat der Kirche, das den einzelnen Christen in seinem politischen Handeln binden könnte, auch wenn einzelne und durchaus prominente Theologen im 19. und 20. Jahrhundert immer wieder versucht haben, der Kirche ein „prophetisches Wächteramt" gegenüber dem Staat und über die Gesellschaft zuzuschreiben, und vom einzelnen Christen verlangten, sich diese autoritäre Zuordnung von Kirche, Gesellschaft und politischen Institutionen christustreu zu eigen zu machen. Weithin durchgesetzt hat sich im Protestantismus jedoch eine Sicht, die dem einzelnen Christen als Bürger ganz selbstverständlich ein Recht auf Selbständigkeit zuerkennt und

---

1 Vgl. Kongregation für die Glaubenslehre: Lehrmäßige Note zu einigen Fragen über den Einsatz und das Verhalten der Katholiken im politischen Leben, 2002.

Die gesellschaftliche Verantwortung der Kirchen in der Moderne

seine politische Mündigkeit betont. In protestantischer Perspektive handelt der Christ in der parlamentarischen Demokratie aus eigener politischer Einsicht, und er ist hier nicht an irgendwelche normativen Vorgaben kirchlicher Institutionen und Instanzen gebunden. Dies schließt es nicht aus, dass sich die Evangelische Kirche in Deutschland regelmäßig zu Grundfragen politischer Ethik äußert und sich durch Denkschriften am öffentlichen Diskurs über zentrale Probleme des Gemeinwesens beteiligt.[2]

Die Evangelische Kirche in Deutschland (EKD) kann mit solchen Stellungnahmen politischen Akteuren und der interessierten Öffentlichkeit ihre protestantische Sicht zu einem umstrittenen Thema oder gesellschaftlichen Problem erläutern. Auch kann sie dem einzelnen Christen Orientierungen vermitteln und seine Bereitschaft zu politischem Engagement stärken. Aber sie kann und darf nicht erwarten, dass sich der einzelne Christ die in kirchlichen Gremien, etwa in den „Kammern" der EKD oder von Synoden, erarbeiteten Argumentationen und Sichtweisen in kritikloser Kirchentreue zu eigen macht. Folgt er ihnen, dann nur kraft eigener theologischer und politischer Einsicht. Deshalb gilt: Die im Folgenden skizzierten Überlegungen spiegeln meine individuelle Sicht.[3]

2. Jeder Christ (jede Christin) ist zugleich auch freier politischer Bürger

In der parlamentarischen Demokratie sind Christen in ganz unterschiedlichen Rollen und Funktionen politisch engagiert: als Wähler, aktive Mitglieder einer politischen Partei, Mandatsträger oder Mit-

---

2 Zu den verschiedenen Formen öffentlicher Intervention der Evangelischen Kirche in Deutschland siehe die sog. Denkschriften-Denkschrift der Kammer für Öffentliche Verantwortung der EKD aus dem Jahre 2008: Das rechte Wort zur rechten Zeit. Eine Denkschrift des Rates des Evangelischen Kirche in Deutschland zum Öffentlichkeitsauftrag der Kirche, Gütersloh 2008.

3 Meine Position im vielfältig verminten Spannungsfeld von Religion und Politik habe ich in einem kleinen Essay erläutert: Friedrich Wilhelm Graf, Moses Vermächtnis. Über göttliche und menschliche Gesetze, München [1–3]2006.

Friedrich Wilhelm Graf

arbeiter in irgendeiner zivilgesellschaftlichen Aktionsgruppe, von Amnesty International über Greenpeace bis hin zu irgendwelchen Tierschützern. Viele Christen engagieren sich zudem ehrenamtlich in ihren Kirchengemeinden oder für Diakonie und Caritas. Oft ist ihr Glaube eine starke motivierende Kraft für ein bürgerschaftliches Handeln, das sich am je gegebenen Ort, im Stadtteil oder in der Gemeinde, um Bewältigung konkreter Not bemüht. Dieses im weiten Sinne politische Handeln christlicher Bürger ist zu unterscheiden von der gesellschaftlichen Präsenz und politischen Aktion christlicher Organisationen, allen voran der beiden großen Kirchen. Sie verfolgen, wie jede andere Organisation im pluralistischen Verbändestaat auch, nicht zuletzt organisationsspezifische Interessen, wenn sie sich politisch artikulieren. Doch muss man den Kirchen zugute halten, dass sie oft Themen kommunizieren oder Probleme aufgreifen, die von anderen gesellschaftlichen Akteuren ignoriert werden. Zudem werden die Kirchen im politischen Betrieb immer wieder mit der Erwartung konfrontiert, in den vielen neuen ethischen Konflikten Orientierungswissen zu vermitteln. Aber die berufenen, hauptamtlichen Vertreter der Kirchen sind, dies ist entscheidend, eben nicht die einzigen und auch nicht die wichtigsten Christen in der Demokratie. Jeder Staatsbürger, der zugleich Mitglied einer Kirche oder sonstigen christlichen Gemeinschaft ist, ist Christ in der Demokratie. Und er tut gut daran, genau dies auch in kritischer Distanz zur kirchlichen Organisation deutlich zu machen.

Denn in der politischen Kultur der Bundesrepublik Deutschland lassen sich mancherlei irritierende Phänomene eines neuen Klerikalismus beobachten. Zum politischen Personal der Berliner Republik gehören nicht nur Berufspolitiker aller möglichen Couleur, sondern auch eine gern moralisierende Klerisei, die zu allem und jedem Stellung nimmt bzw., so ihr Jargon, sich gern „einmischt". Ein medienbewusster Berliner Bischof kommentiert in der Bild-Zeitung empört ein Gerichtsurteil, so als ob Richterschelte zu seinen genuinen geistlichen Aufgaben gehörte. Ein Augsburger Bischof tritt am „politischen Aschermittwoch" bei einer Parteiveranstaltung auf, um die Abtreibungspraxis in der Bundesrepublik als ebenso verwerflich wie die Ermordung von 6 Millionen Juden zu bezeichnen. Die Liste von mancherlei politisch skandalösen öffentlichen Äußerungen hoher kirchlicher „Würdenträger" ließe sich unschwer verlängern,

Die gesellschaftliche Verantwortung der Kirchen in der Moderne

und dabei geht es keineswegs nur um die üblichen „konservativen" Verdächtigen in der Deutschen Bischofskonferenz, sondern auch um diverse Akteure aus der zweiten und dritten Reihe. Doch wer im demokratischen Rechtsstaat von der Kanzel herab politisch Partei ergreift oder als prominenter Kirchenvertreter den Zustand des Gemeinwesens kritisiert, muss sich seinerseits kritisieren lassen. Ein Bischof hat ja nicht ex officio recht, wenn er in politische Debatten interveniert oder seine Kritik des bösen Zeitgeistes in provokativer Zuspitzung verkündet. Er tut de facto nur, was jeder andere Bürger auch tun darf und sollte: Er nimmt sein Grundrecht auf Meinungsfreiheit wahr, um sich am öffentlichen Streit über gebotene politische Ziele, Wege und Schritte zu beteiligen. Zur Idee des demokratischen politischen Diskurses passt es nicht, wenn einzelne Akteure, beispielsweise Kirchenvertreter, für ihre öffentlichen Sprechakte den Anspruch erheben, man dürfe sie nicht kritisieren. Offenkundig haben einige prominente kirchliche Sprecher noch immer erhebliche Schwierigkeiten damit, die Spielregeln des freien demokratischen Diskurses zu akzeptieren. Ein neuer klerikaler Autoritarismus lässt sich beobachten: Unterzeichnen einige Theologieprofessoren eine eher maßvolle Petition, in der die Aufhebung der Exkommunikation von politisch rechtsradikalen Bischöfen der „traditionalistischen" Pius-Bruderschaft kritisiert und das Zweite Vatikanische Konzil als verbindliche Grundlage der Weltkirche beschworen wird, fordert der inzwischen zum Präfekten der Glaubenskongregation beförderte Regensburger Ortsbischof Gerhard Ludwig Müller öffentlich ein Demütigungsritual ein, mit Entschuldigungsbrief an den Papst, Ablegung eines Treueeides und lautem Sprechen des apostolischen Glaubensbekenntnisses in der bischöflichen Residenz. Nun kann man argumentieren, dass es hier rein um Innerkirchliches gehe und der Codex Iuris Canonici nun einmal kein Grundrecht des frommen einzelnen, eines jeden „Laien" auf Meinungsfreiheit auch in der Kirche und gegenüber den geweihten Klerikern kenne. Anders formuliert: Die diskursive Öffentlichkeit in der Kirche sei per definitionem keine freie Öffentlichkeit im Sinne der modernen bürgerlichen Gesellschaft, und deshalb sei es auch nur konsequent, dass der Vatikanstaat, als einziger europäischer Staat neben Weißrussland, die Europäische Menschenrechtskonvention von 1953 nicht unterzeichnet habe. In der Tat gebieten es die modernitätsspezifi-

Friedrich Wilhelm Graf

sche Idee der Autonomie der Religion – um 1800 klassisch begründet von Friedrich Daniel Schleiermacher – und die für freiheitliche Gesellschaften konstitutive Idee der strukturellen Differenzierung von Politik und Religion, prägnant zwischen innerkirchlicher Öffentlichkeit und allgemeiner demokratischer Öffentlichkeit zu unterscheiden. Und speziell mit Blick auf die römisch-katholische Kirche ist anzuerkennen, dass es aufgrund der amtstheologischen Grundunterscheidung von Priestern und Laien keine Vorstellung einer prinzipiell gleichen Sachautorität von in der Kirche Sprechenden geben kann; der Bischof spricht ex officio mit ganz anderer Autorität als irgendein Laiengremium, etwa der Diözesanrat. Doch wie sind seine Interventionen in den öffentlichen Diskurs, beispielsweise Stellungnahmen zu biopolitischen Konflikten, zu beurteilen?

3. Kompromissfähigkeit ist eine entscheidende Bedingung des demokratischen Prozesses

Über die Präsenz religiöser Akteure im Diskurs pluralistischer, „offener" Gesellschaften haben in den letzten Jahren Politische Philosophen spannende Debatten geführt. Der große Liberale John Rawls hat Kriterien für legitime Teilnahme am vernünftigen öffentlichen Diskurs entwickelt. Von den miteinander um beste Lösungen ringenden Bürgern sei insbesondere die Bereitschaft zu erwarten, dem jeweils anderen genau zuzuhören, ihm nicht von vornherein unmoralische Absichten zu unterstellen, sich auf strikt rationale Argumente zu besinnen und pragmatische Kompromissbildung zu fördern. Rawls hat deshalb alle „umfassenden religiösen oder philosophischen Lehren" von vornherein aus dem politischen Diskurs einer freien Bürgergesellschaft auszuschließen verlangt. Denn Vertreter solcher Lehren, beispielsweise Repräsentanten der Amtskirchen, dächten aufgrund ihrer Glaubensprämissen und dogmatischen Bindungen strukturell autoritär und seien aufgrund ihres weltanschaulichen Absolutheitsanspruchs weder zu rationaler Verständigung fähig noch zu pragmatischer Konsenssuche bereit. Man kann, wenn man Voten mancher deutscher Bischöfe hört und liest, für Rawls' Argumentation Verständnis aufbringen. Doch ist es in der parlamentarischen Demokratie freiheitsdienlich, religiösen Spre-

Die gesellschaftliche Verantwortung der Kirchen in der Moderne

chern bzw. Vertretern religiöser Organisationen von vornherein das Recht auf Teilnahme am politischen Grundlagenstreit zu verweigern? Jürgen Habermas hat in Fortschreibung seiner Diskursethik ein deutlich liberaleres Modell entwickelt. Religiöse Akteure haben, so Habermas, im öffentlichen Diskurs einer freien Gesellschaft das Recht, ihre Position geltend zu machen, und von entschieden areligiösen, säkularen Bürgern sei zu erwarten, dass sie den Frommen und ihren Vertretern aufmerksam zuhören. Allerdings sind religiöse Akteure in einer offenen, pluralistischen Gesellschaft nur zivilgesellschaftliche Akteure neben anderen. Müssen die Säkularen aufmerksam den Frommen zuhören, so haben sich diese umgekehrt an bestimmte Grundbedingungen des öffentlichen demokratischen Diskurses zu halten. Sie müssen etwa Spielregeln der Fairness beachten und ihre Sicht rational, in intersubjektiv verständlichen, von anderen nachvollziehbaren Argumenten, kommunizieren. Auch ist von ihnen Respekt vor dem jeweils anderen und die Bereitschaft zur Kompromisssuche zu erwarten.

Viele Stellungnahmen von Vertretern der beiden großen Kirchen im Lande werden diesen elementaren Kriterien des demokratischen Diskurses nicht gerecht. Um nur ein Beispiel zu nennen: In den aktuellen politischen Konflikten über Sterbebegleitung, Patientenverfügung und auch assistierten Suizid hält die Deutsche Bischofskonferenz entschieden am alten, zumeist naturrechtlich begründeten Anspruch der römisch-katholischen Kirche fest, der Rechtsstaat müsse in seiner Gesetzgebung den „der Kirche" erschlossenen Einsichten in die unbedingte „Heiligkeit des Lebens" folgen. Nun wird im Rechtsstaat kein katholischer Bürger daran gehindert, sein Leben ganz streng nach der Morallehre seiner Kirche zu führen. Aber warum sollten Andersdenkende, gottferne Liberale etwa oder freie Protestanten, von Staats wegen dazu gezwungen werden dürfen, ihre Lebensmaximen an römisch-katholischer Spezialmoral auszurichten? Der freiheitlich-demokratische Rechtsstaat darf, um seiner freiheitsdienlichen religiös-weltanschaulichen Neutralität willen, nicht die Sondermoral irgendeiner Weltanschauungsgemeinschaft allgemein verbindlich machen wollen. In den Kirchen lassen sich aber immer wieder Tendenzen beobachten, den Staat auf die eigenen Positionen festzulegen. Zur Aufgabe selbstbewusster Christen in der Demokratie dürfte es gehören, die Themen Klerikalmacht und politisches Mandat der Kirchen neu auf die öffentliche Agenda zu setzen. Wen genau vertritt ein Bischof, wenn er die offenen Gesellschaften des Westens pauschal als „Diktaturen des Relativismus" bezeichnet? Der autoritäre, oft auch besserwisserische Habitus, mit dem manche Bischöfe in den öffentlichen politischen Streit intervenieren, passt schlecht zu einem demokratischen Diskurs, der, gemäß der gleichen Freiheit aller Bürger, auf eine gemeinsame offene Suche nach besten Lösungen hinausläuft. Nun mag man im forum internum der Kirchen, in rein kirchlichen Öffentlichkeiten mancherlei episkopale Autoritätseitelkeit ertragen können. Aber im forum externum der demokratischen Öffentlichkeit werden Ansprüche auf Deutungsmacht unausweichlich dem argumentativen Härtetest freier Kritik ausgesetzt. Um des demokratischen Gemeinwesens willen tun freie Christen deshalb gut daran, ihre kirchlichen „Obrigkeiten" entschieden an die Tugend der Demut und Selbstbegrenzung zu erinnern. Und sie sollten mit aller Entschiedenheit darauf insistieren, dass Kirchenkritik seit spätestens dem ausgehenden 17. Jahrhundert ein integrales Element des Kampfs um Bürgerfreiheit ist. „Deutschlands demokratischer Urzustand ist der Protest vor dem Schloss", hat der in Berlin lehrende Staatsrechtslehrer Christoph Möllers in einem wunderschönen Buch „Demokratie – Zumutungen und Versprechen" betont.[4] Man muss hinzufügen: Die demokratische Kultur hat sich, nicht zuletzt wegen der antirevolutionären Zweckbündnisse zwischen den Ordnungsmächten Staat und Kirche, in Deutschland immer auch im bürgerschaftlichen Protest gegen ein Kirchentum entwickelt, dessen führende und, jedenfalls im Protestantismus, sehr gern obrigkeitsnahe Vertreter aus der gepredigten Allmacht Gottes starke Autorität für sich selbst abzuleiten suchten. Christen tun der Demokratie einen Dienst, wenn sie sich in Sachen „Kirchenpolitik" engagieren – dies ist ein Neologismus des frühen 19. Jahrhunderts – und in den Kirchen selbst die Pluralität je individueller Glaubenshaltungen stärken.

---

4 Christoph Möllers, Demokratie – Zumutungen und Versprechen, Berlin 2008, S. 109.

Die gesellschaftliche Verantwortung der Kirchen in der Moderne

4. In Deutschland findet sich in beiden großen Kirchen viel Blindheit gegenüber den Traditionen christlicher Demokratieoffenheit

Christoph Möllers hat in seiner kleinen Demokratiekunde auf die notorische Demokratievergessenheit der Deutschen hingewiesen. „Wir haben demokratische Traditionen, aber wir interessieren uns kaum für sie."[5] In der Tat ist es um die Erinnerungskultur der parlamentarischen Demokratie in Deutschland schlecht bestellt. Möllers nennt ein schlagendes Beispiel: Nirgends wird in der Bundeshauptstadt Berlin an Hugo Preuß, den Schöpfer der Verfassung der Weimarer Republik, erinnert. Aber aus Steuermitteln ist in Berlin-Mitte ein Rosa-Luxemburg-Denkmal errichtet worden, ein Gedenkort für eine radikale Kritikerin der parlamentarischen Demokratie. Solche „demokratische Traditionslosigkeit"[6] lässt sich auch und besonders deutlich in den Erinnerungskulturen der Kirchen und in den akademischen Theologien beobachten. Gern gedenkt man in den deutschen Kirchen der Märtyrer des Dritten Reiches. Aber man scheut, in universitärer Geschichtsforschung wie in kirchlicher Geschichtspolitik, die Erinnerung an christliche Theoretiker und Wegbereiter der parlamentarischen Demokratie. Man erklärt Dietrich Bonhoeffer zu einem „protestantischen Heiligen", hat aber zu dem sozialliberalen Reformer Friedrich Naumann, einem wichtigen Wegbereiter der parlamentarischen Demokratie von Weimar, oder zu Theodor Heuss, dem ersten Bundespräsidenten, nichts Kirchliches zu sagen. Man kann die in den Kirchen herrschende Demokratievergessenheit gerade mit Blick auf die Weimarer Republik zeigen: Die theologische Aufmerksamkeit gilt primär den Radikalen, Exaltierten, Republikdistanzierten (oder offenen Gegnern der parlamentarischen Demokratie), nicht aber den liberalen Verteidigern der Republik. Christlich liberale Denktraditionen werden in beiden Kirchen notorisch ignoriert. Und nur selten sind die Funktionäre in den Kirchen zu selbstkritischer Reflexion auf die massiven antidemokratischen Erblasten in den verschiedenen Christentümern bereit. Man redet von Ökumene und schweigt darüber, dass viele

5 Möllers, Demokratie (wie Anm. 4), S. 109.
6 Möllers, Demokratie (wie Anm. 4), S. 109.

orthodoxe Christentümer, religionssoziologisch gesehen, nur Ethno-Religionen sind, in denen die Nation und ihr Territorium, das „heilige Russland" etwa, religiöse überhöht und sakralisiert werden – auf Kosten des Individuums in seiner vorstaatlichen Würde. Dass in manchen Christentümern Menschenrechte des Einzelnen immer noch abgelehnt oder als Ausdruck falscher, antichristlicher Aufklärung bekämpft werden, verschweigt man im ökumenischen Diskurs sich und anderen; man spricht lieber über Amt und Sakrament oder über Gemeinwohl und Sozialstaat. Gern macht man sich im politischen Tageskampf die normativen Leitbegriffe der Verfassung zu eigen, vor allem den in den deutschen Kirchen inzwischen inflationär benutzten Begriff der Menschenwürde.[7] Nicht selten lässt sich dabei ein imperialistischer Gestus der Begriffsbesetzung beobachten, etwa indem „die Menschenwürde" zu einer genuin oder gar exklusiv christlichen Idee erklärt und damit eine spezielle kirchliche Deutungsmacht reklamiert wird. Aber der demokratische Staat gehört, Gott sei Dank, nicht den Kirchen und die Menschenwürde nicht den Theologen. Christen in der Demokratie mögen sich als Bürger besonderer Art sehen. Aber ihr Glaube garantiert es keineswegs, dass sie besonders gute oder immer schon bessere Demokraten als andere sind.

5. Bleibende Spannungen zwischen Religiösem und Politischem lassen sich nicht aufheben

Moderne liberale Demokratietheorien gehen davon aus, dass am Beginn der Demokratie ein Versprechen wechselseitiger Anerkennung gleicher Freiheit steht. Die parlamentarische Demokratie ist ein – um der Machtbegrenzung und permanenten Herrschaftskontrolle willen institutionell hoch differenzierter – freier politischer Verband von Individuen, die kraft autonomer Entscheidung diese bestimmte politische Form gewählt haben. Für die Demokratie ist die Idee

---

7 Zur inflationären Entwertung der Menschenwürde in den Diskursen beider großer Kirchen siehe meine kritische Analyse: Friedrich Wilhelm Graf, Mißbrauchte Götter. Zum Menschenbilderstreit in der Moderne, München 2009, bes. S. 177ff.

Die gesellschaftliche Verantwortung der Kirchen in der Moderne

gleicher Freiheit fundamental. Diese Idee bedeutet nicht, dass alle Bürger als Menschen gleich sind, relativiert also nicht Individualität oder vielfältige faktische Unterschiedenheit. Gleiche Freiheit meint vielmehr, dass wir uns wechselseitig als mit einem freien Willen begabte, zu Autonomie befähigte politische Subjekte anerkennen. Im politischen Diskurs der Moderne seit ca. 1780 ist immer wieder über die Frage gestritten worden, inwieweit sich Vorstellungen der gleichen politischen Freiheit der Bürger auch auf genuin christliche Traditionselemente begründen lassen, etwa die jedem einzelnen Menschen von seinem Schöpfer zuerkannte Gottebenbildlichkeit. Die ideenhistorisch äußerst faszinierenden Debatten über mögliche jüdische und christliche Wurzeln demokratischer Ordnungsentwürfe und Freiheitsvorstellungen haben, über das rein Historische hinaus, immer auch das existentielle Interesse christlicher Politiker und Intellektueller gespiegelt, ihr aktives demokratisches Engagement aus dem eigenen Glauben zu begründen: aktive Bürgertugend als primäre Konkretionsgestalt gelebter Frömmigkeit, oder Gottvertrauen als Kraftquell für politischen Mut und tätige Sorge für das Gemeinwesen. Solche Begründungen mögen für den Frommen (oder eine Gruppe von Gläubigen) individuell hilfreich und plausibel sein, können in der Demokratie aber keinerlei Anspruch auf traditionsstiftende Allgemeingültigkeit erheben: Demokratische Bürger pflegen den in der gleichen Freiheit aller gründenden Regelkonsens, teilen aber keine gemeinschaftlichen Vorstellungen über die ideenpolitischen Ursprünge demokratischer Ordnung. Auch verweisen die Symbolsprachen der Religion, gerade auch der verschiedenen Christentümer, und die normativen Grundbegriffe der parlamentarischen Demokratie in ganz unterschiedliche Imaginationsräume und stehen bleibend in Spannung. Die Demokratie geht aus vom autonomen Bürger, der sich mit anderen freien Bürgern in wechselseitiger Anerkennung gleicher Freiheit zur Organisation politischer Herrschaft zweckrational assoziiert. Die Sprachen der christlichen Religion aber haben sehr viel zu tun mit Vorstellungen vom guten Leben in der Herzensbindung an Gott, mit Heil und Verderben, Erlösung und Gemeinschaft der Heiligen. Christen in der Demokratie tun um der Demokratie, aber auch um ihres Glaubens willen gut daran, sich die unaufhebbaren Spannungen zwischen demokratischer Vernunftsprache und religiöser Symbolsprache präsent zu halten. Gern schreiben wir uns im po-

Friedrich Wilhelm Graf

litischen Diskurs der Bundesrepublik Deutschland die aufgeklärte Fähigkeit zu, zwischen Politik und Religion zu unterscheiden, und wir sprechen anderen, etwa „den Muslimen" oder bestimmten muslimischen Akteuren, diese Differenzierungskompetenz ab. Aber die heilsame Unterscheidung von Religion und Politik ist keine ein für allemal erreichte Leistung aufgeklärter Vernunft, sondern muss im politischen Tageskampf und im schnellen religiösen Wandel immer neu begründet und verteidigt werden. Auch manche christliche Akteure in der Bundesrepublik pflegen eine religiöse Kampfrhetorik, die es kaum erlaubt, zwischen Religion und Politik oder auch zwischen Recht und Moral prägnant zu unterscheiden. Sowohl im Rechtskatholizismus als auch im evangelikalen Protestantismus wird die parlamentarische Demokratie ob ihres Neutralitätsliberalismus nicht selten als „relativistisch" kritisiert und ein christlicher Werte- oder Sittenstaat beschworen. Selbst der höchste Repräsentant der römisch-katholischen Kirche, Papst Benedikt XVI., hat, als Theologieprofessor Joseph Ratzinger und als Präfekt der römischen Glaubenskongregation, in zahlreichen Texten zur religiösen Lage Europas immer wieder gegen das Mehrheitsprinzip der parlamentarischen Demokratie polemisiert und sein tiefes kulturpessimistisches Leiden an moralischem Pluralismus und liberalistischem Individualismus bekundet.

Das Christliche ist religiös vielfältig, in seinen zentralen Symbolen äußerst spannungsreich und auch in ethischer Hinsicht vielgestaltig. In einem viel diskutierten Vortrag über „Politische Ethik und Christentum", gehalten beim fünfzehnten Evangelisch-sozialen Kongress, hat der Heidelberger Systematische Theologe Ernst Troeltsch, später einer der führenden liberalen Gelehrtenrepublikaner der Weimarer Republik, im Mai 1904 erklärt: „Das Evangelium enthält überhaupt keine direkten politischen und sozialen Weisungen, sondern ist von Grund aus unpolitisch; es ist nur mit den höchsten Zielen des persönlichen Lebens und der persönlichen Gemeinschaft beschäftigt und nimmt die Verwirklichung dieses Ideals in der Erwartung des baldigen Weltendes und des kommenden Gottesreiches mit einer Energie voraus, neben der die Welt und ihre Interessen überhaupt verschwinden."[8]

---

8 Ernst Troeltsch, Politische Ethik und Christentum, Göttingen 1904, S. 32.

Die gesellschaftliche Verantwortung der Kirchen in der Moderne

Ihr individueller christlicher Glaube kann von Christen deshalb politisch ganz unterschiedlich konkretisiert werden. Glaubensmotive lassen sich mit höchst heterogenen politischen Vorstellungen und Zielen verbinden. Aber der individuelle Glaube markiert zugleich auch eine Grenze zwischen dem Privaten und dem Öffentlichen, die nicht zur Disposition demokratischer Willensbildung steht, auch wenn sie im einzelnen immer neu bestimmt werden muss. Vielleicht ist das die wichtigste politische Leistung von Christen in der Demokratie: die vielen verschieden glaubenden und lebenden Bürger, die einander allein in gleicher Freiheit, aber eben nicht in irgendwelchen substantiellen Kulturwerten oder gemeinschaftlichen Vorstellungen des Guten verbunden sind, dafür zu sensibilisieren, dass Demokratie eine Herrschaftsform ist, die Unterschiede zulässt, keinen moralischen oder religiösen Vergemeinschaftungszwang kennt und dem Individuum einen großen, aber immer gefährdeten und umkämpften Eigenraum des Privaten lässt.

II. „Entweltlichung der Kirche"?

1. Ein Leser liest

Texte werden nicht nur von ihrem Autor geschrieben. Auch die Leser schreiben sie mit. Dies gilt gerade dann, wenn Texte fremd, erratisch wirken. Ein Leser, der Fremdes zu verstehen, die Intentionen des schreibenden Anderen zu erschließen sucht, hat keinerlei Gewähr dafür, dass er angemessen liest und deutet. Risiken hoher Deutungskontingenz lassen sich niemals abschließend bewältigen. Dies zwingt zur intensivierten Reflexion auf die Subjektivität des Deutenden, der immer schon mit spezifischen lebensgeschichtlichen Prägungen liest. Seine individuelle intellektuelle Sozialisation formt „Vorverständnisse" ebenso wie Blockaden der Rezeption oder gesteigerte Sensibilität für bestimmte Begrifflichkeiten. Wer am gelehrten Streit der Theologen teilnimmt, tut deshalb gut daran, seine religiösen Bindungen oder, im Falle des neuzeitlichen Christentums, seine konfessionelle Herkunft und Identitätskonstruktion offenzulegen, nicht in polemischer Absicht, sondern um gebotener intellektueller Klarheit und Redlichkeit willen. Mein „Vorverständnis" lässt sich als das eines liberalprotestantischen Theologenintellektuellen charakterisieren, der die konfessionelle Pluralisierung des Christentums in der Reformation des 16. Jahrhunderts für eine entscheidende Signatur der modernen Christentumsgeschichte hält und deshalb „Ökumene" nicht als einen Prozess hin zu neuer romzentrierter institutioneller Einheit der Kirchen („Rückkehrmodell"), sondern als gelassene Akzeptanz faktischer Vielfalt, als freundliche Koexistenz der nun einmal verschieden Glaubenden und zumeist auch Lebenden konzipiert. Für meine individuelle Wahrnehmung römisch-katholischer Diskurse und speziell der Theologie des jetzigen Papstes bedeutet dies: In einer religionskulturellen Situation „jenseits der Einheit", in der zunehmend der illusionäre Charakter der im 20. Jahrhundert genährten Hoffnungen auf eine schnelle lehramtlich-dogmatische Überwindung überkommener theologischer Konfessionsdifferenzen deutlich wird, ist prägnante Analyse der konkurrierenden Konfessionsprofile angesagt.[9] Darin gründet mein – in zahlreichen Artikeln bekundetes – Interesse an der Theologie Joseph Ratzingers: eine authentische, nun: die institutionell wichtigste Stimme des römischen Katholizismus wahrzunehmen. Blicken wir deshalb auf die Freiburger Rede vom 25. September 2011, in der der Papst seiner Kirche, vor allem in Deutschland, erneut verbindliche Orientierungen zu geben versuchte.

2. Der Papst redet vor seinen Leuten im Freiburger Konzerthaus

Anders als die nicht minder umstrittene Rede des Papstes vor dem Deutschen Bundestag, die an die gewählten Repräsentanten des deutschen Volkes, also auch an Protestanten, orthodoxe Christen, Muslime, Juden und Nichtgläubige gerichtet war, richtete sich die Freiburger Rede dezidiert an das eigene Kirchenvolk sowie die deutschen Bischöfe. Anwesend waren neben dem römisch-katholischen Bundespräsidenten Christian Wulff, dem in diversen katholischen Laienorganisationen engagierten baden-württembergischen Minis-

---

[9] Zum Thema siehe: Friedrich Wilhelm Graf/Dietrich Korsch (Hg.), Jenseits der Einheit. Protestantische Ansichten der Ökumene, Hannover 2001.

Die gesellschaftliche Verantwortung der Kirchen in der Moderne

terpräsidenten Winfried Kretschmann, dem Freiburger Oberbürgermeister Dieter Salomon und anderen Repräsentanten staatlicher Institutionen die deutschen Bischöfe und ausgesuchte Vertreter katholisch-theologischer Fakultäten und katholischer Laienorganisationen und Verbände. Hier sprach, am Sitz des Deutschen Caritasverbandes und im Bistum des derzeitigen Vorsitzenden der Deutschen Bischofskonferenz, der Heilige Vater zu seinen eigenen Leuten. Seine Botschaft war von faszinierender Klarheit: Ja, wir brauchen Reform und Erneuerung. Aber er definiert solche geistliche Erneuerung ganz anders als jene mehr oder minder enttäuschten, oft auch resignierten deutschen Katholiken, die von ihrer Kirche substantielle Strukturreformen, etwa die Aufhebung des Pflichtzölibats oder die Zulassung von Geschiedenen zum Messsakrament, erwarten.

Schon der Beginn der Rede des Papstes – jedenfalls nach dem offiziellen Dokumentationsband der Deutschen Bischofskonferenz – verdient eigene Beachtung: Mit römisch-katholischer Prägnanz wird hier zwischen Laien und Klerikern unterschieden: „Verehrter Herr Bundespräsident, Herr Ministerpräsident, Herr Oberbürgermeister, Verehrte Damen und Herrn, Liebe Mitbrüder im Bischofs- und Priesteramt!"[10]. Erst im Schlusssatz der Rede hebt er diese Distinktion auf: Nun redet der Papst seine Zuhörer – wie gesagt: ausnahmslos Katholiken – als „Liebe Freunde" an. In der einleitenden Passage der Rede dankt Benedikt XVI. seinen Zuhörern „für Ihren Einsatz und Ihr Zeugnis als ‚kraftvolle Boten des Glaubens an die zu erhoffenden Dinge' (Lumen Gentium, 35) […]: So nennt das II. Vatikanische Konzil Menschen, die wie Sie sich um Gegenwart und Zukunft aus dem Glauben mühen. In Ihrem Arbeitsumfeld treten Sie bereitwillig für Ihren Glauben und für die Kirche ein, was – wie wir wissen – in der heutigen Zeit wahrhaftig nicht immer leicht ist." Damit spielt der Heilige Vater auf die Krise der römisch-katholi-

---

10 Benedikt XVI., Die „Freiburger Rede". Ansprache von Papst Benedikt XVI. an engagierte Katholiken aus Kirche und Gesellschaft, 25. September 2011. In: Sekretariat der Deutschen Bischofskonferenz (Hg.), Apostolische Reise Seiner Heiligkeit Papst Benedikt XVI. nach Berlin, Erfurt und Freiburg. Predigten, Ansprachen und Grußworte (Verlautbarungen des Apostolischen Stuhls, Nr. 189), Bonn 2011, S. 145–151. Alle folgenden Zitate aus der Freiburger Rede richten sich nach dieser amtlichen Fassung.

schen Kirche, speziell in Deutschland, und die zum Teil harte Kirchenkritik an, die in der Öffentlichkeit, gerade mit Blick auf den Missbrauchsskandal, immer wieder formuliert wurde. Der Papst konstatiert selbst „einen Rückgang der religiösen Praxis" und „eine zunehmende Distanzierung beträchtlicher Teile der Getauften vom kirchlichen Leben". Und so greift er „die Frage auf", die im Vorfeld seines Deutschland-Besuches in den Medien heftig diskutiert wurde: „Muss die Kirche sich nicht ändern? Muss sie sich nicht in ihren Ämtern und Strukturen der Gegenwart anpassen, um die suchenden und zweifelnden Menschen von heute zu erreichen?" Eine Antwort gibt der Papst, indem er auf die „selige Mutter Teresa" rekurriert. Sie gehe „tatsächlich davon aus: ja, es gibt Anlass zur Änderung." Aber dabei könne es nicht „um eine Erneuerung" gehen, „wie sie etwa ein Hausbesitzer durch die Renovierung oder den neuen Anstrich seines Anwesens durchführt", sondern „das grundlegende Motiv der Änderung" müsse „die apostolische Sendung der Jünger und der Kirche selbst" sein. Diese Sendung, derer „die Kirche sich [...] immer neu vergewissern" müsse, wird dann mit Bezug auf „[d]ie drei synoptischen Evangelien" erläutert. Auch wird die Enzyklika „Ecclesiam Suam" (60) von Paul VI. zitiert. „Wenn nun die Kirche [...] ‚danach trachtet, sich selbst nach dem Typus, den Christus ihr vor Augen stellt, zu bilden, dann wird sie sich von der menschlichen Umgebung tief unterscheiden, in der sie doch lebt oder der sie sich nähert' [...]." Im Anschluss an dieses Zitat betont der Papst dann: „Um ihre Sendung zu verwirklichen, wird sie auch immer wieder Distanz zu ihrer Umgebung nehmen müssen, sich gewissermaßen ‚ent-weltlichen'." Kein geringerer als Robert Zollitsch, der Freiburger Erzbischof und Vorsitzende der deutschen Bischofskonferenz, hat in der Diskussion die Entschiedenheit, mit der Benedikt XVI. seine Kirche zur Entweltlichung aufruft, deshalb abzuschwächen versucht: Man dürfe „auch nicht übersehen, dass der Heilige Vater ‚ent-weltlichen' mit Anführungszeichen versieht und den Begriff durch ein davor gesetztes ‚gewissermaßen' einschränkt und relativiert"[11]. Aber das ist nur klerikale Augenwischerei und ein wahrlich skandalöser

---

11 Robert Zollitsch, In der Welt, aber nicht von der Welt. In: Jürgen Erbacher (Hg.), Entweltlichung der Kirche? Die Freiburger Rede des Papstes, Freiburg 2012, S. 18–33; hier S. 19.

Die gesellschaftliche Verantwortung der Kirchen in der Moderne

Umgang mit den Worten Benedikts. Denn im Folgenden spricht der Papst mehrfach ohne distanzierende Anführungszeichen von „Entweltlichung". Der Papst wendet sich gegen eine Kirche, die sich der Welt zu stark anpasst: „In der geschichtlichen Ausformung der Kirche zeigt sich jedoch auch eine gegenläufige Tendenz, dass die Kirche zufrieden wird mit sich selbst, sich in dieser Welt einrichtet, selbstgenügsam ist und sich den Maßstäben der Welt angleicht. Sie gibt nicht selten Organisation und Institutionalisierung größeres Gewicht als ihrer Berufung zur der Offenheit auf Gott hin, zur Öffnung der Welt auf den Anderen hin." Und er fährt daraufhin fort: „Um ihrem eigentlichen Auftrag zu genügen, muss die Kirche immer wieder die Anstrengung unternehmen, sich von dieser ihrer Verweltlichung zu lösen und wieder offen auf Gott hin zu werden." Ausdrücklich beruft sich der Heilige Vater dafür auf die Worte Jesu aus Johannes 17, 16: „Sie sind nicht von der Welt, wie auch ich nicht von der Welt bin." Damit verknüpft er nun den Gedanken, dass die innere Erneuerung der Kirche, im Sinne der gebotenen Entweltlichung, in ihrer Geschichte keineswegs nur durch innere geistliche Impulse vorangetrieben wurde, sondern hierzu auch allgemeine politische Entwicklungen halfen. Dazu bezieht er sich auf die diversen modernen „Säkularisierungen": „Die Geschichte kommt der Kirche in gewisser Weise durch die verschiedenen Epochen der Säkularisierung zur Hilfe, die zu ihrer Läuterung und inneren Reform wesentlich beigetragen haben." Und er vergleicht die Kirche mit dem Stamm Levi, „der nach dem Bericht des Alten Testamentes als einziger Stamm in Israel kein eigenes Erbland besaß, sondern allein Gott selbst, sein Wort und seine Zeichen als seinen Losanteil gezogen hatte. Mit ihm teilte sie in jenen geschichtlichen Momenten den Anspruch einer Armut, die sich zur Welt geöffnet hat, um sich von ihren materiellen Bindungen zu lösen, und so wurde auch ihr missionarisches Handeln wieder glaubhaft." Dann folgt die alles entscheidende These: „Das missionarische Zeugnis der entweltlichten Kirche tritt klarer zutage." Es folgen Sätze, die einen wahrlich spannenden elitären Anspruch implizieren: Es könne in der gegenwärtigen Lage nicht darum gehen, „eine neue Taktik zu finden, um der Kirche wieder Geltung zu verschaffen. Vielmehr gilt es, jede bloße Taktik abzulegen und nach der totalen Redlichkeit zu suchen, die nichts von der Wahrheit unseres Heute ausklammert oder verdrängt, sondern ganz im Heute den

Glauben vollzieht, eben dadurch dass sie ihn ganz in der Nüchternheit des Heute lebt, ihn ganz zu sich selbst bringt, indem sie das von ihm abstreift, was nur scheinbarer Glaube, in Wahrheit aber Konvention und Gewohnheit ist." Was ist unter „totaler Redlichkeit" zu verstehen? Welches Konzept von Totalität ist hier gemeint? Ich gestehe an dieser Stelle meine analytische Ratlosigkeit. Trotz intensiver Ratzinger-Lektüre vermag ich sein Verständnis von „totaler Redlichkeit" nicht zu entschlüsseln. Deutlich ist allein: Benedikt XVI. legt allen Nachdruck darauf, das „Skandalon" des Kreuzes zu betonen. Und mit Blick auf die tiefe Krise seiner Kirche, wie sie in den lange vertuschten Missbrauchsskandalen offenkundig geworden ist, fügt er warnend hinzu, dass dieser „Skandal, der unaufhebbar ist, wenn man nicht das Christentum selbst aufheben will, [...] leider gerade in jüngster Zeit überdeckt worden" sei „von den anderen schmerzlichen Skandalen der Verkünder des Glaubens". Benedikt leitet daraus abermals ab, dass „die Kirche" sich entweltlichen müsse. „Um so mehr ist es wieder an der Zeit, die wahre Entweltlichung zu finden, die Weltlichkeit der Kirche beherzt abzulegen. Das heißt natürlich nicht, sich aus der Welt zurückzuziehen, sondern das Gegenteil." Und mit Blick auf seine erste Enzyklika „Deus caritas est" wiederholt er seinen Appell: „Allerdings haben sich auch die karitativen Werke der Kirche immer neu dem Anspruch einer angemessenen Entweltlichung zu stellen, sollen ihr nicht angesichts der zunehmenden Entkirchlichung ihre Wurzeln vertrocknen." Ausdrücklich spricht er von der „entweltlichten Kirche", die gerade durch ihre konstitutive Distanz zur Welt zum starken missionarischen Engagement imstande sei.

3. Römisch-katholische Dogmatiker in Deutschland lesen intensiv ihre protestantischen Kollegen

1969 veröffentlicht der gerade von Tübingen nach Regensburg wechselnde Theologieprofessor Joseph Ratzinger eine eigene Kirchentheorie: „Das neue Volk Gottes – Entwürfe zur Ekklesiologie"[12]. Schon hier finden sich zentrale Stichworte jener Sicht der

---

12 Joseph Ratzinger, Das neue Volk Gottes. Entwürfe zur Ekklesiologie, Düsseldorf 1969.

Die gesellschaftliche Verantwortung der Kirchen in der Moderne

Rolle der Kirche in der modernen pluralistischen Gesellschaft, die er in Freiburg noch einmal entfaltet hat. Schon in den späten 1960er Jahren vertritt er eine Konzeption des Verhältnisses von (römisch-katholischer) Kirche und moderner Welt, die auf den Vorschlag einer entschiedenen „Entweltlichung" hinausläuft. Wer die frühen ekklesiologischen Texte Joseph Ratzingers mit der Freiburger Rede vergleicht, wird schnell ein erstaunlich hohes Maß an Kontinuität in den entscheidenden Motiven, Argumenten und Begriffen finden. Im Zusammenhang der öffentlichen Debatte um die rechtswidrig, weil durch Plagiat erworbenen Doktorgrade mancher prominenter Politiker ist in Deutschland auch eine Debatte über die Frage geführt worden, ob ein Wissenschaftler bei sich selbst abschreiben darf: gleichsam als Plagiator seiner selbst. Ich vertrete die Ansicht, dass man dies als Gelehrter durchaus darf. Deshalb ist es kein Vorwurf, wenn ich feststelle: Papst Benedikt XVI. hat für die Freiburger Rede beim Theologieprofessor Joseph Ratzinger abgeschrieben. Mehrfach greift er auf Texte seiner theologischen Frühzeit so intensiv zurück, dass er sich de facto selbst zitiert. Nichts zeigt dies so deutlich wie der Leitbegriff der „Entweltlichung" und die exegetisch problematische Rückführung der idealen, weil entweltlichten Kirche auf den Stamm Levi, der kein eigenes Erbland hatte. In einem Text über die „Weltoffene Kirche" aus dem Jahre 1966 erklärt Joseph Ratzinger: „Erst in dieser Armut einer entweltlichten Kirche, die sich zur Welt geöffnet hat, um sich von ihrer Verstrickung zu lösen, wird auch ihr missionarisches Wollen wieder vollends glaubhaft werden und sich wieder unübersehbar von jeder Interessenvertretung weltlicher Mächte unterscheiden."[13] Den Begriff der Entweltlichung hat Benedikt also keineswegs erst in Freiburg benutzt. Er spielt vielmehr schon im Werk des Systematischen Theologen, genauer: Dogmatikprofessors Joseph Ratzinger, eine wichtige Rolle. Ratzinger hat diesen Begriff aber nicht selbst geprägt, und er hat auch niemals den Anspruch erhoben, ihn geprägt zu haben. Ratzinger greift den Begriff aus dem protestantisch-theologischen Diskurs der 1930er bis 1960er Jahre auf, gibt ihm aber einen signifikant anderen Sinn als seine protestantischen Gewährsleute.

13 Ratzinger, Volk Gottes (wie Anm. 12), S. 299.

Friedrich Wilhelm Graf

Eine Begriffsgeschichte von „Entweltlichung" ist noch nicht geschrieben. Mit Blick auf die Tausenden von Essays, Büchern und Aufsätzen zum Thema „Kirche und Welt" oder „Kirche und moderne Welt", die seit dem frühen 19. Jahrhundert, verstärkt seit Beginn des 20. Jahrhunderts veröffentlicht wurden, lässt sich nicht ausschließen, dass der Begriff eine sehr viel längere Geschichte hat als derzeit behauptet und vermutet. Aber man kann Joseph Ratzingers Quellen genau bezeichnen: Er verdankt die Kenntnis des Begriffs der Lektüre zentraler Texte des protestantischen Neutestamentlers Rudolf Bultmann, des weltweit führenden Neutestamentlers im zweiten Drittel des zwanzigsten Jahrhunderts. „Entweltlichung" spielt sowohl für Rudolf Bultmanns Deutung des christlichen Glaubens als auch für seine Auslegung des Neuen Testament eine zentrale Rolle. Der Begriff findet sich zudem bei mehreren akademischen Schülern Rudolf Bultmanns, etwa dem ihm besonders eng verbundenen jungen jüdischen Gelehrten Hans Jonas. Bei Josef Ratzinger lässt sich der Begriff seit spätestens Mitte der 1960er Jahre nachweisen – in Kontexten, die deutlich die kritische Auseinandersetzung mit Rudolf Bultmann erkennen lassen. Kritisch ist diese Auseinandersetzung insoweit, als Ratzinger Bultmann eine individualistische Engführung des Glaubensverständnisses vorwirft und er deshalb „Entweltlichung" signifikant anders als der Marburger Neutestamentler deutet. In der Tat denkt Bultmann existentialistisch, konzentriert sich also auf die elementare Situation des Menschen, sich als immer schon in die Welt geworfen vorzufinden – was jeden Einzelnen (und natürlich auch jede Einzelne) dazu zwingt, sich zu sich selbst zu verhalten. So betont Bultmann 1948 in seiner „Theologie des Neuen Testaments": „Für Jesus […] wird der Mensch entweltlicht durch den ihn direkt treffenden Anspruch Gottes, der ihn aus jeder Sicherheit herausreißt und ihn vor das Ende stellt."[14] Die Konzentration gilt dem frommen Einzelnen. Der gläubige Mensch werde zur existenziellen Entscheidung für Gott gerufen. Diese Entscheidung führe in wahres Selbstsein, nämlich in Distanz zu allem bloß Weltlichen, in souveräne Unabhängigkeit von der Welt, in radikale Autonomie und innere Freiheit. Aber Bultmann kann

---

14 Rudolf Bultmann, Theologie des Neuen Testaments, 9. Aufl., Tübingen 1984, S. 26.

Die gesellschaftliche Verantwortung der Kirchen in der Moderne

nicht nur dem einzelnen Christen, sondern auch der Kirche als der Gemeinschaft jener, die den Ruf zur existenziellen Entscheidung gehört haben, den Mut zur „Entweltlichung" zuschreiben: „Zum Wesen der Kirche gehört eben dieses: innerhalb der Welt eschatologische, entweltlichte Gemeinde zu sein. [...] Sie darf sich durch den Haß der Welt nicht verführen lassen, ihrem Wesen untreu zu werden; sie darf sich nicht für die Weltgeschichte mit Beschlag belegen lassen, sich als Kulturfaktor verstehen, sich in einer ‚Synthese' mit der Welt zusammenfinden und Frieden mit der Welt machen"[15]. Joseph Ratzinger knüpft an dieses Denkmodell an.

4. Die Welt des Papstes, aus der die Kirche sich entweltlichen soll, ist eine Welt alter deutscher Modernitätskritik

Schon der junge Joseph Ratzinger hatte einen eigenen organologischen Denkstil entwickelt. In seiner individuellen geistigen Ordnung steht immer „die Kirche", empirisch gesehen: die römisch-katholische Weltkirche, im Zentrum. Theologie soll die institutionelle Identität „der Kirche" gegenüber „der Welt" stärken. So konzentriert sich der Dogmatiker auf die Ekklesiologie, die Lehre von der Kirche und ihrer Heilsbedeutung, speziell die Ämterlehre und die Sakramente. Kein anderer Theologe seiner Generation hat vergleichbar intensiv über die exklusive Autorität des Papstamtes veröffentlicht: Nur der „Primat des Papstes" garantiere „die Einheit des Gottesvolkes". Offenbarungsgehorsam, strikte Bindung an die Lehre der Väter, Papsttreue, Sakramentalität, heiliger Ritus, Wahrheitsernst und Wahrhaftigkeit gelten ihm als entscheidende Kriterien wahrer Kirchlichkeit.

In dieser radikalen Ekklesiozentrik kann Ratzinger die sozialen Umwelten „der Kirche", etwa staatliche Institutionenordnungen, ideenpolitische Diskurse und gesellschaftliche Akteure, nur sehr unscharf wahrnehmen. Walter Kasper, damals Professor in Münster, jetzt emeritierter Kurienkardinal sowie von 2001 bis 2010 Präsident des Päpstlichen Rates zur Förderung der Einheit der Chris-

---

15 Rudolf Bultmann, Das Evangelium des Johannes (KEK 2), 21. Aufl., Tübingen 1986, S. 389.

ten, hat in einer ebenso subtilen wie vernichtenden Besprechung von Ratzingers „Einführung in das Christentum" dem Tübinger Kollegen 1969 einen platonisierenden Spiritualismus attestiert, der weder konfliktreicher Geschichte noch dem „Bereich des Politischen" gerecht werden könne. Ratzinger spricht fortwährend „vom Primat des Unsichtbaren als des eigentlich Wirklichen" oder von der „Logoshaftigkeit der Wirklichkeit", die sich allein in der Christus-Offenbarung erschließe. Die reformatorische „Freiheit eines Christenmenschen" und die kantische „Revolution der Denkungsart" verwirft er als „haltlosen Subjektivismus", und der moderne Historismus ist ihm völlig fremd geblieben. Fortwährend will er synthetisch und ganzheitlich denken – und dies heißt: Er denkt unhistorisch. Auch hat er niemals moderne Sozialtheorien rezipiert oder religionssoziologische Klassiker. In seiner Theologie gibt es für eine Außenperspektive auf „die Kirche" als gesellschaftlichen Akteur keinen systematischen Ort.

Sieht man von einigen Verweisen auf Gierkes Genossenschaftsrecht ab, so gibt es keine relevante Rezeption von Klassikern der modernen Soziologie. Ratzinger kann deshalb gesellschaftliche Differenzierung nicht denken und moderner Religions- und Kirchenkritik keinerlei theologische Legitimität zuerkennen. Gesellschaft wird als Gemeinschaft gedacht und die soziale Ordnung als eine christliche integrierte Einheitskultur, in der die möglichst starke Kirche alle Sphären der Kultur mit christlichem Ethos durchdringt. Angesichts der evidenten Erosion der christlichen Volkskirchen in Europa setzt der Papst nun auf hoch engagierte Minderheiten von Christen, die die moralische Avantgarde des Gemeinwesens bilden sollen. Der Papst beansprucht für sich Amtscharisma in Lehre und Kirchenordnung, erkennt „der Kirche" eine verbindliche ethische Weisungskompetenz, begründet im Naturrecht, für Staat und Gesellschaft insgesamt – auch für Nicht-Katholiken und Nicht-Christen – zu und hofft, paradox genug, zugleich auf jene religiöse Unbedingtheit der wirklich Gott-Entschiedenen.

In seinem Geschichtsbild beerbt Ratzinger klassische Muster des Leidens an der pluralistischen Moderne. Die Aufklärung habe den Siegeszug eines einseitig instrumentellen, positivistischen Vernunftverständnisses bewirkt und einen verhängnisvollen Individualismus befördert, der alle Gemeinschaftsbindungen zersetze. Im Fortschritt

Die gesellschaftliche Verantwortung der Kirchen in der Moderne

von Wissenschaft und Technik habe „der moderne Mensch" oder „der Mensch der Gegenwart" – Ratzinger spricht hier von einer „Real-Fiktion" – ihm immer schon vorgegebene Schöpfung zum Material grenzenloser, darin verwerflicher Machbarkeit herabgewürdigt. Moderne, abstrakte Kunst, atonale Musik und Jazz lehnt der von Mozart wie Bach ergriffene Pianist als schöpfungswidrig ab. Die kulturelle Moderne ist für ihn eine Unkultur ohne Tiefe, ihr fehlen Sinngehalt und Gottoffenheit, sie verhindern die Erhöhung des Menschen zu seiner wahren gottbezogenen Bestimmung. So sei „der moderne Mensch" ob seiner Gottesferne und seines Transzendenzverlustes einsam, verzweifelt, entfremdet, seelisch krank. Wie viele andere Theologen des 20. Jahrhunderts, etwa sein Stichwortgeber Romano Guardini, sieht Ratzinger in den totalitären Ideologien der Epoche deshalb keinen Aufstand gegen Aufklärung und Liberalismus, sondern, genau umgekehrt, die barbarische Vollendung jener automistischen Selbstverfehlung des Menschen, die im 17. und 18. Jahrhundert mit der Emanzipation des Sünders vom kirchlichen Dogma begonnen habe. Marxismus-Kritik ist ihm dabei allerdings sehr viel wichtiger als die Absage an den nationalsozialistischen Rassismus, weil marxistisches Denken in Gestalt der Befreiungstheologie die Kirche zu unterwandern drohe. Auch parallelisiert Ratzinger, auch als Papst, gern Marxismus und Liberalismus, weil sie jeweils ganz falsche, abstrakte Freiheitsideen vertreten. Gern polemisiert Ratzinger gegen Hans Kelsen, den er aber nur sekundär, durch Robert Spaemann und einige italienische Rechtsphilosophen zu kennen scheint. Liberale Freiheit sei inhaltsleer, bloß formal, rein individualistisch, abstrakt, sie führe so in den moralischen Relativismus. Die pluralistischen „offenen Gesellschaften" (Karl Popper) des Westens sieht er deshalb nicht als freiheitliche Gesellschaften, sondern er deutet sie als medial deformierte Meinungsdiktaturen, in der spontan sich bildende Mehrheiten willkürlich Halbwahrheit und Lüge als herrschende Meinung durchzusetzen versuchen. Ratzingers geniale Formel von der „Diktatur des Relativismus" lässt erkennen: Für Ratzinger leben wir in Europas parlamentarischen Demokratien nicht in freien, sondern in autoritär und gar diktatorisch verformten Gesellschaften.

Es ist hier nicht der Ort, die Ekklesiologie Joseph Ratzingers und Benedikt XVI. in ihren kategorialen Grundunterscheidungen zu erläutern. Hingewiesen werden muss aber auf die eigentümliche Widersprüchlichkeit, die sich in Ratzingers Kirchentheorie beobachten lässt. Einerseits denkt er die Kirche als starke geistliche Institution, geprägt durch Papstamt, episkopale Sukzession, Kirchenrecht, Sakramente und strikte Unterscheidung von Priestertum und Laien. Andererseits vertritt er eine eigentümlich spiritualisierende Konzeption der Kirche als einer Gesinnungs- und Überzeugungsgemeinschaft der wenigen wahrhaft Frommen. In seinen ekklesiologischen Texten findet sich eine tendenziell denunziatorische Sprache in der Charakterisierung jener, die er für nur falsche, nicht wirklich fromme Christen hält, eine unterschwellige Polemik gegen die Lauen, Halben, bloßen Taufscheinchristen. Ein harter Kern soll sich sammeln und die Kirche soll eine familiäre Gesinnungsgemeinschaft sein. So insistiert Joseph Ratzinger entschieden darauf, dass „die Wahrheit in Wahrhaftigkeit geschieht, denn Wahrheit ohne Wahrhaftigkeit hat ihre Seele verloren und ist auch als Wahrheit unwirksam geworden"[16]. Dies erinnert den protestantischen Theologen an ein pietistisches Ideal: die ecclesiola in ecclesia, die kleine Avantgarde der wahrhaft Frommen, die sich sammeln, um, wie ein kleiner Stoßtrupp, erhöhte missionarische Wirkkraft zu entfalten. Ratzingers „Entweltlichung" läuft jedenfalls auf die Absage an das Ideal einer Volkskirche hinaus, in der eine Vielfalt ganz unterschiedlicher Glaubensweisen und Partizipationsformen als legitim anerkannt wird. Ernst Troeltsch hat in seinem christentumssoziologischen Hauptwerk „Die Sozialllehren der christlichen Kirchen und Gruppen" 1912 drei Typen christlicher Selbstorganisation unterschieden: Kirche, Sekte, Mystik. Die Kirche ist eine Heilsanstalt, die Sekte eine kleine Gesinnungsgemeinschaft hoch engagierter Christinnen und Christen, die sich in ihrem entschiedenen Glaubensernst fortwährend durch die Abkehr von der als sündhaft verachteten Welt definieren. Und die Mystik ist für den liberalen Kulturprotestanten Ernst Troeltsch eine hoch individualisierte, ganz innerliche Glaubenshaltung, die er vor allem modernen Gebildeten zuschreibt.[17] Joseph Ratzinger unterläuft diese Unterscheidung. Er fusioniert

---

16   Ratzinger, Volk Gottes (wie Anm. 12), S. 276.
17   Ernst Troeltsch, Die Sozialllehren der christlichen Kirchen und Gruppen (Gesammelte Schriften, Bd. I), Tübingen 1912.

Die gesellschaftliche Verantwortung der Kirchen in der Moderne

Troeltschs Kirchentypus mit Elementen des Sektentypus. Es sind keineswegs nur protestantische Theologen, die diese Ekklesiologie für wenig geeignet halten, die Verantwortung „der Kirche" in der pluralistischen Gesellschaft zu stärken. Es sind vielmehr auch prominente katholische Gelehrte, die hier Fragen an den Papst stellen. Exemplarisch genannt sei der Bielefelder katholische Religionssoziologe Franz-Xaver Kaufmann: „Die Forderung nach einer Entweltlichung der Kirche als solcher ist besonders unplausibel in einer Umwelt, die von zunehmender sozialer Komplexität und funktionaler Differenzierung geprägt ist. Die Rhetorik der Eindeutigkeit, der Reinheit und der Kompromisslosigkeit bedient ein verbreitetes Bedürfnis nach klaren, übersichtlichen Verhältnissen. Sie verspricht eine Reduktion der Komplexität sozioreligiöser Zusammenhänge, wie sie für die Orden, insbesondere die sogenannten Bettelorden, charakteristisch ist. Aber als Leitbild für die ganze Kirche überfordert die vom Papst angeregte Schlankheitskur insbesondere die Bischöfe als verantwortliche Leiter von Diözesen. Die Kirche muss sich mit der Komplexität der modernen Welt konstruktiv auseinandersetzen."[18]

---

18 Franz-Xaver Kaufmann, Entweltlichte Kirche?, in: Frankfurter Allgemeine Zeitung, Nr. 23, 27. Januar 2012, S. 11.

Gregor Maria Hoff

Verantwortung des Glaubens – Exposé einer messianischen Topologie[1]

Erzbischof Dr. Alois Kothgasser SDB zum 75. Geburtstag

Verantworten – der Vorlesungsprospekt der Salzburger Hochschulwoche 2012 sieht an dieser Stelle eine fundamentaltheologische Ortsbestimmung vor. Den Glauben zu verantworten, das erscheint angesichts der bedenklichen Folgeerscheinungen von Religionen mit ihren globalen Gewaltavancen politisch ebenso dringlich wie angesichts der rasanten Plausibilitätsverluste der Kirchen und des christlichen Glaubens in den westeuropäischen Gesellschaften theologisch unausweichlich.

Wie aber lässt sich der christliche Glaube verantworten? Alles entscheidend hängt er am Glauben Jesu, also an der Lebensgeschichte seines Gottesbezugs. Indem er das Reich Gottes verkündet und es in seinem Handeln gegenwärtig erfahrbar macht, erschließt sein Leben die Lebenswirklichkeit Gottes. Den Glauben daran verantwortet er durch die eigene Existenz. Christliche Glaubensverantwortung erfolgt von daher in der besonderen Weise, in der Jesus von Gott spricht und ihn *erhandelt*. Die frühen christlichen Gemeinden fassen dies unter messianischen Vorzeichen auf, mit denen Jesus als der Christus interpretiert und bekannt wird. Dass der Messias gekommen ist, bestätigt sich in messianischen Zeichen, die wiederum den Glauben kritiriell ausweisen. Es handelt sich in einem komplexen Sinn um Zeichen des Lebens, also der schöpferischen Gegenwart Gottes, die alles, was tödlich ist und auf Vernichtung hin tendiert, auf neue Lebensmöglichkeiten umstellt.

1 Die vorliegende Vorlesung musste kurzfristig, von einem Tag auf den anderen, als Ersatz für die vorgesehene Reihe von Christian Geyer gehalten werden. Aus Gründen der Dokumentation wird der Text in der ursprünglichen Form der Vorlesungsvorlage, um wenige Literaturhinweise und kleinere Korrekturen ergänzt, als Skizze abgedruckt.

Gregor Maria Hoff

Konsequent beantworten die Evangelien Frage nach dem Glaubenszugang, indem sie den Lebensweg Jesu messianisch nachzeichnen und ihre Leserinnen und ihre Hörer auf diesen Weg mitnehmen. Der Impuls des „Folgt mir nach!" (Mk 1,17 par) erreicht die Gegenwart aller Zeiträume, weil sie nicht auf die historische Szene beschränkt bleibt, sondern auf persönliche Aneignung drängt. Mit der Reich Gottes-Botschaft Jesu entsteht ein neuer Lebensraum, der sich dadurch auszeichnet, dass hier kein Mensch verloren geht: kein Sünder, kein Kranker, kein Armer, nicht die Fremden, nicht einmal die eigenen Feinde. Der Raum der *Basileia thou theou* öffnet sich in dieser Wirklichkeit, ohne in der Welt aufzugehen. Er lässt sich von der Person Jesu nicht trennen, weil er ihn mit seinen Worten und in seinen Handlungen so erschließt, dass man in ihm den *Christus*, den *Messias* erkennen kann (Jes 61,1). Es handelt sich um einen *messianischen* Lebensraum. In ihm findet man den Zugang zum Gott jener Menschenliebe, die Jesus verkörpert. Insofern führt der Weg zu Gott über den Weg Jesu mit seinem *Abba*.

Eine Perspektive der Glaubensverantwortung ist damit angegeben. Allem Nachdenken über eine rational verantwortete Gottesrede, über eine mögliche Erkennbarkeit der Existenz Gottes, ist vom Neuen Testament her ein anderer Erkenntnisweg vorgeordnet: der Weg, auf dem man Jesus als den Christus kennen lernen und ihn erkennen kann.

1. Messianologie des Raumes

Dieser Weg setzt eine besondere theologische Raumordnung voraus. Sie ist durch die Codierungen heiliger Räume bestimmt, in denen Israel sich mit der Gegenwart Gottes konfrontiert weiß. Wenn Paulus Jesus als den Christus bekennt, sieht er in ihm die messianischen Hoffnungen Israels erfüllt. Dabei fungiert der Messias als eine Art *Raumöffner*; er *erschließt* die schöpferische Wirklichkeit Gottes in der Geschichte.

Die Gegenwart Gottes in der Welt wird im Alten Testament unterschiedlich gefasst: in der Stimme des Herrn, in den geschichtlichen Manifestationen seiner Macht und seines Willens, zumal in den Gesetzestafeln, vermittelt also auch in der *Schrift*, die sie aktualisiert. Es handelt sich um eine Offenbarung, die sich in der Tradition nicht nur vermittelt, sondern *aktualisiert*. Sie stellt eine Erfahrungsform dar, in der sich *äußeres* Ereignis und *innere* Wahrnehmung verbinden. Gershom Scholem hat dies mit der jüdischen Mystik bestimmt:

> „Offenbarung ... ist für den jüdischen Mystiker kein einmaliges historisches Faktum, das den unmittelbaren Kontakt Gottes mit der Menschheit in *einem* bestimmten Zeitpunkt der Geschichte abschließt. Ohne das Faktum der historischen Offenbarung zu leugnen, tritt für den Mystiker die Quelle der religiösen Erkenntnis und Erfahrung, die in seinem eigenen Herzen entspringt, als gleichberechtigte Erkenntnisquelle neben die Offenbarung. Oder, anders ausgedrückt: die Offenbarung wird aus einem einmaligen Akt zu einem dauernd sich wiederholenden."[2]

Diese Erfahrung setzt bereits einen Abstand zu einer Welt voraus, in der das Göttliche nicht nur alles durchdringt, sondern die Welt selbst göttlich erlebt und gedacht wird.[3] Mystik wird auf der Basis von Unterscheidungen möglich, einer theologischen Koordination der Sphären, vor allem der Unterscheidung von Transzendenz und Immanenz. Sie müssen einander berühren oder gar überschneiden, um überhaupt einen Begriff von Gott zu ermöglichen und also seine Erfahrbarkeit zu gestatten. Diese religiöse Sphärenpolitik leidet an einem entscheidenden Problem: der *Unsichtbarkeit* und Entzogenheit Gottes. In den Offenbarungserzählungen Israels gerinnt genau dies zur Bestimmungsform Gottes. Sie setzt sich schon, erzählerisch inszeniert, im Zerbrechen der originalen Gesetzestafeln durch: Im Bruch des Gottesbundes geht auch die Handschrift Gottes verloren (Ex 31,18–33,6). Aber auch unter den Bedingungen des erneuerten Bundes offenbart sich Gott nur, indem er vorbeizieht und Mose seinen Rücken zeigt (Ex 33,18–23).

In einer erkenntnistheoretisch weiter entwickelten Form führt dies zur Frage, was denn überhaupt von der Stimme Gottes am Si-

---

2 G. Scholem, Die jüdische Mystik in ihren Hauptströmungen, Frankfurt a.M. ⁴1991, 10.
3 Vgl. ebd., 8.

nai zu vernehmen war und sie als göttlich zu deuten erlaubte. Im Anschluss an Rabbi Mendel Torum von Rymanów interpretiert sie erneut Gershom Scholem im Brennpunkt der Doppelcodierungen des verborgen-offenbaren Gottes:

> „Alles, was ihnen offenbart wurde, was Israel hörte, war nichts als jenes *Aleph*, mit dem im hebräischen Text der Bibel das erste Gebot beginnt, das *Aleph* des Wortes ʾanochi, ›Ich‹. Dies scheint mir in der Tat ein überaus bemerkenswerter und nachdenklich stimmender Satz. Der Konsonat *Aleph* stellt nämlich im Hebräischen nichts anderes dar als den laryngalen Stimmeinsatz (entsprechend dem griechischen *spiritus lenis*), der einem Vokal am Wortanfang vorausgeht. Das *Aleph* stellt also gleichsam das Element dar, aus dem jeder artikulierte Laut stammt, und in der Tat haben die Kabbalisten den Konsonanten *Aleph* stets als die geistige Wurzel aller anderen Buchstaben aufgefaßt, der in seiner Wesenheit das ganze Alphabet und damit alle Elemente menschlicher Rede umfaßt. Das *Aleph* zu hören ist eigentlich so gut wie nichts, es stellt den Übergang zu aller vernehmbaren Sprache dar, und gewiß läßt sich nicht von ihm sagen, daß es sich in einen spezifischen Sinn klar umrissenen Charakters vermittelt. Mit seinem kühnen Satz über die eigentliche Offenbarung an Israel als die des *Aleph* reduzierte Rabbi Mendel diese Offenbarung zu einer mystischen, das heißt zu einer Offenbarung, die in sich selbst zwar unendlich sinnerfüllt, aber doch ohne spezifischen Sinn war. Sie stellte etwas dar, das, um religiöse Autorität zu begründen, in menschliche Sprache übersetzt werden mußte, und das ist es, was im Sinne dieses Ausspruchs Moses tat... Eine mystische Erfahrung ist einmal in der Geschichte einem ganzen Volk zuteil geworden und hat es an Gott gebunden. Aber das eigentlich göttliche Element dieser Offenbarung, jenes ungeheure *Aleph*, war in sich selbst nicht genug, die göttliche Botschaft auszudrücken, und konnte von der Gemeinde nicht ertragen werden."[4]

Letztlich ist es die Offenbarung des Urworts, die Ermächtigung zum Sprechen, die Offenbarung *der Sprache*, die sich am Sinai er-

---

4 Ders., Zur Kabbala und ihrer Symbolik, Frankfurt a.M. ⁶1989, 47f.

eignet. Der Weg zu Gott läuft über den Weg des *Aleph*. Dass er sich öffnet, verlangt, diese Offenbarung auf Gott selbst zurückzuführen: auf seine schöpferische Ermöglichung von Sprache, auf sein Wort als Schöpfungsgrund.

Sein Wort bedarf aber der Auslegung. Mose kommuniziert die Sprache Gottes und wird sein Vermittler. Dieser Vermittler darf indes selbst nicht in das gelobte Land. Er führt nur an seine Grenze. Er darf es schauen, nicht betreten (Dtn 34,1–9). Die Gegenwart Gottes führt über ihn hinaus. Aber sie bleibt auch nicht im Land selbst. Die ursprüngliche narrative Raumkonstruktion des Exodus bleibt erhalten: Im Pascha (Ex 12), im Übergang, vermittelt sich die Gegenwart Gottes. Auch das Offenbarungszelt verweist auf eine nomadische Lebensform, die sich immer im Aufbruch befindet. In der Bundeslade ist die Macht JHWHs mit seinem Volk unterwegs (Ex 25, 10–22; Jos 3–7). Als sie mit dem Untergang des salomonischen Tempels verloren geht, wird sie nicht wiederhergestellt: Die Gegenwart Gottes bedarf ihrer *Selbst*vermittlung. Das zeigt sich mit der Zerstörung des herodianischen Tempels und dem Entstehen des rabbinischen Judentums. Die Gegenwart Gottes wird in der Gemeinde, in den Schriften, in der Überlieferung erfahren und reflektiert.

Vor allem eine Denkfigur erhält Konturen: die *Schechina*. In der Wendung einer weiblichen Figur bezeichnet sie die „Einwohnung" Gottes in der Welt.

> „Ausgangspunkt ist das Motiv von der kontinuierlichen Gegenwart der Schechina im Heiligtum (Gegenwarts-Schechina), die die Gemeinschaft Gottes mit seinem Volk zum Ausdruck bringt (vgl. auch das Motiv von der Schechina bei der Bundeslade und in der Stiftshütte). Von hier kam es sekundär zu einer Übertragung der Vorstellung auf das Erscheinen der Schechina in anderen Bereichen (Erscheinungs-Schechina). Im Hinblick auf die Heilsgeschichten ist die Rede vom Erscheinen der Schechina im Garten Eden, im Dornbusch, beim Auszug aus Ägypten oder in der Wüste; daneben offenbarte sich Gottes Schechina auch bei einzelnen großen Gestalten wie bei Abraham, Jakob, Joseph und Mose oder bei den Propheten."[5]

---

5   B. Ego, Art. Schechina, in: LThK³ Bd. 9, 115.

Die Schechina geht nach der Zerstörung des Tempels nicht verloren, sondern erschließt sich (im Zuge unterschiedlicher theologischer Spekulationen) in anderen Räumen: indem sie sich in den Himmel zurückzieht, mit Israel ins Exil geht oder in der Gemeinde (und ihren Handlungsformen) auftritt.

> „,Kein Ort ist frei [das heißt unbesetzt oder unerfüllt] von der Schechina, nicht einmal der Dornbusch', heißt es im Zusammenhang der Schechina im brennenden Dornbusch. Gott kann sich überall manifestieren, selbst im Niedrigsten, wie einem Dornbusch. Aber auch hier ist die Schechina nichts anderes als eben Gottes Gegenwart, ohne weitere Qualifizierung."[6]

Dem entspricht ein dynamischer Gottesbegriff. Gott ergreift die Räume, ohne selbst sichtbar zu werden. Dann aber ist Gott selbst *da*. Die Frage bleibt, wie er im Bewusstsein Raum greift, wie sich die Unterscheidung zwischen Einbildung und wirklicher Gegenwart treffen lässt. Die Orte, an denen die Schechina bestimmt wird, verbinden sich mit Medialisierungen. Eine tritt auf, wo Menschen im Namen Gottes sprechen. Die Propheten geben seiner Stimme Raum, aber sie begegnet nur in der Distanz der Schrift. Die Stimme, die sie repräsentiert, ist von Abwesenheit getragen und niemals *reine Gottesidentität*. Erst wo sie als solche beansprucht wird, radikalisiert sich das Phänomen der Schechina so, dass die Vermittlung Gottes *in ihm selbst* angesetzt wird. Das bedarf in letzter Konsequenz eines Ortes in Gott, der sich nicht von ihm unterscheidet, aber zugleich den Raum der Vermittlung *in sich* erfasst. Der spätere Inkarnationsgedanke des Christentums kann hier ansetzen und die Schechina im Gottmenschen Jesus Christus entdecken. Anders gesprochen: Der Gotteszugang liegt in Gott selbst, wobei er sich in der Immanenz der Transzendenz durchsetzt. Das aber bliebe bloße Spekulation, wenn dieser Zugang nicht erstens als solcher erfahren würde und sich zweitens mit der Raumtheologie der Schechina-Tradition vermitteln ließe.

Erfahren wird der Zugang nach dem Zeugnis der Evangelien in der spezifischen Form des Gotteszugangs, den Jesus schafft: im

---

6 G. Scholem, Von der mystischen Gestalt der Gottheit. Studien zu Grundbegriffen der Kabbala, Frankfurt a.M. ³1991, 145.

Verantwortung des Glaubens – Exposé einer messianischen Topologie

Durchbrechen der Mächte des Todes, der Vernichtung, die der Schöpfungsmacht Gottes entgegenstehen. Jesus setzt Zeichen des Lebens, die im Sinne der Evangelien nur auf das Konto Gottes gehen können. Dabei lässt sich etwa über die deuterojesajanischen Traditionen ein Zusammenhang von Leben und Tod Jesu mit der Hoffnung auf die Rettung des Gottesknechtes herstellen. Dem entspricht die prophetische Codierung des besonderen Raumbezuges, in dem der Messias Jesus zu Gott steht: auf der Seite Gottes nämlich (*zur Rechten*). Diese Raumunterscheidung trennt zwei Bereiche: den des Geschaffenen und den des Nichts; den des Lebens und den des Todes. Jesus zieht die Seite des Todes auf die Seite des Lebens hinüber, indem er den Raum des Todes (metaphorisch gesprochen, aber theologisch konsequent gedacht) durchmisst. Der Tod wird nicht aufgehoben, sondern dem Bereich des Lebens zugeordnet, weil sich buchstäblich NICHTS der Lebensmacht Gottes entzieht.

Auf der Linie dieser räumlichen Erschließung der Gegenwart erhält die messianische Bildgebung des Gotteszugangs eine weitere Referenz beim Propheten Jeremia. In der Trostschrift (Jer 30,1–31,40) wird Israel ein neuer „Machthaber" in Aussicht gestellt, der als „Herrscher" eine davidianische Note und auf dieser Linie indirekt eine messianische Qualifikation erhält. Diese Retterfigur übernimmt die Funktion einer neuen göttlichen Raumordnung: Er erhält Zutritt zu Gott (Jer 30,21), damit aber Israel und letztlich der Mensch. Der göttliche Raum, der sich im Bild vom *Zutritt* auftut, führt in eine königliche Machtsphäre. Der messianische Herrscher erscheint dabei als Figur einer Wandlung von Ohnmacht (Israels) in Macht. Auf diese Weise dringt aber die Ohnmacht selbst in den Bereich Gottes vor. Paulus knüpft hier an: Ohnmacht wird zur Macht, Torheit zur Weisheit, am Kreuz erschließt sich Zugang zu Gott (1 Kor 1,18–31).

Die erkenntnistheoretische Bedeutung dieser räumlichen Konfiguration des Gotteszugangs ist erheblich: Man kann nicht erwarten, dass Gott ausschließlich im Zeichen von Macht (und auf dieser Linie z. B. seines geschichtlichen „Eingreifens") handelt bzw. sich zu erkennen gibt. Wenn nämlich der Raum Gottes von Ohnmacht ergriffen wird, kann er auch so erkannt werden. In letzter Konsequenz legt dies darauf fest, dass Gott selbst *Zugang* gewährt und damit kein *Zugriff* auf Gott möglich erscheint.

Dem entspricht die zeitliche Disposition, die den messianischen Gedanken trägt. Er ist getragen vom „Gefühl von der Unberechenbarkeit der messianischen Zeit".[7] Sie ist ein Einbruch. Paulus hat ihn erlebt, und zwar als *messianischen Ruf*, nämlich berufen vom Messias selbst zum messianischen Zeugen. In seinem Namen ist er fortan unterwegs und sucht nach Zugängen zum Messias in der angebrochenen messianischen Zeit. Sie legt eine Dramatik frei,

> „die die Struktur der messianischen Zeit selbst betrifft und die der besonderen Verbindung von Erinnerung und Hoffnung, Vergangenheit und Gegenwart, Fülle und Leere, Ursprung und Ziel inhärent ist. Die Möglichkeit, die Botschaft des Paulus zu verstehen, fällt mit der Erfahrung dieser Zeit vollständig zusammen: Ohne diese Erfahrung bleibt jene als toter Buchstabe zurück."[8]

Zeit als strenge Gegenwart tendiert auf Nichts, auf den Nullpunkt ihrer Bestimmbarkeit und scheint also selbst im Modus ihrer Erfassung *nichts* zu sein, während ohne sie nichts ist. Der Moment der Entstehung von Allem bedarf des Paradoxes eines notwendig zu denkenden Undenkbaren, des „Beginns" von Zeit oder ihrer Beginnlosigkeit, die sich im Denken aufhebt. Als Schöpfung gedacht, verschwindet Gott im selben Raum des Unvorstellbaren wie Ewigkeit als Anfangloses, als Unendliches. Der Gottesbegriff wendet dies in das Modell einer unendlichen schöpferischen Macht, die nicht auf Nichts zu reduzieren ist und nicht darauf zuhält, weil sie in sich schöpferisch ist (creatio continua) – zugleich aber von nichts Anderem abhängig (creatio ex nihilo). Gott ist ewiger Zeitraum der Schöpfung, deren Macht sich in der Welt *als Welt* erweist und in der Auferweckung des Gekreuzigten *als unaufhebbare Lebensmacht* vermittelt. Damit lässt sich dieses schöpferische Ereignis als Ursprung von Leben bestimmen – die kosmologischen Christologien machen sich daran fest (alles ist durch Christus auf ihn hin geschaffen). Sie markieren Zeit als Gleichzeitigkeit mit Christus (Kierkegaard). Zeit lässt sich

---

[7] Ders., Über einige Grundbegriffe des Judentums, Frankfurt a.M. 1970, 135.
[8] G. Agamben, Die Zeit, die bleibt. Ein Kommentar zum Römerbrief, Frankfurt a.M. 2006, 11.

Verantwortung des Glaubens – Exposé einer messianischen Topologie

nur von der Inkarnation her denken, d.h. in der anhaltenden, ewigen Verbindung mit Gott. In Christus ist Gegenwart ewig schöpferisch und Zeit die messianische Eröffnung von Leben in jedem Moment – undefinierbar, also entgrenzend (ein Reich-Gottes-Kriterium), und konkret zugleich. Zeit ist „der Strom göttlichen Lebens" (Blondel).

In der messianischen Zeit Gott zu glauben und Zugänge zu Gott zu bestimmen, kann dann kein Leben im *Als ob* zulassen. Jede erkenntnistheoretische Klammer, die man um das Gottesgeschehen in Jesus Christus zu machen versucht, setzt schon eine Entscheidung voraus: Sie stellt sich nämlich außerhalb der messianischen Zeit und also des messianischen Lebensraums, in dem Gott bereits seine Gegenwart gesetzt hat. Wie aber kann man diese Aussage treffen – von woher kommt sie, was rechtfertigt sie? Man ist zurückgeworfen auf die Formatierung des Weges, den Paulus und anders die Evangelien gingen: auf den Weg mit Jesus von Nazaret. Einerseits steht für die Evangelisten schon vorab fest, dass Jesus der Messias ist, während sich *auf dem Weg* erweisen muss, was diesen Glauben, getragen von einem geschichtlichen Ereignis und seiner Glaubensinterpretation, lizenziert.

Das messianische Raummodell markiert dabei die Denkform eines unverrechenbaren Einbruchs. Es handelt sich um eine *Ereignissingularität*, die sich nicht mehr jenseits von ihr selbst auf einen letzten denkbaren Punkt zurückverfolgen lässt. Diese Form des messianischen Denkens nähert sich einem Gottesbegriff an, der von philosophischer Seite die *Unendlichkeit* zum formalen und von theologischer Seite aus die *unbegrenzte Schöpfungsmacht* Gottes zum materialen Ausgangspunkt begrifflicher Gottesbestimmung macht.

Noch aber befinden wir uns im messianischen Raumproblem. Es führt zu Paulus zurück. Giorgio Agamben begreift die besondere messianische Erfahrung des Paulus im Zuge einer Erweiterung der modalen Kategorienlehre (wie sie auch Eberhard Jüngel vorschlägt: *Gott ist mehr als notwendig*). Nach Agamben bezieht sich Paulus auf ein Ereignis zurück, das die einzigartige Forderung hinterlässt, das Verlorene nicht verloren zu geben: „Obwohl dieses Leben *de* facto völlig vergessen wurde, fordert es, unvergesslich zu bleiben".[9] Es handelt sich um singuläres *Gesetz* des Lebens:

---

9 Ebd., 51.

Gregor Maria Hoff

„Die Erfordernis ist eine Beziehung zwischen dem, was ist oder gewesen ist, und seiner Möglichkeit, und diese geht der Wirklichkeit nicht voraus, sondern folgt ihr."[10]

Anders gesagt: Aus dem Vergangenen muss eine neue Möglichkeit entstehen. Im messianischen Zeitraum wird das Unmögliche zum Notwendigen – und es verwirklicht sich in der Gestalt einer *geschichtlichen Inversion*, in der Tod zum Leben führt und das Unmögliche (Kreuz) zum Ort des realisierten Notwendigen (Leben; Erlösung) werden kann. Diese messianische Raumbewegung ist es, in der man einen Zugang zu Gott finden kann. Es ist diese Raumbewegung, die Paulus auf seine messianischen Wege führt und die Evangelien anlegen. Den besonderen Zeitraum, den sie eröffnen, fasst Agamben im Anschluss an Gershom Scholem im Modus des Unabgeschlossenen.

„‚Die Zeit des inversiven *Waw* ist die messianische Zeit.' Das hebräische Verbalsystem unterscheidet die Verbformen nicht so sehr nach Zeiten (Vergangenheit und Zukunft) als vielmehr nach Aspekten: abgeschlossen (in der Regel mit der Vergangenheit wiedergegeben) und unabgeschlossen (wiedergegeben in der Regel mit dem Futur). Aber wenn man vor eine Form des Abgeschlossenen ein *Waw* setzt (das daher invers oder konvers genannt wird), verwandelt es sich in Unabgeschlossenes und umgekehrt. Gemäß der scharfsinnigen Bemerkung Scholems (an die sich Benjamin viele Jahre später erinnern sollte) ist die messianische Zeit weder das Abgeschlossene noch das Unabgeschlossene, weder die Vergangenheit noch die Zukunft, sondern deren Inversion… Sie ist ein Spannungsfeld, in dem die beiden Zeiten zu einer Konstellation zusammengedrängt werden, die der Apostel den *nyn kairós* nennt: In ihr gewinnt die Vergangenheit (das Abgeschlossene) wieder Aktualität und wird unabgeschlossen, während die Gegenwart (das Unabgeschlossene) eine Art von Abgeschlossenheit erfährt."[11]

---

10 Ebd.
11 Ebd., 88f. Das Zitat im Zitat: G. Scholem, 95 Thesen über Judentum und Zionismus, in: P. Schäfer / G. Smith (Hrsg.), Gershom Scholem. Zwischen den Disziplinen, Frankfurt a.M. 1995, 287–295; 294.

Verantwortung des Glaubens – Exposé einer messianischen Topologie

Abgeschlossen ist die Gegenwart in der Weise, dass sie vom messianischen Ereignis bestimmt bleibt und erlöst wird, was in ihr *verloren* ging. Im Modus des Unabgeschlossenen begegnet aber das messianische Ereignis, weil es die Geschichte auf ihr Ende hin dynamisiert: auf endgültiges Leben. Ihre Polarität würde ihr Gegenüber voraussetzen, ihre distinkte Unterscheidung. Sie fallen aber ineinander; das ist ihr *katastrophisches* Moment. Das messianische Ereignis *beginnt nie*, sondern (das ist der tiefere Sinn der Präexistenzchristologie) *ist* in einer Weise, die sich in ihrer temporalen Kennzeichnung nur – metaphorisch – als schöpferischer Grund aller Zeit *vorstellen* lässt. Es hat aber ein geschichtliches Moment, weil es in der Zeit durchbricht. Was verloren ging, ist verloren – muss aber nicht verloren *bleiben*. Das messianische Ereignis *markiert* in der Zeit ihr *Ende*. Es nimmt also Endzeit vorweg, nämlich so, dass sie als Geschehen von Reich Gottes alles Verlorene bewahrt, alle verlorene (tote) Lebenszeit sammelt. Das messianische Ereignis *ereignet* sich fort, weil die messianische Zeit nicht abgeschlossen ist. Es muss demgemäß selbst zu einem Ereignis werden, das ergreift. Sein Ruf ruft in die messianische Nachfolge – wie bei der Berufung des Paulus. Sie hält zum Wechsel von der Seite des Todes auf die Seite des Lebens an.

Was bedeutet das für die Frage nach der Verantwortung des Glaubens? Die erkenntnistheoretischen Verhältnisse kehren sich um. Man muss sich ergreifen lassen – dem Ruf folgen. Das geschieht nicht kriterienlos, sondern im Hören des Rufs, im Lesen der Schrift. Dabei unterliegt jedes rationale Kriterium einem fortlaufenden Prozess des Gebens und Nehmens von Gründen, der unterschiedliche Glaubwürdigkeitszugänge zulässt. Kein Begründungsdiskurs kommt an sein Ende; kein zwangloser Zwang des Arguments hat bisher alle Menschen von einer philosophischen Letztbegründung zu überzeugen vermocht. Jedes mögliche Argument ist in einen unendlichen Ablauf des Ausweises von Vernunftgründen und Evidenzen eingespeist. Es bleibt offensichtlich ein Freiheitsspielraum der Interpretation erhalten. Er wird wirksam, wo es um die Grundfragen unserer Existenz geht, wo Erfahrungen gemacht werden, wo Hoffnungen ins Spiel kommen. Sie bedürfen kritischer Klärung – aber doch nur wieder in einem geschichtlichen Prozess, der uns *engagiert.*

Die Evangelien setzen die Zeichen ihres Glaubensengagements, indem sie auf den Weg Jesu mitnehmen; indem sie den Glauben an ihn als Ruf in die Gleichzeitigkeit des messianischen Ereignisses entwickeln.

2. Lebenswege Jesu – entlang dem Markusevangelium

Das Markusevangelium ist das älteste kanonisierte Evangelium (und damit Ursprung einer eigenen literarischen Gattung, die im narrativen Arrangement der Botschaft Jesu beansprucht, sie *als gegenwärtig* in jede Zeit zu vermitteln), etwa vierzig Jahre nach dem Tod Jesu im palästinischen Raum verfasst. Es greift auf mündliche Traditionen (allerdings wohl nicht auf die Logienquelle Q) zurück und bewegt sich damit in einem authentischen Lebenszusammenhang mit der Generation der Zeugen, die Jesus selbst noch erlebt hat. Die Orte, die das Evangelium gleich am Anfang (Mk 1) erwähnt, sind vertraut: der Jordan, Nazaret, der See von Galiläa, Kafarnaum. Reste der Synagoge von Kafarnaum (Mk 1,21), möglicherweise auch vom Haus des Petrus (Mk 1,29) sind bis heute erhalten. Der Lebensraum des Evangeliums gewinnt Anschaulichkeit: Kafarnaum war ein Fischerdorf, gelegen an der kaiserlichen Straße nach Damaskus. Wer der Erzählung des Evangeliums folgt, befindet sich an Orten, mit denen die ersten Hörer konkrete Vorstellungen verbinden können. Die Geschichte vermittelt ihre Botschaft damit in die unmittelbare Lebenswelt und in die Gegenwart der frühen Christen. Sie ist auf narrative Gleichzeitigkeit angelegt.

Dem entspricht die theologisch-literarische Komposition. Das Evangelium verbindet erinnerte Zeit und Erzählzeit so miteinander, dass sie die bleibende Bedeutung des Geschehenen präparieren und so eine eigene Gegenwartsform schaffen. Der Weg Jesu führt auf das Kreuz und den Tod zu, aber er bleibt nicht im Tod: Die Botschaft von der Auferweckung führt in eine Zeit, die auch in der Gegenwart nicht abgeschlossen ist (Mk 16,1–8).

> „Die bisherige Erzählperspektive, die auf das Begräbnis Jesu, auf das Zu-Ende-Bringen seiner Geschichte und bestenfalls noch auf das Bewahren seines Gedächtnisses ausgerichtet war, wird ad absurdum geführt. Das trotz sorgfältiger Verschließung (15,46) nun geöffnete Grab gibt dem Leser zu erkennen,

Verantwortung des Glaubens – Exposé einer messianischen Topologie

daß die Geschichte Jesu trotz Grablegung nicht abgeschlossen ist, sondern weitergeht, ja gerade an den Grenzen menschlicher Möglichkeiten erst ihre grenzüberschreitende Wirkung entfaltet."[12]

Die narrative Raumlogik öffnet gleichsam das Grab und also den Bereich des Abgeschlossenen. Der Weg, den das Evangelium anlegt, hält mit dem Leben Jesu auf Jerusalem und den Tod zu, um ihn über jede Grenze hinaus ins Offene fortzuführen. Konsequent ist Jesus *nicht hier* (Mk 16,6); er *geht voraus nach Galiläa* (Mk 16,7), verbindet also das Ende mit dem Anfang. Der Lebensweg Jesu schließt sich auf eine Weise, die keinen Abschluss kennt: Der Tod hält ihn nicht gefangen, er bleibt *gegenwärtig*. Damit nimmt der Auferstandene noch einmal anders vom Lebensraum derjenigen Besitz, die das Evangelium aus der Osterperspektive ein zweites Mal lesen – um zu entdecken, dass der Weg Jesu in der Regie des Markus (und letztlich der Gottes) von österlichen Motiven durchsetzt war (Mk 1,9–11; 9,2–8; 11,1–10 et passim). Mit dem Ende des Markusevangeliums setzt eine Lese- und Lebensbewegung ein, die dem Text und dem Leben Jesu immer neu zu folgen einlädt. Unsichtbar für uns, werden seine Lebensspuren nicht zuletzt mit den Orten sichtbar, an denen er sich bewegte.

Die Itinerare, die Wegerzählungen des Markusevangeliums übernehmen dabei die Aufgabe, das theologische „Erzählgefälle ... in geographischer Hinsicht" zu bestimmen.[13] Wie man vom Ende her einen neuen Zugang zu Jesus erhält, so über Jesus auch zu Gott. Der Anfang des Evangeliums führt „Jesus aus Nazaret in Galiläa" (Mk 1,9) an den Jordan. Die Szene fasst in einem dramatischen Geschehen, dass dieser Jesus den Himmel, also den Bereich Gottes öffnet: Die Stimme von oben erreicht die Welt unten und schließt die Leserinnen ein, die indirekt hören (oder lesen), was die Stimme verkündet: die Proklamation Jesu als *Sohn Gottes*. Auf den folgenden Lebenswegen Jesu wird anschaulich, wie Jesus Zugang zu Gott nicht

---

12 H. Merklein, Die Jesusgeschichte – synoptisch gelesen, Stuttgart 1995, 222.
13 A. Weiser, Theologie des Neuen Testaments II. Die Theologie der Evangelien, Stuttgart u.a. 1993, 49.

einfach verschafft, sondern *ist*. Auf diesem Weg findet man selbst Zugang zu Gott – und darin liegt die grundlegende fundamentaltheologische Bedeutung dieses narrativen Arrangements. Erkenntnis Gottes geschieht auf dem Weg der Nachfolge Jesu – in der konkreten Anschauung (*Theoria*), die an die jesuanische Lebens*praxis* gebunden ist.

Ausgehend von der basalen Offenbarungsszene des Markusevangeliums müssen auch die folgenden Lebensstationen im Licht dieses Anfangs gelesen werden; im Durchgang der Geschichte wird sich zeigen, dass es vom Ende her stammt. Der Weg führt von der biographischen Herkunft Jesu zu seiner theologischen Bestimmung, von Galiläa nach Jerusalem. Es sind die Orte, die Markus immer wieder als Prinzip narrativer Verknüpfung einsetzt. In Galiläa nimmt er seine Verkündigung auf. Sie führt ihn zum See von Galiläa (1,16), nach Kafarnaum, in „die benachbarten Dörfer" und „durch ganz Galiläa" (1,38), erneut nach Kafarnaum (2,1), wieder zum See (2,13), „durch Kornfelder" (2,23), in verschiedene Synagogen (3,1). Ein Ort ragt heraus, gerade weil er topographisch unbestimmt bleibt: der Berg, auf dem er die Zwölf einsetzt (3,13). Er erinnert an den Sinai, den Berg der Offenbarung – und in die entsprechende Stelle rückt Jesus ein. In dem, was er sagt und tut, offenbart sich der Wille Gottes. Im Sinne des Markus-Anfangs: In ihm selbst kommt einem das Reich Gottes nahe. Der markinische Ruf der Nachfolge (1,17) setzt Umkehr voraus (1,15). Hat man ursprünglich den Täufer und seinen Umkehr-Ruf vor Augen, wird *Metanoia* nun in der Orientierung an den Lebenswegen Jesu entwickelt. Sie geben Auskunft darüber, was Reich Gottes bedeutet:

– Die Menschen werden in seinem Namen zueinander gebracht (1,16–20) und Israel wird als Volksgemeinschaft JHWHs reformiert (3,13–19).
– Seine Lehre öffnet einen neuen Blick auf die Schriften und Überlieferungen (1,21–28).
– Menschen werden *heil* – an Körper und Seele (1,29–31; 1,32–34). Zugleich werden damit die Mächte überwunden, die nicht im Namen Gottes vom Menschen Besitz nehmen, ihn also von sich trennen, indem sie von Gott trennen.

Schon die ersten Auftritte Jesu markieren die Logik eines Gotteszugangs, der sich im Zeichen neuer Lebensmöglichkeiten vollzieht.

Verantwortung des Glaubens – Exposé einer messianischen Topologie

Reich Gottes geschieht, wo Menschen aus tödlichen Existenzformen befreit werden und in den Raum wirklichen Lebens eintreten. Das verlangt einen anderen Blick auf die Ordnung des Lebens ab:
– Reich Gottes wächst wie das Senfkorn im Kleinen, aber mit einer ungeheuren Kraft (4,30–32);
– es nimmt schier unmerklich, unbegreiflich zu (4,26–29), aber es bricht durch und bringt unglaublichen Ertrag (4,8).

Jesus nimmt Todesangst und stiftet Glauben, wo man sich darauf verlässt, dass man mit ihm keinen Schiffbruch erleiden *kann* (4,35–41). Die Perikope vom Sturm auf dem See hängt dabei ganz von der Einsicht ab, dass der im Schlaf abwesende Jesus bei seinen Jüngern ist. Der Tod stellt eine reale Bedrohung dar, aber die Todesangst verwandelt sich in dem Moment, als Jesus auftritt. Sein Gang auf dem Wasser (6,45–52) deutet die Geschichte aus: Er geht nicht unter, weil er die Macht des Todes (im Bild: der Unterwelt) gebrochen hat. Dieser Machterweis hängt wie jede Wundererzählung, die als metaphorische Erzählform der unfassbaren Auferstehung des Gekreuzigten dient, an der Erfahrung des Ostermorgens. *Er* stellt die Inversion schlechthin dar – die unserer Existenz wie unseres Erkennens. Denn auf ihrer Basis wird auch das Kreuz zu einem Ort des Lebens. Das ermächtigt die Jünger zu einer wiederum unglaublichen Tat: Wie Jesus machen sie sich auf den Weg. Sie rufen zur Umkehr und setzen Zeichen der Gegenwart der Reiches Gottes (und konfigurieren in der markinischen Fassung damit das Modell von Kirche), *salben aber auch mit Öl* (6,12f.). Sie machen damit die Kranken zu *Gesalbten*, sprechen ihnen also nicht nur eine *messianische Würde* zu, sondern nehmen sie in eine messianische Lebensgemeinschaft auf.[14] Im Rahmen der Passionsgeschichte wird die volle Bedeutung dieser Handlung deutlich (14,3–9): Eine Frau tritt an Jesus heran und gießt ihm kostbares Öl über sein Haupt. Sie *salbt* ihn und macht ihn damit förmlich zum *Gesalbten*. Sie erkennt ihn als den *Christus*, den *Messias* an – mit einer Verschwendung, die – Lukas führt dies in seiner Fassung konsequent durch – aus radikaler Liebe herrrührt. Dieser Blick der Liebe erlaubt es, die Liebe zu erkennen, die Jesus verkörpert und in der er einen Zugang zum Vater zeigt,

---

14 Zum Ansatz einer messianischen Ekklesiologie vgl. G. M. Hoff, Ekklesiologie, Paderborn u.a. 2011.

der selbst Liebe ist. Diese Liebe ist grenzenlos und kommt deshalb auch am Kreuz nicht zu Tode. Nachfolge bleibt immer Kreuzesnachfolge (8,34–9,1), fordert also bis zu dem Punkt heraus, den der markinische Jesus erlebt: bis zum Gefühl äußerster Gottverlassenheit (15,33–41). Gott muss sich in uns und an uns erweisen – der Psalm, den Jesus sterbend intoniert, verwandelt die Not in Vertrauen (Ps22) und hält auf den folgenden Psalm zu (Ps 23: Der Herr ist mein Hirte). Gotteserkenntnis führt nicht am Tod vorbei, sondern gibt der menschlichen Existenz im Tod ihre einzigartige Bedeutung. Begraben werden falsche Bilder von Gott, trügerische Hoffnungen, Idole selbstbestätigter Erwartungen an das Leben. Sie werden im Zeichen des Reiches Gottes in ein anderes Licht gerückt: Bewähren sie sich angesichts der Not der anderen Menschen und gesellschaftlicher wie persönlicher Ausschließungsformen vom Leben? Kann sich Gotteserkenntnis an der Gottesliebe und Gottespraxis vorbei vollziehen, letztlich also an der Anerkennung der schöpferischen Lebensmacht Gottes, im strengen Sinn des Gottsein Gottes?

Die Frage nach einem Gotteszugang und also nach der Verantwortung des Glaubens wird vom Markus-Evangelium her aus theoretischen Verengungen gerissen und im Zuge der Reich-Gottes-Botschaft Jesu christologisch *umgestellt*.[15] Sie wird konkret in jener Theologie des Kreuzes, die als erster Paulus in das Zentrum der christlichen Ausweisversuche stellte. Nur in der Zumutung, dass sich Gott am unmöglichen Ort des Lebens, am ausgeschlossenen Punkt jeder nur irgendwie vorstellbaren Heilsgeschichte offenbart, kann vom Gott Jesu Christi gesprochen werden – in der Form eines singulären geschichtlichen Ereignisses, der messianischen Auferweckung des Gekreuzigten. Es handelt sich um eine Erfahrung, die Paulus an Schrift und Tradition zurückbindet, also kritisch ausweist. Es handelt sich aber zugleich um die schier unglaubliche Verwirklichung einer Hoffnung, die niemals *wissen* kann, auf was sie trifft, worauf sie aber alles setzt. In diesem biographisch prekären Raum vollzieht sich Verantwortung des Glaubens – und erweist ihre ganze Dramatik.

---

15 Vgl. zu diesen Überlegungen im Rahmen der fundamentaltheologischen Enzyklika Johannes Paul II. *Fides et ratio*: G. M. Hoff, Die Grenzen des Denkbaren. Überlegungen zum Glaubenszugang im Anschluss an „Fides et ratio", in: IkZ Communio 29 (2000) 451–461.

Armin Nassehi

Verantwortung versus Opportunität
Plädoyer für einen aufgeklärten Opportunismus

Die folgenden Überlegungen interessieren sich nicht in erster Linie für den ethischen und moralischen Gehalt des Verantwortungsbegriffs. Sie nehmen vielmehr eine empirische Perspektive ein, indem sie die Bedingungen für Verantwortung bzw. die Strategie von Verantwortungskommunikation in den Blick nehmen. Indem so argumentiert wird, wird keineswegs der normative Gehalt des Verantwortungsbegriffs bestritten. Es geht mir vielmehr darum, nach den Bedingungen und Kontexten zu fragen, unter denen gesellschaftliche Probleme mit Hilfe des Verantwortungsbegriffs gelöst werden sollen. Die Argumentation folgt vier Schritten. Zunächst werde ich den Funktionssinn des Begriffs Verantwortung bestimmen. Danach werde ich, bezogen auf mein eigenes Fach, die Soziologie, allgemein zum Problem der Zurechnung Stellung nehmen und drittens auf das Komplexitätsproblem der Gesellschaft eingehen. Es wird sich dabei herausstellen, dass der semantische Gehalt des Begriffs Verantwortung der Komplexität der modernen Gesellschaft womöglich nicht gerecht wird. Paradoxerweise wird sich daraus womöglich ergeben, dass exakt dies den Funktionssinn des Begriffs ausmachen könnte. Meine Überlegungen schließen mit einigen Konsequenzen.

1. Funktionssinn des Begriffs

Verantwortung ist ein moralischer Begriff. Verantwortung meint die Zuschreibung einer handelnden Person gegenüber. An dieser Definition ist interessant, dass Verantwortung nicht einfach etwas ist, das jemand hat oder worüber er verfügt. Verantwortung ist ein zugeschriebenes Merkmal, was bereits auf die soziale Konstruktion von Verantwortung verweist, denn Zuschreibung ist etwas, das sowohl von mir selbst als auch von Anderen innerhalb eines sozialen Kontextes geleistet werden kann oder muss. Zuschreibung bzw.

Zuschreibungsfähigkeit ist dabei die Bedingung dafür, dass das, was eine Person tut, von moralischer Relevanz ist. In der *Grundlegung zur Metaphysik der Sitten* schreibt Immanuel Kant, die moralische Person sei ein Subjekt, dessen Handlungen einer Zurechnung fähig seien.[1] Grundvoraussetzung für die Zurechnungsfähigkeit ist zugleich die Willensfreiheit als Bedingung dafür, Entscheidungen treffen zu können. Der Freiheitsbegriff wiederum hat nur dort einen strategischen Sinn, wo es Handlungsalternativen gibt. Überhaupt macht es erst einen Sinn, von Handlungen zu sprechen, wenn der Handelnde auch anders hätte handeln können, sonst wäre das, was geschehen ist, ein bloßes Verhalten, mithin also nicht zurechnungsfähig. Schon diese Definition, das Moralische am Handeln einer Person einerseits auf Freiheit, andererseits auf Zurechnungsfähigkeit zu beziehen, ist sehr voraussetzungsreich. Verantwortung, so lässt sich nun schließen, setzt die Freiheit der Entscheidung voraus, zugleich aber auch die Wirkmächtigkeit, das hervorbringen zu können, was man will. Verantwortung ist damit eine moralische Kategorie, die an der Wirkung der Handlung ansetzt. Das, was eine Handlung damit moralisch auflädt, hängt also davon ab, dass sie vor anderen, d.h. in einem sozialen Kontext, gerechtfertigt werden muss, da die Zurechnung der Verantwortung wenn nicht von, dann wenigstens vor Anderen geschieht.

Man wird sogleich an Max Webers Unterscheidung von Gesinnungsethik und Verantwortungsethik erinnert.[2] Max Weber hatte die beiden ethischen Idealtypen Gesinnungsethik und Verantwortungsethik beschrieben, um die beiden grundlegenden ethischen Stellungnahmen zur Welt auf den Begriff bringen zu können. Unter Gesinnungsethik versteht Max Weber solche ethische Stellungnahmen zur Welt, denen es lediglich darauf ankommt, dass die Motive des Handelns einer bestimmten Gesinnung folgen und dieser auch gerecht werden, unabhängig davon, welche Wirkungen das Handeln in der Welt hat. Eine Gesinnungsethik interessiert sich nicht für die Folgen der Handlung, nicht für ihre Konsequenzen. Sie ist

---

1   Vgl. Kant, Grundlegung zur Metaphysik der Sitten, in: Band VI der Ges. Werke, Darmstadt 1983, S. 223.
2   Vgl. Max Weber 1994: Wissenschaft als Beruf (1917/19), Politik als Beruf (1919), ders.: Studienausgabe der Max-Weber-Gesamtausgabe, Band I/17, Tübingen.

Verantwortung versus Opportunität

eine im strengen Sinne nicht-konsequentialistische Ethik, deren ethischer Gehalt ausschließlich in den Motiven der Handelnden und jenen Gesinnungen zu suchen ist, die der Handelnde zur Maxime seines Tuns wählt. Verantwortungsethik dagegen ist für Max Weber eine ethische Haltung, die sich weniger für die Innenwelt beziehungsweise die ausschließliche Orientierung an der Motivstruktur des Handelnden interessiert, sondern vor allem dafür, ob die Folgen des Handelns ethisch zu rechtfertigen sind oder nicht. Beide Ethiken, wie Max Weber sie beschreibt, reagieren letztlich darauf, dass das Verhältnis von Handeln und Wirkung keine triviale Reaktion ist. Im ersten Fall wird die ethische Bedeutung dieser Relation schlichtweg geleugnet, was ja nur ein Hinweis darauf ist, dass das ethisch Richtige beziehungsweise das moralisch Gute durchaus falsche oder böse Folgen haben kann. Und im zweiten Fall wird schon konzeptionell darauf hingewiesen, dass eine ethisch wünschenswerte Wirkung womöglich Handlungsmaximen erfordert, die auf den ersten Blick als moralisch zweifelhaft angesehen werden könnten. Was beide ethische Haltungen miteinander verbindet, ist die Spannung zwischen dem ethisch bzw. moralisch handelnden Individuum auf der einen Seite und einer komplexen Welt auf der anderen Seite, die sich den vom einzelnen Handelnden gewünschten Wirkungen oder Folgen womöglich gänzlich entzieht.

Man sollte Max Webers idealtypische Beschreibung der beiden ethischen Haltungen weniger als einen Beitrag zu einer Theorie der Ethik lesen, sondern eher die soziologischen und gesellschaftstheoretischen Konsequenzen dieser theoretischen Konstruktion in den Blick nehmen. Max Weber schreibt diese Theorie des Ethischen in einer Welt, die für ihn selbst als so komplex, unübersichtlich und ungeordnet erscheint, dass er zu der fatalistischen Diagnose neigt, dass in einer solchen Gesellschaft so etwas wie ein planender und ordnender Durchgriff und Zugriff auf die Gesellschaft nahezu unmöglich erscheint. Jenes von Max Weber immer wieder verfolgte geradezu fatalistische Motiv, das vor allem in seiner berühmten Sinnverlustthese kulminiert, hat ihn dazu geführt, die Lösung gesellschaftlicher Probleme weniger an die Frage des Umgangs mit der Komplexität der Gesellschaft zu binden als vielmehr im Sinne einer geradezu aristokratischen Theorie eines Ethos den Menschen wenigstens dazu zu bringen, in einer einsamen, individuellen Stellungnahme zur Welt diejenige Werteorientierung für sich selbst zu finden, von der er einerseits weiß, dass er die Probleme nicht wirklich lösen kann, andererseits aber darin eine Haltung sieht, in der wenigstens im Rahmen der je individuellen Möglichkeiten positive Wirkungen auf die Gesellschaft denkbar sind.[3] Max Webers eigene Position lässt sich also als ein gewisses Changieren zwischen Gesinnungsethik und Verantwortungsethik beschreiben. Doch diesen Pfad möchte ich hier nicht weiter verfolgen.

Was für unseren Zusammenhang an Max Webers Stellungnahme interessant ist, ist Folgendes: die Komplexität der Gesellschaft soll durch eine Art trotzige Reaktion kompensiert werden, indem das heldische, männliche Subjekt eine Verantwortung übernimmt, obwohl es das letztlich gar nicht kann. Was wir Max Weber verdanken, ist ein deutlicher Hinweis darauf, wie verloren und kategorial geradezu unerreichbar so etwas wie eine Verantwortung für die Folgen des Handelns in einer modernen, komplexen Gesellschaft tatsächlich ist. Max Weber macht deshalb das heldische, männliche Subjekt stark, das sich gegen die Erwartungen der Welt Verantwortung selbst zuschreibt, was eben auch bedeutet, dass Verantwortung in einer solch komplexen Gesellschaft kaum organisierbar ist.

All dies weist womöglich auf die Dysfunktionalität zuschreibungsfähiger Moral hin, wenn es darum geht, vor allem die Folgen einer komplexen Gesellschaft zu beschreiben. Denn der Verantwortungsbegriff ist ja keineswegs nur ein Begriff, der auf die moralische Integrität von Personen Bezug nimmt. Wer heute von Verantwortung spricht, ruft in seinen Assoziationen gleichzeitig all jene Probleme auf, die wir derzeit zu lösen haben. Der Katalog ist bekannt: er reicht vom Klimawandel über die Energiekrise, von unseren individuellen Konsumstilen bis zur Frage der Verteilungsgerechtigkeit in modernen Wohlfahrtsstaaten. Dass allein der Rekurs auf die Verantwortung verantwortlich Handelnder nicht ausreicht, lässt sich leicht nachvollziehen. Deshalb lohnt es sich, in einem zweiten Denkschritt nun eher soziologisch auf das Problem der Zurechnung

---

3 Vgl. dazu Irmhild Saake und Armin Nassehi: Das gesellschaftliche Gehäuse der Persönlichkeit. Über Max Weber und die (soziologische) Produktion von Motiven, in Berliner Journal für Soziologie 14 (2004), S. 503–525.

zu reagieren. Bevor ich jedoch diesen Schritt mache, sei kurz auf ein biblisches Motiv hingewiesen, das dem Rigorismus des die Maxime seines Handelns selbst wählen müssenden Subjekts die Spitze nimmt. Damit wird der Frage der Verantwortlichkeit eine durchaus empirische Wendung gegeben. Im Philipperbrief (II, 13) heißt es: „Denn Gott ist es, der in euch sowohl das Wollen als auch das Vollbringen wirkt nach seinem Wohlgefallen." Hier wird kategorial zwischen *Wollen* und *Vollbringen* unterschieden. Es lässt sich relativ leicht nachverfolgen, dass selbst in solchen Handlungssituationen, in denen der Handelnde durchaus über die Mittel verfügt, die gewünschte Wirkung zu erzielen, das Vollbringen des Gewollten nicht durch den Willen selbst hergestellt werden kann. Man denke etwa an konkrete Ziele, die jeder und jede für sich im Alltag durchaus bewältigen kann. Um nur ein Beispiel zu nennen: Das Wissen und der Wille darum, etwa für die eigene Gewichtsreduktion zu sorgen, mag weit verbreitet sein. Dass das Vollbringen eines solchen Ziels womöglich nicht allein am Wissen und Wollen hängt, sondern an Alltagsroutinen, an Gewohnheiten sowie an jenem korrumpierenden Umfeld, in dem unsere Alltagspraktiken entstehen, lässt sich kaum leugnen. Schon dort also, wo die Mittel zur Erreichung eines Ziels letztlich problemlos zur Verfügung stehen, stößt das Vollbringen trotz angemessener und zurechnungsfähiger Verantwortungsübernahme an Grenzen, die allein moralisch zu qualifizieren eine Überforderung alltäglicher Subjektivität bedeuten würde. Insofern lohnt es sich, nach den Bedingungen zu fragen, unter denen das Handeln von Menschen tatsächlich zurechnungsfähig ist.

2. Das Zurechnungsproblem in der Soziologie

Die Soziologie ist ein Kind der Aufklärung. Sie hat sich stets darum bemüht, den Akteuren einen inneren Sinn zu unterstellen. Es hatte etwas Emanzipatorisches, von der Monumentalgeschichte der „großen Männer" umzustellen auf die Frage, wer warum was tat, tun musste, tun wollte. Mit der Dekonstruktion der Helden im Sinne der „großen Männer" wurden „Helden des Alltags" sichtbar, denen man nun Motive unterstellen konnte. Die empirische wie die theoretische Praxis der Soziologie bestand darin, anders als die

Monumentalgeschichte den Helden des Alltags nicht nur Motive zu unterstellen, sondern ihnen auch Verantwortung zu übertragen. Das Emanzipatorische an diesem Gedanken bestand darin, dass die Menschen als handelnde Individuen zu den Autoren und Autorinnen ihrer je eigenen Situation gemacht wurden.

Die Welt der Soziologie ist eine Welt des handelnden Individuums, und Grund- und Ausgangspunkt des Handelns ist stets der Handelnde, der Akteur, dessen Motive dem von außen beobachtbaren Handeln einen inneren und äußeren Sinn verleihen. Paradigmatisch kommt das in Max Webers berühmter Bestimmung der Soziologie als einer Wissenschaft zum Ausdruck, deren ausgezeichneter Gegenstand in der Rekonstruktion sozialen Handelns liege. Soziales Handeln ist bei Max Weber ein Verhalten, mit dem der Handelnde einen subjektiv gemeinten Sinn verbindet. Handelnde (andere und man selbst) sind Akteure, deren Motor ein subjektiv gemeinter Sinn ist, also ein Set von Motiven, dessen Bedeutung an den unterstellten Motiven Anderer und an deren Kulturbedeutung orientiert ist. Dem Handelnden wird eine Art selbstselektive Perspektive unterstellt, deren Einschränkungsbedingungen darin zu sehen sind, wie sich die eigenen Motive zu den Motiven Anderer und zur Verstehbarkeit der Motive innerhalb kultureller Bezüge verhalten. Es ist also nicht die innere, subjektive Unendlichkeit, aus der sich Geist, Bewusstsein und Innenwelt speisen, sondern das, was etwa später Jürgen Habermas die „Lebenswelt" nennt: „Als Ressource, aus der die Interaktionsteilnehmer ihre konsensfähigen Äußerungen alimentieren, bildet die Lebenswelt ein Äquivalent für das, was die Subjektphilosophie als Leistungen der Synthesis dem Bewusstsein überhaupt zugeschrieben hatte."[4] Damit aber ist die Doppeldeutigkeit der Soziologie auf den Punkt gebracht: auf der einen Seite ist sie eine Emanzipationswissenschaft, die den einzelnen Akteur zum Subjekt aufwertet und ihm die Motive und Meinungen unterstellt, nach denen er handelt. Auf der anderen Seite wird deutlich, dass der Ort, an dem diese Motive entstehen, nicht das Subjekt allein ist, sondern eine Lebenswelt, in der die Figuren erst entstehen, die zum Motiv taugen. Das fundiert kein Anpassungsverhältnis oder eine Leninsche Widerspiegelungstheorie.

4 Jürgen Habermas: Der philosophische Diskurs der Moderne. Zwölf Vorlesungen, Frankfurt/M. 1985, S. 379.

Verantwortung versus Opportunität

Auch die Abweichung, die Nein-Stellungnahme, das Scheitern, das Nichtverstandenwerden und das „falsche" Motiv sind sinnhaft von jener Lebenswelt abhängig, in der sich die Akteure vorfinden, die sich gegenseitig einen „subjektiv gemeinten Sinn" unterstellen.

Anders als in der Subjektphilosophie ist es eben nicht mehr eine innere Synthesis, die die Bedingung des eigenen Bewusstseins ausmacht, sondern die Lebenswelt, die Habermas in einer wunderbaren Formulierung als den „transzendentalen Ort" bezeichnet, an dem sich Sprecher begegnen, die sich gegenseitig einen subjektiv gemeinten Sinn unterstellen können. Nach diesem Verständnis liegt es nahe, die Quelle dessen, was die Motivlage von Individuen ausmacht, nicht für etwas zu halten, über das Ego oder Alter selbst verfügt. Die Quelle dessen, was innere Motivlagen ausmacht, liegt danach eher außerhalb von Ego und Alter, eher in der Sphäre also, die Ego für Alter zu Ego macht und Alter für Ego zu Alter. Dabei ist freilich die Paradoxie nicht zu übersehen, dass diese Formulierungen letztlich so tun, als sei die Innenwelt eine, die vorher schon da war und nun von Außen geformt werden müsse. Schon die Unterscheidung von Innen und Außen verkennt, dass Innen nur das Innen von Außen und Außen nur das Außen von Innen ist. Insofern stimmen beide Sätze: die Quelle der Motivlage liegt außerhalb des Subjekts, damit liegt sie aber zugleich auch innerhalb des Subjekts, weil das Subjekt selbst eine Funktion einer sozialen Welt ist, die plausible Motive erwartet.

Die Soziologie unterstellt also zweierlei: einen subjektiv gemeinten Sinn des Akteurs und einen Auftraggeber des Subjekts, der in der sozialen Umwelt, in der Lebenswelt, in den kulturellen Kontexten des handelnden Subjekts angesiedelt ist. Die Grundfrage lautet also: *Was bringt welche Motive hervor, und warum handeln Menschen in bestimmten kulturellen und gesellschaftlichen Kontexten so, wie sie handeln?*

Die Soziologie unterstellt also tatsächlich Akteure mit (mehr oder weniger) rationalen Motiven – und der größte Teil ihrer Praxis besteht darin, solche Motive, Einstellungen und Präferenzen zu rekonstruieren und mit jenen Kontexten zu korrelieren. Das heißt also nichts Anderes, als Verantwortlichkeiten im Sinne von Zurechnungsfähigkeit und Zurechenbarkeit zu konstruieren.

Als Diskurs der Moderne hängt der soziologische Diskurs der Moderne aufs Engste an der (emanzipatorischen) Idee des handelnden Individuums als gewissermaßen empirisiertem Erbe des vormaligen Subjekts. Letztlich beginnt die Soziologie aber – ob sie will oder nicht und ob sie es explizit weiß oder nicht – stets mit einer *Dekonstruktion des Subjekts und seiner Individualität*.[5] Denn die Idee des Soziologischen beginnt dort, wo der Grund des Verhaltens von Menschen nicht mehr deren innerer Unendlichkeit entnommen wird, sondern den sozialen Kontexten und Gewohnheiten, den Kulturbedeutungen von Zeichen und Praktiken, den sozialen Lagerungen und Zwängen und nicht zuletzt der Klassenlage der Handlungsträger. Zugleich aber kann behauptet werden, dass sich das Soziale gerade am handelnden Individuum beobachten lasse. Damit setzt die Soziologie mit ihren eigenen Grundbegriffen um, was sie an ihrem Gegenstand als epochales Charakteristikum bereits vorfindet: dass alles, was geschieht, dem Handeln von Individuen entspringt oder wenigstens daran zu beobachten ist. Dass die Soziologie dabei stets die sozial gebrochene Identität des Individuums im Blick hat, die Idee der Wechselseitigkeit und die Idee der Eigenlogik und Emergenz sozialer Tatsachen und kultureller Bedeutungen, versteht sich fast von selbst. Sie dekonstruiert also schon in ihren Grundbegrifflichkeiten die Unbedingtheit des Willens als Grundlage für einen starken Verantwortungsbegriff. Die Soziologie dekonstruiert also die Idee, es käme nur auf den guten Willen und auf Einsicht an und nicht auf eine Praxis, die als Praxis die Folgen zeitigt, die man verantworten kann und soll. Damit muss man aus soziologischer Perspektive keineswegs die moralische und die ethische Dimension des Verantwortungsproblems leugnen. Zugleich kommt aber in den Blick, dass nur das verantwortet werden kann, was tatsächlich auch dem Zugriff und den Handlungsmöglichkeiten sowie den alltäglichen Plausibilitäten von Handelnden zur Verfügung steht. Es bedarf also, um bestimmte Wirkungen zu erzielen, nicht nur der mentalistischen Kategorie der Verantwortung, sondern auch der empirischen Bedingungen, unter denen es für Handelnde plausibel ist, zu tun, was sie sollen oder wollen. Deshalb stelle ich die Begriffe Verantwortung und Opportunität im Sinne von Gelegenheiten gegenüber. Man muss die sozialen Gelegenheiten haben, das zu tun, was man verantworten kann.

5 Vgl. Armin Nassehi: Der soziologische Diskurs der Moderne, Frankfurt/M. 2006, S. 67ff.

3. Das Komplexitätsproblem der modernen Gesellschaft

Meine bisherigen Überlegungen haben zum einen den Funktionssinn des Begriffs Verantwortung betont, der darin besteht, dass Verantwortung nur einem moralisch zurechnungsfähigen Subjekt gegenüber abverlangt werden kann. Andererseits habe ich betont, dass aus einer soziologischen Perspektive die Frage der Zurechenbarkeit und Zurechnungsfähigkeit keineswegs eine triviale Kategorie ist. Die Dekonstruktion des autonom handelnden Individuums durch die Soziologie impliziert, dass die Plausibilität für das Handeln vor allem durch konkrete Alltagspraxis hergestellt wird. Plausibilität bedeutet so etwas wie Erwartbarkeit in bestimmten Kontexten, eine gewisse Form von Normalität und nicht zuletzt die Anschlussfähigkeit konkreter Handlungsformen in einem kulturellen Kontext. Das gilt letztlich auch für Handlungsformen, die genau besehen ein Verantwortungsproblem aufwerfen. Wenn man etwa daran denkt, dass der Alltag eines Großstadtbewohners westlicher Industriegesellschaften zu viel Energie und zu viele natürliche Ressourcen verbraucht, ökonomisch womöglich auf einer im Weltmaßstab gesehen ungerechten Wirtschaftsweise beruht und zugleich im Hinblick auf die Plausibilität wählbarer politischer Positionen unverantwortlich mit der ökonomischen Potenz künftiger Generationen umgeht, so verlagert sich der Verantwortungsbegriff beziehungsweise das Verantwortungsproblem von der Ebene individueller Zurechenbarkeit auf die Ebene kollektiver oder gesellschaftlicher Lebensformen. So sehr viele Alltagspraktiken unseres „normalen" Lebens in diesem Sinne verantwortungsrelevant werden, so unterkomplex wäre doch die Diagnose, dass sich die angedeuteten Probleme bloß aus der Summe unangemessener Motivlagen individuell Handelnder ergeben, die dann eben durch summarische Einsicht gelöst werden müssten.

Nicht zufällig verlagert sich der Diskurs um Verantwortung vom Problem der individuellen Verantwortung zum Problem kollektiver oder gar universaler Verantwortungszusammenhänge, in denen dann die bereits angedeuteten strukturellen Probleme einer Weltgesellschaft auftauchen, die sich immer weniger auf die Handlungen Einzelner zurückrechnen lassen. Das gilt sowohl für die massenhaft Einzelnen großer Bevölkerungen als auch für jene Einzelnen, die als

Mächtige oder Herrscher vormals für das Ganze zur Verantwortung gezogen werden konnten. Um es zynisch auf den Punkt zu bringen: Die moderne Gesellschaft kennt letztlich kein funktionales Äquivalent mehr für den Tyrannenmord beziehungsweise für die Ausschaltung von Machtzentralen, von deren Ausschaltung man sich neue Lösungen erhoffen könnte.

Es wäre eine zu einfache Diagnose, strukturelle Probleme der modernen Gesellschaft als Probleme normativ falsch programmierter Kollektivitäten anzusehen. So etwas wie Kollektivverantwortung in Anspruch zu nehmen, würde voraussetzen, dass Gesellschaften beziehungsweise die als Gesellschaften imaginierten Kollektive zurechnungsfähige Kollektive wären, ganz in dem Sinne, wie wir oben mit Kant den Verantwortungsbegriff an ein moralisch zurechnungsfähiges Subjekt gebunden haben. Gesellschaft freilich ist kein Kollektivsubjekt, nicht einmal die Summe aller individuell Handelnden, sondern ein Kommunikationszusammenhang, der seine Komplexitätsprobleme vor allem durch Differenzierungsprozesse löst. Je differenzierter ein System ist und je komplexer seine Reaktionsmöglichkeiten sind, desto weniger lassen sich Wirkungen durch konkrete Handlungen linear hervorbringen. Zur Grunderfahrung der modernen Gesellschaft – das gilt sowohl aus der Perspektive individueller Lebensformen als auch im Hinblick auf die Steuerung politischer, ökonomischer oder wissenschaftlicher Prozesse – gehört, dass Einwirkungen auf komplexe Systeme zum Teil exakt die gegenteiligen Folgen dessen zeitigen, was intentional in der und durch die Handlung vorgesehen war.

Um nicht missverstanden zu werden: Es geht mir nicht darum, Verantwortung zu leugnen oder gar eindeutig unmoralisches und unangemessenes Verhalten zu rechtfertigen. Es geht mir eher darum, das Verantwortungsproblem, also die Frage der Zurechenbarkeit der Folgen von Handlungen der Komplexität der Gesellschaft anzupassen. Ich schlage deshalb vor, nicht von der Verantwortung als Lösungskonzept auszugehen, sondern von der Folgenkonstellation einer komplexen Gesellschaft.

Will man die moderne Gesellschaft in wenigen Sätzen beschreiben, so wird man vor allem ihre Differenzierungsform in den Blick nehmen. Anders als frühere Gesellschaftsformationen ist die moderne Gesellschaft in ihrer primären Differenzierungsebene nicht

Verantwortung versus Opportunität

mehr in ungleiche Schichten eingeteilt, sondern hat sich nach unterschiedlichen Funktionen ausdifferenziert. Diese so genannte funktional differenzierte Gesellschaft zeichnet sich dadurch aus, dass ihre Funktionen wie Politik, Wirtschaft, Wissenschaft, Erziehung, Recht, Massenmedien, Religion und Kunst mit jeweils eigenen, systeminternen Anschlusslogiken operieren und sich wechselseitig nicht substituieren können. Mit der Ausdifferenzierung der unterschiedlichen Logiken der Funktionssysteme differenzieren sich gleichzeitig auch unterschiedliche Erfolgsbedingungen für das Handeln innerhalb dieser Systeme aus. So muss sich etwa ein politischer Satz, politisches Handeln vor einem potentiellen Publikum von Wählerinnen und Wählern plausibilisieren und erreicht dies vor allem dadurch, dass die kollektiv bindenden Entscheidungen des politischen Systems sich gerade vor diesem Publikum bewähren müssen. Die Erfolgsbedingung ökonomischen Handelns dagegen liegt, operativ gesehen, letztlich ausschließlich auf der Ebene, dass Zahlungen einem individuellen Akteur weitere Zahlungsmöglichkeiten offenhalten.[6]

Ähnliche, je eigenlogische Strukturen lassen sich auch für alle anderen Funktionssysteme beobachten. Betrachtet man aber nur diese beiden, so wird schon deutlich, dass etwa eine moralisch motivierte Form politischen Handelns oder auch ökonomischen Handelns stets an die Grenze der jeweiligen Erfolgsbedingungen und der Funktionslogik der Funktionssysteme stößt. Schon deshalb ist es keineswegs trivial, die Verantwortung von konkret handelnden Personen an die Kontextbedingungen zu binden, also an die Opportunitäten, die in solchen Situationen zu Verfügung stehen. So ist es etwa wohlfeil, ökonomischen Akteuren die volkswirtschaftlichen Folgen betriebswirtschaftlicher Entscheidungen vorzurechnen – man muss nur etwa den Beginn der Finanzkrise am US-ameri-

6   Dies kann hier letztlich nur angedeutet werden. Ausführlich zum gesellschaftstheoretischen Kontext der Theorie funktionaler Differenzierung vgl. Armin Nassehi: Geschlossenheit und Offenheit. Studien zur Theorie der modernen Gesellschaft, Frankfurt/M. 2003, S. 159ff.; Armin Nassehi: Gesellschaft der Gegenwarten. Studien zur Theorie der modernen Gesellschaft II, Berlin 2011, S. 123ff. In einer eher einführenden Fassung vgl. Armin Nassehi: Soziologie. Zehn einführende Vorlesungen, 2. Aufl., Wiesbaden 2011, S. 101ff.

kanischen Immobilienmarkt beobachten. Hier haben einzelne Akteure bisweilen betriebswirtschaftlich durchaus verantwortungsvoll gehandelt, als sie versucht haben, nicht mehr bedienbare Kredite los zu werden. Man kann das durchaus mit dem Begriff der Verantwortung beschreiben. Hier wurde Verantwortung übernommen für das eigene Unternehmen, die Kunden, für die Preise, sogar für das eigene Auskommen, mit dem man eine Familie ernähren muss usw. Ganz normale Leben eben, in denen verantwortet wird, was man verantworten kann. Die Kumulation solcher „richtiger" Handlungen freilich hat zu „falschen" Folgen geführt. Wer hat diese zu verantworten? Ein Markt, der künstlich niedrig gehaltene Zinsen in Anspruch nimmt? Oder die Bereitschaft und der politische Wille, auch ökonomisch Schwachen zu eigenem Wohnraum zu verhelfen?

Ähnlich kann man auf der politischen Seite argumentieren. Lässt sich nicht der Versuch, potentiellen Wählern gerecht zu werden, durchaus mit der Verantwortung begründen, die man dann übernehmen kann – was bisweilen die zweitbeste Lösung zur besseren macht? Ich möchte das hier nicht ausführlich weiter diskutieren, sondern nur betonen, dass ein zu weit getriebener moralischer Rigorismus Verantwortlichkeiten höchst unrealistisch adressieren kann – denn letztlich muss man sich fragen, unter welchen Bedingungen welche Praktiken tatsächlich möglich sind.

Was die Situation zusätzlich verkompliziert, ist, dass in einer funktional differenzierten Gesellschaft Intentionen, oder besser gesagt: Ziele und antizipierte Folgen für die Gesellschaft aus der jeweiligen Funktionsperspektive in anderen Funktionssystemen womöglich zu ganz anderen Folgen gelangt. Am präsentesten ist uns dieses Problem am Beispiel der Wirtschaftspolitik, also am Beispiel des Versuchs der politischen Steuerung ökonomischer Transaktionen. Hier wird man feststellen, dass die Eigendynamik der modernen Gesellschaft aufgrund des hohen Komplexitätsdrucks es geradezu unmöglich macht, linear zu steuern.

Das bedeutet nicht, dass in der modernen Gesellschaft nicht gesteuert werden kann. Dies bedeutet auch nicht, dass für diejenigen Probleme, für die wir üblicherweise Verantwortung als Kategorie zur Lösung der Probleme aufrufen, keine Wirkungen erzielt werden können. Worum es hier vielmehr geht, ist, der Komplexität der modernen Gesellschaft insofern Rechnung zu tragen, als wir

Verantwortung versus Opportunität

im Hinblick auf die Wirkungen von Handlungen mit den zum Teil konterkarierenden Nebenfolgen innerhalb eines komplexen Gefüges unterschiedlicher Funktionen rechnen müssen. Um also angemessene Wirkungen erzielen zu können, müssen wir damit rechnen, dass das Handeln von Akteuren vor allem durch die systemkonstituierenden Rahmenbedingungen geregelt werden muss. Wenn die Funktion von Moral einmal darin bestand, das Freiheitsproblem in der Weise zu lösen, dass der Handelnde das wollen soll, was er soll, so wird man feststellen, dass in komplexen Situationen ein funktionales Äquivalent für Moral im Sinne der Einschränkbarkeit von Handlungsmöglichkeiten darin besteht, Handlungsformen ausreichend einzuschränken. Das Organisationsarrangement des klassischen modernen Nationalstaates war einmal ein solches Arrangement, in dem die unterschiedlichen Funktionssysteme in die Lage versetzt wurden, wechselseitig für so etwas wie Passungsform sorgen zu können. Abgesehen davon, dass viele dieser Arrangements, die oftmals rechtliche und korporatistische Formen angenommen haben, durchaus aus moralischen Auseinandersetzungen stammten, wird man sehen können, dass das Richtige zu tun stets Bedingungen voraussetzt, unter denen das Richtige das Plausible sein kann. Nur aus diesem Grunde möchte ich in meinem Vortrag ein Plädoyer für aufgeklärten Opportunismus halten. *Aufgeklärter Opportunismus* wäre einer, der in der Lage ist, Situationen so zu gestalten, dass es für Akteure sowohl plausibel als auch wünschenswert ist, das eigene Verhalten so einzuschränken, dass die Wirkungen erzielt werden können, die gewünscht werden.

Gegen meine Argumentation könnte eingewandt werden, dass man zunächst wissen muss, was eigentlich die erwünschten Konsequenzen sein sollen. Ich bin mir sicher, dass in westlichen Ländern mit demokratischen politischen Systemen ausreichend öffentliche Diskurse stattfinden, in denen eine solche Selbstverständigung tatsächlich stattfindet. Was zugleich nötig ist, ist eine flankierende Debatte darüber, wie in einer Gesellschaft Wirkungen erzielt werden können, die sich linearen Wirkungen entzieht.

Armin Nassehi

4. Konsequenzen

In einem kurzen Vortrag kann man keine Lösungen präsentieren, allenfalls Verwirrung stiften. Verwirrung ist vielleicht das richtige Stichwort, wenn man es als Chiffre für die Komplexität der modernen Gesellschaft nimmt. Jedenfalls fällt es immer schwerer, auf linearen und kausalen Durchgriff von Wollen und Vollbringen zu setzen, um es nochmals in diesen Begriffen zu sagen. Wenn der Diskurs um Verantwortung gehaltvoll geführt werden soll, stellt sich die Frage nach Handlungskonzepten, die die Differenzierung der modernen Gesellschaft systematisch in Betracht ziehen. Dann ist das Problem des Vollbringens nicht mehr in jenem biblischen Kontext zu sehen, in dem es mit der Schwäche des Menschen rechnet, mit seiner empirischen Begrenztheit als heroischer Vollbringer, die den Heroismus durch demütige Einsicht in die eigene Begrenztheit konterkariert. Der Kontext ist nun eher eine gesellschaftsstrukturell bedingte Schwäche – eine Schwäche all jener kausalistischen und intentionalistischen Konzepte, mit denen wir gewohnt sind, Lösungskonzepte zu entwerfen.

Die Dekonstruktion des Subjekts und des autonom Handelnden durch die Soziologie ist dann nicht mehr einfach eine obercoole Form der Theoriebildung ohne Konsequenzen, sondern im Gegenteil: Anlass dafür, Konzepte dafür zu entwickeln, mit der doppelten Schwäche der Differenz von Wollen und Vollbringen einerseits und der gesellschaftlichen Komplexität umzugehen. Darüber lässt sich schwer normativ nachdenken. Wenigstens andeuten möchte ich freilich Folgendes: Das heroische Konzept der linearen und kausalen Lösungen ist ein Konzept, das die Facheliten der modernen Industriegesellschaft mit hervorgebracht hat. Kompetenz wurde vor allem durch das konstituiert, was man mit Ralf Dahrendorf die *Versäulung der Teileliten* nennen kann.[7] Eliten waren Experten ihrer je eigenen, teilsystemspezifischen Lösungs- und Erfolgsbedingungen, haben gewissermaßen um diese je eigene Lösungskompetenz gestritten und durch Habitus, Karrierebedingungen und je eigene Kompetenzfolklore letztlich die Multiperspektivität einer funktional differenzierten

---

7   Ralf Dahrendorf: Gesellschaft und Demokratie in Deutschland, München 1965.

Verantwortung versus Opportunität

Gesellschaft wenn nicht theoretisch, so doch praktisch geleugnet. Man kann das heute noch an der Sprachlosigkeit zwischen den Fakultäten beobachten – die nicht nur auf die Schwierigkeit des Übersetzens unterschiedlicher Logiken zurückgeführt werden kann, sondern auch darin liegt, dass sich Problemlagen viel einfacher beschreiben lassen, wenn man sie mono-logisch ausarbeitet.

Vielleicht müssen wir mehr Energie darauf verwenden, darüber nachzudenken, was künftige Eliten können müssten, um zu können, was sie müssten. Ein Lösungsweg geht sicher in die Richtung, dass künftige Eliten die Perspektivendifferenz der modernen Gesellschaft erfahren lernen – um festzustellen, dass etwa ökonomische oder politische oder wissenschaftliche Perspektiven eben je nur ökonomische, politische oder wissenschaftliche Probleme lösen können. Es bedarf einer Mentalität, die in der Lage ist, die Begrenztheit der eigenen Logik durch andere Logiken der Gesellschaft zu begreifen sowie die wechselseitige Komplexitätssteigerung, die sich aus einer funktional, d.h. vertikal differenzierten Gesellschaft ergibt. Es müssen Übersetzungskompetenzen systematisch erprobt und erarbeitet werden. Kompetenz muss kompetitiv und nicht isoliert erworben werden – kompetitiv nicht im Sinne der naiven Ranking-Leistungs-Phantasien, die in der Audit-Gesellschaft überall aus dem Boden sprießen.[8] Kompetitiv muss heißen – die Kompetenzen der unterschiedlichen Logiken bei praktischen Lösungen ins Kalkül ziehen und lernen, wie lineare Prozessstrukturen dadurch konterkariert werden, dass die moderne Gesellschaft multiperspektivisch auf Probleme reagiert. Man kann Eliten mit solchen Kompetenzen Übersetzungs- oder Differenzierungseliten nennen.[9]

Dazu zwei Schlussbemerkungen: Zum einen scheinen die Bildungs- und Hochschulreformen, wie sie zumindest in Deutschland in den letzten Jahren stattgefunden haben, in exakt die gegenteilige Richtung zu weisen. Die Bologna-Reform hat eher zu weniger Mobilität, weniger Auseinandersetzung mit Perspektivendifferenz, weniger Interdisziplinarität geführt. Und wo man Interdisziplinarität

8 Vgl. dazu Michael Power: From Risk Society to Audit Society, in: Soziale Systeme 3 (1997), S. 3–21.
9 Vgl. dazu Armin Nassehi: Differenzierungseliten in einer ‚Gesellschaft der Gegenwarten', in: Herfried Münkler et al. (Hg.): Deutschlands Eliten im Wandel, Frankfurt/M./New York 2006, S. 255–274.

in Studiengängen pflegt, fehlt die Zeit, wenigstens ein Fach grundständig und vollständig studiert zu haben.

Zum anderen sind die Fähigkeiten von Übersetzungs- und Differenzierungseliten an sich kein normatives Konzept – denn exakt dieselben Kompetenzen brauchen auch Betrüger und Egoisten. Vielleicht brauchen gerade Betrüger diese Kompetenzen in besonderem Maße, da man nur betrügen kann, wenn man die Perspektive des Betrogenen einnehmen kann, um ihn hinters Licht zu führen. Betrügerkompetenzen sind meistens solche, die eben nicht auf lineare Steuerung setzen. Wir brauchen also mehr Betrügerkompetenzen – gewendet hin zu den normativ wünschenswerten Folgen. Womit wir wieder bei normativen Fragen wären, die aber zum einen nicht mein Thema waren, zum anderen nicht in einer allzu naiven Forderung nach individueller Verantwortung gipfeln dürfen. Dagegen hilft dann nur „aufgeklärter Opportunismus".

Markus Vogt

Verantworten – im Horizont demografischer Entwicklung

Die Zukunft menschlicher Existenz auf dem Planeten Erde wird sich in unserem Jahrhundert wesentlich an der Frage entscheiden, ob und wie wir global fähig werden, die demografische Entwicklung verantwortlich zu gestalten. Dabei ist von der „unbequemen Wahrheit der Ökologie" (W. Haber) auszugehen, dass das gegenwärtig dominierende Expansionsmuster unserer Zivilisation nicht dauerhaft mit den ökologischen Stabilitätsbedingungen vereinbar ist. Die Grenzen der Natur sind jedoch nicht in jeder Hinsicht vorgegeben, sondern auch kultur- und technikabhängig. Kreativität in Verbindung mit einer neuen Kultur des Maßhaltens und der Verantwortung sind die wichtigsten Ressourcen der Zukunftsfähigkeit. Die bisherige Form der Verantwortungsappelle läuft jedoch weitgehend ins Leere, daher bedarf es einer Revision des Begriffs.

Dementsprechend geht die Vorlesung zunächst von einer theologischen, ethischen und politischen Reflexion des Begriffs Verantwortung aus, zeigt ihre Pathologien in postmoderner Gesellschaft auf und skizziert Dimensionen, Grenzen, Akteure sowie Entscheidungsmethoden für kontrollfähige Rechenschaftspflichten. Verantwortung wird mit Max Weber als Folgenabwägung mit Augenmaß verstanden, deren erste Tugend der nüchterne Blick auf die (auch empirisch zu erforschende) Wirklichkeit ist. Mit diesem begrifflichen „Handwerkszeug" sollen dann in einem zweiten Schritt Prognosen und Schlüsselprobleme der globalen demografischen Entwicklung sowie Kriterien, Erfolgsfaktoren und Risiken „verantwortlicher" Bevölkerungspolitik und Entwicklungsmodelle skizziert werden.

Markus Vogt

A: Die Freiheit der Verantwortung

1. Die Ambivalenz der großen Versprechungen

Deklamatorische Verantwortungsüberlastung
Man redet und schreibt von einer Sache, wenn das Phänomen selbst unsicher wird. So auch bei dem seit Beginn der 1990er Jahre inflationär ausgeweiteten Verantwortungsdiskurs. Die Ausweitung des Begriffs ist eine „Vorentscheidung in Richtung Moralisierung"[1]. Diffus adressierte Verantwortungszuschreibungen an „den Staat" oder „die Manager" entladen sich meist in Anklagen und scheinen nicht selten eine hilflose Reaktion auf die Anonymisierung von Handlungsketten zu sein. Dem entspricht eine „deklamatorische Verantwortungsüberlastung"[2] auf Seiten der Politiker, die sich im Kampf um Wählerstimmen dazu gezwungen sehen, Dinge zu versprechen, die sie nicht einlösen können.

Verantwortung ist „eine Schlüsselkategorie unseres gegenwärtigen Selbstverständnisses"[3], das nach dem Verlust der Metaphysik und dem Fragwürdigwerden des Sinnhorizontes neuzeitlicher Fortschrittsutopien in dem Ruf nach Verantwortung Halt sucht. Die großen Erzählungen der Gegenwart sind gigantische Versprechungen von Verantwortung – z. B.:

– „Halbierung des Hungers bis 2015" (Millenniumsziele; als Vergleichsgröße gilt das Jahr 1990; faktisch hat sich die Zahl der Hungernden seither um ca. 200 Millionen Menschen vergrößert)
– „Bildungsrepublik Deutschland" (Dresdner Bildungsgipfel 2008, Koalitionsvertrag der gegenwärtigen Bundesregierung[4]; die Utopie „Bildung für alle" hat derzeit eine zentrale Funktion für globale Gerechtigkeitsversprechen)

---

1 Höffe 1993, 20; vgl. auch Huber 1983, 68–73; Lübbe 1994; Bayertz 1995; Di Fabio 2002, 21–24.
2 Lübbe 1994, 298.
3 Kaufmann 1992, 11.
4 Zur „Rückseite der Bildungsutopien" und zur ambivalenten Bilanz der großen Versprechungen in diesem Bereich vgl. Vogt 2012, 4–6; 13–15.

Verantworten – im Horizont demografischer Entwicklung

- „Vermeidung eines gefährlichen Klimawandels" (Axiom sämtlicher Klimakonferenzen seit der Klimarahmenkonvention von 1992 in Rio de Janeiro; gemeint ist die Grenze von zwei Grad Celsius maximaler Erderwärmung; faktisch wurde der globale CO_2-Ausstoß seither kontinuierlich gesteigert; die Chance, das 2-Grad-Ziel noch zu erreichen, ist extrem unwahrscheinlich[5])
- „Corporate Social Responsibility" (CSR) als ein inzwischen global verbreitetes und in Hochglanzbroschüren zur Imagepflege standardisiertes Verantwortungsversprechen der großen Unternehmen, das einerseits oft ein beachtliches ethisches Engagement zeigt, das aber zugleich in seiner kommunikativen Funktion davon ablenkt, dass das umwelt- und sozial belastende Kerngeschäft meist unverändert weiterbetrieben wird.

Im Schatten der großen Versprechen von Verantwortung wirtschaften und leben wir wie gewohnt. Sie dienen auch dazu, von tiefer liegenden Herausforderungen für einen Kurswechsel abzulenken. Man kommuniziert in der Form von Moralappellen und -versprechen, um die theoretischen und praktischen Grundaxiome der tatsächlich handlungsleitenden gesellschaftlichen Subsysteme nicht hinterfragen zu müssen. Sind die großen globalen Versprechen ein Selbstbetrug? Folgen wir blind Verantwortungsutopien, die ins Leere laufen? Wäre es die Aufgabe der Ethik in dieser Situation vor Moral zu warnen?[6]

Angesichts der Verantwortungsprobleme moderner Gesellschaft, die das politisch oder sozialtechnisch Machbare überschreiten, wird nicht selten auch die Kirche als übergeordnete „Moralagentur" erhofft, versprochen, geglaubt oder angeklagt. Die Fähigkeit der Kirche als Kollektiv und der Gläubigen als Individuen zu einer solchen übergeordneten Generalverantwortung ist jedoch eine Illusion, die das Spezifische ihrer Kompetenz verkennt und durch moralische Funktionalisierung des Glaubens falsche Erwartungen weckt.[7] Wie brüchig kirchliche Verantwortungsfähigkeit ist, haben spätestens die beiden letzten Krisenjahre auch öffentlich verdeutlicht. Das Motto

5 Vogt 2010b.
6 Vgl. Luhmann 1990, 41: „Angesichts dieser Sachlage ist es die vielleicht vordringlichste Aufgabe der Ethik, vor Moral zu warnen."
7 Vgl. dazu den Vortrag von Wilhelm Graf bei der diesjährigen Salzburger Hochschulwoche, Kirchendämmerung, sowie Graf 2011.

der diesjährigen Salzburger Hochschulwoche „verantworten" sollte vor diesem Hintergrund keinesfalls im Sinne eines vollmundigen Versprechens theologisch-kirchlicher Generalverantwortung oder einer vermeintlich übergeordneten Wächterfunktion für gesellschaftliche Moral verstanden werden, sondern eher als eine kritisch-nüchterne Suche nach bescheidenen, aber tragfähigen und menschengemäßen Maßen des Verantwortens.

Ein solches nüchternes Grenzbewusstsein empfiehlt sich auch aus logischen Gründen: Die Entgrenzung des Begriffs Verantwortung führt zu seiner Verflachung ins Unverbindliche. Je größer der Umfang eines Begriffs, desto kleiner der Inhalt dessen, was er tatsächlich definiert, also abgrenzt und verbindlich aussagt. Die Zustimmung zu moralischen Breitbandbegriffen beruht häufig darauf, dass jeder etwas anderes mit ihnen verbindet und ihre Eindeutigkeit daher sehr gering ist. Entgrenzte Verantwortung überfordert uns und führt zur Diffusion von Verantwortungszuschreibungen, so dass es häufig gar nicht mehr möglich ist, einzelne Akteure zur Rechenschaft zu ziehen.

„Prinzip Verantwortung" statt „Prinzip Hoffnung"?
Ein wichtiger Bezugspunkt der „Renaissance" des Verantwortungsbegriffs ist das 1979 erschienene Buch „Das Prinzip Verantwortung" von Hans Jonas, das so häufig zitiert wie selten wirklich gelesen wird. Der „ungelesene Bestseller" steht vor allem für die Erweiterung der Dimension von Verantwortung auf die Frage der künftigen Generationen. Diese wurde angesichts der ökologischen Krise in viele Verfassungen eingefügt, z. B. 1994 in Artikel 20a des deutschen Grundgesetzes. Eine erkennbare Wirkung ist damit bisher nicht verbunden. Nach Meinung des Verfassungsrichters Di Fabio geht mit der Ausweitung des Verantwortungsbegriffs im Verfassungsrecht sogar im Gegenteil eine abnehmende Klarheit der Adressierung und damit eine abnehmende Verbindlichkeit einher.[8]

8 Di Fabio 2002. Auch das Privileg der Furcht, das Hans Jonas dem Bloch'schen „Prinzip Hoffnung" entgegensetzt (Jonas 1984, 376–387), birgt die Gefahr, gesellschaftliche Innovationsfähigkeit zu lähmen und dadurch gesellschaftliche Verantwortungsfähigkeit in manchen Bereichen möglicherweise eher zu schmälern als zu fördern; vgl. Hasted 1991, 167–173.

Verantworten – im Horizont demografischer Entwicklung

Die Problematik reicht noch tiefer: Sie ist nicht nur eine der Diffusion von Verantwortungszuschreibungen, sondern hat mit der Dynamik des Projekts der Moderne zu tun. Nach Otfried Höffe ist das große Versprechen der Humanität, das an der Wurzel der Neuzeit steht, höchst ambivalent: Einerseits wurde es zum Programm einer methodischen Erschließung aller Ressourcen für die Steigerung von Wohlstand; andererseits hat es eine Dynamik steter Steigerung entfesselt, deren Kontrolle uns gegenwärtig gerade wegen ihrer unwiderstehlichen Attraktivität und ihres globalen Erfolges zu entgleiten scheint.[9]

Im Namen von Verantwortung für Armutsbekämpfung und Anteil aller am Wohlstand verbreiten wir das westliche Zivilisationsmodell, beuten weiter und beschleunigt die Natur aus und machen so möglicherweise bald einen großen Teil des Planeten Erde für Menschen unbewohnbar[10]. Die Dynamik des Erdsystems ist heute so stark von der Inanspruchnahme durch den Menschen geprägt, dass die Geografen bereits von einer neuen erdgeschichtlichen Epoche sprechen, dem Anthropozän, in dem die menschliche Zivilisationsgestaltung der entscheidende Faktor tief greifender globaler geologischer Veränderungen ist.[11] Wir sind – ob wir wollen oder nicht – auch in einem geologischen Sinn für die Zukunft des Erdsystems verantwortlich, angesichts derer sich die bisherigen Konzepte von Verantwortung, die auf eine solidarische (und wettbewerbsgesteuerte) Ausbreitung des westlichen Wohlstandsmodells zielen, als fundamental unzureichend zeigen. Verantwortungsversprechen nach dem Muster „Wie im Westen so auf Erden" (W. Sachs) sind im Zeitalter des Anthropozän nicht zukunftsfähig.

Im Namen des medizinischen Fortschritts bekämpfen wir die Kindersterblichkeit und haben auch in den Ländern des Globalen Südens die Lebenserwartung deutlich erhöht. Dieser Erfolg ist jedoch zugleich eine Hauptursache für das exponentielle Bevölkerungswachstum, das die sozialen, wirtschaftlichen und ökologischen Kapazitäten vieler Länder und möglicherweise des Erdsystems als

9   Höffe 1993, 49–72. Höffe benennt hier besonders Francis Bacon als Impulsgeber der ambivalenten Verzweckung von Wissenschaft für humane Ziele der Wohlstandssteigerung.
10   Haber 2010.
11   Steffen et al. 2011.

Ganzes überfordert. Die demografischen Probleme sind zu einem wesentlichen Teil Nebenwirkungen erfolgreicher humanitärer Verantwortung. Bezogen auf die Wirkung ist das Gegenteil von *gut* bisweilen nicht *böse*, sondern *gut gemeint*.

Vieles, das früher als Schicksal galt, scheint heute Folge des menschlichen Handelns und gesellschaftlicher Entscheidungen zu sein und wird damit der Kategorie Verantwortung zugeordnet. Zugleich ist offensichtlich, dass dies in einer radikalen Überforderung mündet. Wir können zwar Vieles beeinflussen (z. B. auch den demografischen Wandel durch den Fortschritt der Medizin), sind aber deshalb noch lange nicht in der Lage, die Folgen auch kollektiv global verantwortlich zu steuern. Auf der Rückseite der Risikogesellschaft zeigt sich die Schicksalhaftigkeit überforderter Steuerungskompetenz. Nicht die blinde Natur, sondern die kaum weniger blinde Eigendynamik komplexer gesellschaftlicher Entwicklungen ist das Schicksal, an dem der Ruf nach Verantwortung heute seine Grenze findet. Wer seine Handlungsmöglichkeiten ständig erweitert, wird diese irgendwann nicht mehr verantwortlich handhaben können. Die Grenzen der Verantwortung müssen neu vermessen werden.

Die doppelte Grenze der Verantwortung
Man kann in einem doppelten Sinn von „Grenzen der Verantwortung" sprechen: Verantwortung setzt unserem Handeln Grenzen zwischen dem Erlaubten und dem, was wir zwar können, aber nicht dürfen. Solche Grenzen werden unter den Bedingungen postmoderner Gesellschaft, die von einer Lust an Grenzüberschreitungen geprägt ist[12], nur dann Akzeptanz finden, wenn sie in neuer Weise als Chance der Freiheit erkannt, gestaltet und erlebt werden. Es muss plausibel gemacht werden, dass feste Regeln und moralische Grenzen die individuelle Freiheit zwar zunächst einengen, sie jedoch zugleich und grundlegender ermöglichen: Freiheit findet ihre Grenze nicht erst in der Rücksicht auf den Nächsten und die Natur, sondern sie ist in gleicher Weise das Ergebnis geregelter Kommunikation, weil sie sich erst in dieser entfalten kann. Dies ist ein banales, aber immer wieder psychologisch, pädagogisch und gesellschaftstheoretisch aktuelles Grundthema der Ethik.

12 Widmer 1991.

Verantworten – im Horizont demografischer Entwicklung

Hier kommt kulturgeschichtlich eine neue Grenze der Verantwortung in den Blick: Die Utopie des unbegrenzten Fortschritts weicht zurück vor der Frage: „Was wollen wir können?", die sich allmählich als neue ethische Leitfrage der Risikogesellschaft etabliert.[13] Als Fortschritt kann heute nur noch eine Entwicklung bezeichnet werden, die ihre Maße, Ziele und Grenzen kennt. Denn eine maß- und grenzenlose Erweiterung der Handlungsmöglichkeiten führt angesichts der Unübersichtlichkeit und technischen Potenz postmoderner Gesellschaft nicht zu einer Optimierung von Freiheit, sondern zu ihrer Aushöhlung durch Beliebigkeit und hohen Kontrollaufwand, der zur Gewährung sozialer Sicherheit nötig ist.[14]. Wir können zwar durch den medizinischen Fortschritt das Leben verlängern, aber ein humaner Gewinn ist dies nur, wenn wir es nicht um jeden Preis tun, sondern auch die Grenzen kennen und verantwortlich gestalten. Nicht Moralverfall, sondern die (vor allem technisch induzierte) Zunahme der Handlungsmöglichkeiten ist der Grund für den vermehrten Bedarf an Verantwortungsfähigkeit. Verantwortung ist der Preis der Moderne.

„Grenzen der Verantwortung" meint aber auch, dass der verantwortungsethische Sollensanspruch selbst Grenzen hat: Wir sind nicht für alles verantwortlich. Wer meint, er müsse für alles verantwortlich sein, der überfordert sich und wird mit dem Freiheitsanspruch anderer in Konflikt geraten. Paternalistische Entmündigung ist das Nebenprodukt fürsorglicher Verantwortung, die ihre Grenzen nicht kennt. „Das gerade macht das Phänomen Paternalismus aus, dass andere, der Staat, ein System oder die Vertreter eines Berufsstandes, aus Fürsorglichkeit Entscheidungen treffen, die mich betreffen, ohne mich zu fragen, was ich selbst eigentlich will."[15] Gerade im Bereich des generativen Verhaltens und damit des demografischen Wandels ist staatlicher Paternalismus höchst problematisch, da Fortpflanzung und Sexualität von allen Menschen als Intimbereich empfunden werden, in dem sie sich besonders empfindlich gegen Zwang und externe Interventionen wehren. Die Geschichte der Rassenhygiene im Nationalsozialismus hat gezeigt, wie problema-

---

13   Mieth 2002.
14   Huber 1983, 65f; Beaufort/Gumpert/Vogt 2003, bes. 85–108.
15   Hilpert 2010, 303.

tisch eine vermeintliche demografische Verantwortung zugunsten des vermeintlichen Gemeinwohls ist, wenn sie sich gegen die Achtung der Freiheit und unbedingten Würde der Individuen richtet.[16]

Die Kunst der Verantwortung ist die Unterscheidung zwischen unterschiedlichen Ebenen von Zuständigkeiten und Graden von Verbindlichkeit, nicht zuletzt die Unterscheidung zwischen Vorrangigem und Nachgeordnetem sowie die konsequente Ausrichtung auf „Befähigungsgerechtigkeit" im Sinne subsidiärer Ausrichtung auf die Stärkung von Autonomie, Eigenpotentialen und Partizipation. Verantwortung, die ihre Grenzen nicht kennt, wird paternalistisch oder gar totalitär. Verantwortung ist nicht nur vom Wünschenswerten her zu denken, sondern ebenso von ihrem konstitutiven Bezug auf Freiheit.

2. Verantwortungsethik als Methode

Der Begriff „Verantwortungsethik" wurde 1919 von Max Weber geprägt zur Charakterisierung der besonderen ethischen Herausforderungen des Politikers, die er pointiert gegen eine sich den Sachzwängen der Realität verweigernde „Gesinnungsethik" abgrenzte. Von daher lässt sich Verantwortung definieren als „ethische Grundhaltung, die in Kauf zu nehmenden Übeln, Zumutungen und Widerständen bei der Durchsetzung sittlich geforderter Ziele [...] nüchtern, realitätsnah, umsichtig, zupackend und kalkuliert Rechnung trägt".[17] Verantwortungsethik entspricht einer von der Kardinaltugend der Klugheit geprägten Grundhaltung.

Methodisch ist für den Ansatz der Verantwortungsethik charakteristisch, dass er nicht primär von Fragen der Gesinnung und des guten Willens ausgeht, sondern von der ethischen Bewertung der Handlungsfolgen. Die besondere Relevanz dieses Ansatzes für die ethischen Problemstellungen der Gegenwart besteht darin, dass der Ansatz bei den Handlungsfolgen auch solche Nebenwirkungen menschlichen Handelns einbeziehen kann, die nur begrenzt gewollt

---

16 Vgl. dazu aus der Sicht Christlicher Sozialethik Vogt 1997, 260–313; 333–350.
17 Korff 2001.

Verantworten – im Horizont demografischer Entwicklung

und damit auch nur begrenzt intentional zurechenbar sind.[18] Das trifft in exemplarischer Weise auch für die Demografie zu. Ethik im Horizont der Demografie ist deshalb entscheidungstheoretisch notwendig auf die Methode der Verantwortungsethik verwiesen.

Existentielles Verständnis von Ethik
Der Begriff „Verantwortung" erschließt Zugänge zu einem existentiellen Verständnis dessen, was Ethik ist: Sie ist nicht einfach die deduktive Anwendung von Normen und Prinzipien. Sie ist mehr als eine wohlwollende Gesinnung oder die altruistische Bereitschaft, zugunsten anderer auf Vorteile zu verzichten. Ethik meint darüber hinaus und grundlegender das Antwort geben auf die Herausforderungen des Lebens und Zusammenlebens in der jeweiligen Situation. Sie ist kreative, schöpferisch liebende Zuwendung zum Nächsten.

Verantwortung als Tugend meint das aktiv planende und stets lernbereite Wahrnehmen von Gestaltungsmöglichkeiten des Lebens. Sie ist eine Grundhaltung, die nur sehr begrenzt von außen erzwungen oder berechnet werden kann. Verantwortung ist ein Akt der Freiheit und der Menschlichkeit, sie lebt von der wachen Beobachtung der Menschen und des Zeitgeschehens und gewinnt Orientierung aus dem ständigen Diskurs über die verschiedenen Vorstellungen des guten und gerechten Lebens. Verantwortung äußert sich in der Bereitschaft, sich und anderen für das eigene Handeln Rechenschaft zu geben.

Die Pathologien der Moral
Ein solches existentielles Verständnis von Verantwortung eröffnet einen kritischen Blick auf die Ambivalenzen und Pathologien von Moralsystemen selbst. Bisweilen ist nicht nur der Mangel an Moral, sondern auch ein Zuviel an Moral bzw. eine Einseitigkeit von moralischen Denkmodellen lebensfeindlich.[19] Gesinnungsethik hat häufig utopische Züge einer idealisierenden Realitätsverweigerung. Lega-

18 Vgl. Kaufmann 1992, 24–29; Hasted 1991, 47–66.
19 Wilhelm Korff deckt Strukturparallelen von defizitären Moralmodellen und den klassischen Neurosen von Sigmund Freud auf; vgl. Korff 2011, 602.

listische Moral klammert sich zwanghaft an gesetzliche Vorschriften ohne die Fähigkeit, deren Auslegung mit einer gewissen Freiheit auf die jeweilign Menschen und Situationen hin zu gestalten. Hinter Moralpostulaten von Verzicht und Genügsamkeit verstecken sich nicht selten Spuren von depressiver Weltverneinung, Lustfeindlichkeit und Unterwerfung. Erfolgsethiken, die alles vom Ergebnis her bewerten und denen jedes Mittel dazu recht ist, haben schizophrene Züge. Denn sie bewerten das Handeln nur von außen her.

Psychologisch betrachtet können Haltungen, die Moral für sich in Anspruch nehmen, also durchaus problematisch sein und sogar neurotische Züge tragen. Verantwortungsethik deckt dies kritisch auf, auch gegenüber christlichen Moraltraditionen, nicht zuletzt im Bereich von Sexualethik, der für die Demografie grundlegend ist. Generell trifft der Verdacht von Max Weber, dass christliche Ethik prinzipiell utopisch-gesinnungsethisch oder zwanghaft-legalistisch sei, jedoch kaum zu. So ist etwa Jesu Umgang mit Sündern gerade im Gegenteil davon geprägt, dass er höchst realistisch mit menschlichen Schwächen umgeht und durch das Angebot von Anerkennung und Versöhnung Umkehr ermöglicht. Mit dem Leitsatz „Der Sabbat ist um des Menschen willen da" (Mk 2,27) provoziert Jesus die pharisäischen Legalisten. Neurotisch ist nicht die biblische Moral, bisweilen aber sehr wohl das, was wir daraus gemacht haben. Die Ethik Jesu zielt nicht auf eine berechenbare Moralbilanz von guten Taten oder gar eine Verbesserung des Menschen, sondern auf konkrete Schritte einer am Nächsten orientierten Verantwortung. Sie wirkt nicht zuletzt dadurch befreiend, dass sie den Menschen auch inmitten von Schuld und Verstrickung offene Wege der Versöhnung anbietet.

Auch in der Aufdeckung von Pathologien der Moral sollte man jedoch Selbstgerechtigkeit vermeiden. Verantwortungsfähig sind nicht nur Helden. Oft gehen Stärken und Schwächen, Tugenden und Laster eine enge Verbindung ein. „Wir sind aus gemischtem Garn" (so Shakespeare in „Was ihr wollt"): Bisweilen sind es Charakterschwächen, die zugleich Tugenden antreiben, z. B. wenn Ehrgeiz zum Fleiß motiviert oder Angst zu Vorsicht. Verantwortung fordert nicht perfekte Menschen; sehr wohl aber die stete Bereitschaft zu Kommunikation und den Zumutungen nicht abschließbarer individueller wie sozialer Lernprozesse. Sie ist kein Zustand, sondern

Verantworten – im Horizont demografischer Entwicklung

ein Prozess, eine Suche nach der je besseren Erkenntnis. Der Rückzug in „geschützte Räume der Überzeugungshomogenität" und in die Moral geschlossener Systeme ist für eine dem Evangelium verpflichtete Ethik „keine verantwortbare Alternative"[20] zur Mühsal je neuer Urteilsbildung angesichts pluraler Kontexte, Überzeugungen und Interessen, wie Konrad Hilpert in Bezug auf die Sexualethik resümiert. Christliche Moral fängt dort an, wo Moralisieren aufhört.

Bisweilen wird das vermeintlich Gute zur Ideologie, wenn man meint, abschließend zu wissen, was gut sei, in einem geschlossenen System für alles eine Antwort hat, sich selbst nicht zu relativieren vermag und die Möglichkeit anderer Perspektiven und Bewertungen aus dem Blick verliert[21]. Im Rahmen einer solchen Absolutsetzung der je eigenen Moral wird diese oft zum Instrument, das Menschen versklavt und der Eigenwirklichkeit von Sachzusammenhängen nicht gerecht wird. Ideologien zeichnen sich ja nicht dadurch aus, dass sie moralisch schlechte Ziele verfolgen. Vielmehr werden sie in der Regel im Namen von Gutem verkündet und geglaubt. Wenn in der christlichen Moral Glaubensgewissheiten an die Stelle rationaler Argumente treten, kann sich ihre Ideologieanfälligkeit erhöhen. Sie muss sich immer wieder neu gegen ideologische Verengungen abgrenzen.

Theologische Ethik steht und fällt mit der Fähigkeit, den unbedingten Anspruch des Ethischen inmitten aller geschöpflichen Kontingenz, also der Zufälligkeiten und Unvollkommenheiten des Lebens, so einzulösen, dass er von den Menschen als Hilfe zum Leben und nicht als Fremdbestimmung erfahren wird. Weil sie gerade durch diese Spannung charakterisiert ist, kann sie nur durch befreiende Zuwendung und persönliches Zeugnis glaubwürdig gelebt und vermittelt werden. Verantwortung ist Dienst am Leben in seinen individuellen, sozialen und ökologischen Dimensionen.

Zur Stellung des Verantwortungsbegriffs in der theologischen Ethik
In der katholischen Ethik ist Verantwortung bisher nicht als Sozialprinzip etabliert. Der Begriff wird zwar in den Enzykliken, dem

---

20 Hilpert 2011, 491.
21 Zur logischen Analyse des Verhältnisses von Moral und Ideologie am Beispiel von evolutionären Ethikmodellen vgl. Vogt 1997, 277–312.

Katechismus und dem Kompendium der Soziallehre immer wieder verwendet, aber nicht an tragender Stelle. Möglicherweise ist dies eine bis heute spürbare Nachwirkung der Einführung des Begriffs in die wissenschaftliche Diskussion durch Max Weber,[22] der ihm eine dezidiert kritische Funktion gegenüber traditioneller christlicher „Gesinnungsethik" zugewiesen hat. Darüber hinaus verbindet er damit ein auf die Autonomie des Subjektes sowie die rationale Folgenkalkulation konzentrierte Ethikform, die eher im angelsächsischen und protestantischen Raum vertraut ist als in katholischen Kontexten. In den katholischen Lehrbüchern fehlt oft bis heute eine systematische Behandlung des Begriffs der Verantwortung.

Verantwortungsethik als Methode der Güterabwägung steht seit geraumer Zeit im Fokus der Auseinandersetzungen zwischen Lehramt und katholischer Ethik im deutschsprachigen Raum. So betont etwa die Enzyklika *Veritatis splendor* ausdrücklich gegen diese Methode, dass bestimmte Handlungen unabhängig von den Folgen als *intrinsece malum*[23], d. h. auch ohne Kenntnis der Umstände und Folgen der Handlung sowie der Absichten des Handelnden, als „in sich" verwerflich einzustufen seien. Der Streit um dieses entscheidungstheoretische Axiom ist die Wurzel des heftigen Streits um die Schwangerschaftskonfliktberatung: Die einen sehen in der Beratung eine in sich verwerfliche (*intrinsece malum*) Beteiligung an einem Tötungssystem, die anderen denken von den Folgen her und stellen die durch die einzelnen Beratungen ermöglichte Rettung von Leben und Hilfe für die Schwangeren in den Vordergrund.

Hinter dem auch in der Öffentlichkeit intensiv wahrgenommenen Streit um Schwangerschaftskonfliktberatung, Sexualmoral und Verhütungsmittel steht eine Methodenfrage verantwortlicher Entscheidung. Diese ist sachlich keineswegs leicht aufzulösen: Ein Kern der Logik normativer Vernunft ist die Grenzbestimmung und Zuordnung von Prinzipien der Pflicht und Methoden der Folgenabwägung (oft auch als deontologische und teleologische Methode einander gegenübergestellt). Beide Zugangsweisen sind aufeinander angewiesen, wenn sie der Logik des Ethischen gerecht werden wollen: Eine Ethik, die sich den unaufhebbaren Konflikten der Realität

---

22 Weber 1919/1993.
23 Johannes Paul II 1993, Nr. 79–83.

stellt, braucht das Verfahren einer auf die Handlungskonsequenzen bezogenen Güterabwägung und damit des Kompromisses und der Risikooptimierung.[24] Güterabwägungen bedürfen jedoch ihrerseits immer des Bezugs auf einen Wert, der den Nutzen allererst definiert und auf den hin Güter bewertet und gegeneinander abgewogen werden können. „Verantwortung als Methode"[25] ist das Handwerkszeug wertorientierter Entscheidungsfindung und Planung, das auch für die Problemstellungen globaler Bevölkerungsentwicklung von erheblicher Relevanz ist.

3. Theologie der Verantwortung

Der an-archische Ursprung der Verantwortung
Nach Emmanuel Levinas hat Verantwortung ihren Ursprung nicht in der Autonomie des Menschen, sondern in seinem Angesprochen-werden durch Gott bzw. seinen Mitmenschen. Der jüdische Philosoph versteht Verantwortung als das existentielle Herausgerufen-Sein jedes Menschen durch das Angesicht des Nächsten. In seiner Phänomenologie der Verantwortung geht er davon aus, dass das In-Anspruch-genommen-Sein durch den Nächsten ein primäres Phänomen ist, das dem Erleben subjektiver Freiheit vorausgeht. Erst indem der Mensch stellvertretend für den anderen da ist, lernt er sich kennen und wird in diesem Vollzug der Verantwortung überhaupt erst sittliches Subjekt, also Person. Verantwortung hat ihren Ursprung nicht in einer Willensentscheidung des autonomen Subjekts, sondern sie ist an-archisch, vor-ursprünglich zur menschlichen Freiheit und Autonomie.[26] Die Charakterisierung der Verantwortung als „anarchisch" ist ein gelungenes Wortspiel mit der Doppelbedeutung von „anfangslos" und „herrschaftskritisch": Wer Verantwortung übernimmt, ist kein Befehlsempfänger, sondern handelt aus eigener Überzeugung und Situationswahrnehmung. Zugleich geht Levinas über das Autonomiekonzept der Aufklärung, für das das Subjekt der

24 Korff 2001; Scheule 2009.
25 Diese von Hans-Georg Gadamers „Wahrheit als Methode" inspirierte Formulierung zielt auf mein prozesshaftes Verständnis von Verantwortung; vgl. dazu ausführlich Vogt 2009, 47–75.
26 Levinas 1989, 61–83; Levinas 1992, 49–53 und 272–278.

absolute Ausgangspunkt der Moral ist, hinaus und ist damit kritisch gegenüber individualistisch verkürzten Moralkonzepten.

Verantwortung hat aus dialogphilosophischer Sicht ihren Anfang in der Begegnung mit dem Nächsten und der daraus resultierenden Haltung der Sorge füreinander. Nicht Autonomie, sondern „immanente Transzendenz" – Selbstüberschreitung auf den anderen hin, – ist der Entstehungsort von Verantwortung. Freiheit wird dabei nicht als Voraussetzung und theologischer Legitimationsgrund der sittlichen Verpflichtung gedacht, sondern als ihr Gegenstand[27]: Freiheit ist in diesem Denken zugleich Medium und Ziel des Sittlichen. Sie muss in der Wahrnehmung von Verantwortung und Anerkennung je neu errungen werden.

Die Fähigkeit des Menschen zum Guten beruht nach jüdisch-christlicher Tradition wesentlich darauf, dass der Mensch von Gott angesprochen wird. Die ganze Existenz des Menschen ist Zwiesprache mit Gott, Anruf Gottes, dem es zu antworten gilt.[28] Verantwortung ist von daher das existentielle Hören und Antwortgeben auf den Ruf Gottes. „Wo Freiheit als Verantwortung erlebt wird, als In-die-Pflicht-gerufen-Sein, da ist ein echtes Gottesverhältnis realisiert"[29]. Bernhard Häring versteht die existentielle Erfahrung, sich durch eine Situation oder Begegnung in Anspruch genommen zu wissen, als „Gesetz Christi" und bezeichnet von daher Verantwortung als Zentralbegriff der Moraltheologie.[30] Das gilt auch ekklesiologisch: Kirche wird lebendig, wo sie Verantwortung übernimmt – nicht zuletzt auch demografisch für das Miteinander der Generationen.

Vergebung als paradoxe Grenze der Verantwortung
Wer Verantwortung übernimmt, riskiert, schuldig zu werden. Letztlich ist nie genau nachweisbar, wo die Grenze zwischen Freiheit und Schicksal verläuft. Die biologischen, kulturellen und gesellschaft-

27 Römelt 1991, 75–78.
28 Splett entfaltet eindrücklich das Antwort-Geben als Modus christlicher Existenz und gibt damit wesentlichen Aspekten der anthropologischen Analysen von Levinas eine theologische Deutung; Splett 1984, 11–33; vgl. auch Bonhoeffer 1992; Levinas 1992, bes. 23–28 und 52–58.
29 Rahner 1965, 27.
30 Haering 1967, Bd. I, 86–94.

lichen Bedingungen unseres Lebens sind schicksalhaft, ohne die Möglichkeit der Freiheit zu zerstören. So bleibt es eine offene ethische Grundentscheidung jedes Menschen, ob er Freiheit und Verantwortung tatsächlich wahrnehmen will oder ob er sich hinter der Schicksalhaftigkeit seines Lebens versteckt.

Das Vertrauen, dass Verantwortung in der Vergebung von Schuld eine Grenze findet, ist zugleich der Grund ihrer Ermöglichung. Andernfalls wäre Ethik der Versuch, wie bei einem Gerichtsprozess nachzuweisen, dass wir für all das, was schief gelaufen ist, nichts können. Dürrenmatt zeigt dies in den drei Versionen, die er von dem Stück „Die Panne" verfasst hat (als Erzählung, Hörspiel und Komödie; jeweils mit anderem Ausgang), sehr anschaulich auf:[31]

In einem spielerischen Gerichtsprozess erzählt Alfredo Traps, Generalvertreter in der Textilbranche, sein Leben. Sein beruflicher Erfolg basiert darauf, dass er seinen ehemaligen Vorgesetzten vorsätzlich, jedoch juristisch nicht nachweisbar, zu Tode gebracht hat. Einmal wird er zu Tode verurteilt, das andere Mal wird er frei gesprochen, das dritte Mal bringt er sich selber um. Der Freispruch ist keine Entlastung, weil Trapps erkennt, dass er nach diesem Muster eigentlich gar nicht Autor seines eigenen Lebens ist. Dürrenmatt protestiert mit diesem 1956 erstmals verfassten Stück gegen die Verdrängung von Schuld und die Abschiebung von Verantwortung, die – bezogen auf das Dritte Reich – alle von sich abweisen. Alle können nichts dafür und haben es nicht gewollt. Erst als Trapps nicht um Freispruch bittet, sondern Schuld eingesteht und Verantwortung übernehmen will, macht er „mit einem Menschen Bekanntschaft, der ich selber bin, den ich vorher nur von ungefähr kannte."[32] Auch die Selbstjustiz bringt jedoch keine Entlastung. „Die eigentliche Panne dieses Stückes liegt […] offensichtlich darin, denn Schuld erfordert zwar Sühne; doch bei einem rein innerweltlichen Verständnis von Schuld und Sühne ist auch der Versuch einer Selbstjustiz vergeblich."[33] Er ist eine missglückte Selbstrechtfertigung. Vergebung ist nicht machbar, sie muss zugesprochen werden, z. B. durch die Chance, in neuer und anderer Weise Verantwortung wahrzunehmen.

---

31 Dürrenmatt 1980, 100 (Erzählung „Die Panne").
32 Dürrenmatt 1980, 79.
33 Gründel 1985, 135.

Markus Vogt

Theologische Ethik fragt in besonderer Weise nach dem, was Menschen befähigt, Freiheit und damit auch Verantwortung wirklich zu wollen, ihr Leben aktiv in die Hand zu nehmen, auf Ziele hin zu gestalten und zu verantworten.[34] Dabei zeigt sich eine paradoxe innere Grenze der Verantwortung: Wir können sie letztlich nur wollen, wenn wir darauf vertrauen, dass die mit der Verantwortung zugleich riskierte und übernommene Schuld Vergebung finden wird, dass die unvollkommenen Bemühungen unseres Lebens in Gott eine erlösende und befreiende Antwort finden. Verantwortung kann nur gelingen, wenn wir darauf vertrauen, dass die engen Grenzen unserer Fähigkeiten und Bemühungen nicht die Grenzen sind, nach denen unsere Hoffnungen bemessen werden. Die Verantwortung des Menschen ist in der Verantwortung Gottes für den Menschen geborgen, begrenzt und ermöglicht.[35] Das Theologische steht hierbei für das Vertrauen in das unbedingte und bleibende Bejahtsein der geschöpflichen Existenz, die dazu befähigt, trotz aller gegenteiliger Erfahrungen, die wir mit anderen, aber auch mit uns selbst machen, am Projekt des eigenen Lebens festzuhalten und auf Gelingen hoffen zu dürfen.[36] Verantwortung wurzelt von daher letztlich in der Annahme seiner selbst, seiner Lebenssituation mit all ihren Möglichkeiten und Grenzen.

Die theologische Dimension löst Verantwortung aus der Einengung auf die Frage der Zurechenbarkeit. Sie berechnet Verantwortung auch nicht auf Gegenseitigkeit hin, sondern meint prospektives, von Gottes schöpferisch-fürsorglicher Liebe getragenes Handeln, das sich in besonderer Weise in der Zuwendung zum Schwächsten äußert. Verantwortung entdeckt und achtet im Nächsten Gottes Ebenbild, das selbst durch die Realität der Sünde nicht zerstört wird. Nach dieser Sicht wird Verantwortung von der Hoffnungsperspektive getragen, dass unsere unvollkommenen Antworten als Zeichen und Werkzeug der erlösenden Zuwendung Gottes eine weit über das unmittelbare Tun hinausreichende Kraft entfalten. Gerade angesichts so komplexer Herausforderungen wie dem demografischen Wandel ist das Vertrauen in ein solches zeichen-

---

34 Splett 1984, 75–93.
35 Römelt 1991.
36 Vgl. Hilpert 2007, 7.

Verantworten – im Horizont demografischer Entwicklung

haftes Wirken von einzelnen Bemühungen um Verantwortung eine wichtige Ermutigung.

4. Die vier Beziehungsdimensionen der Verantwortung

Von seiner ursprünglichen Wortbedeutung her meint „Ver-antwortung" eine sprachliche Interaktion: Antwort geben, Rechenschaft ablegen. Bei den ersten Nachweisen des Begriffs in Rechtstexten des 15. Jahrhunderts meint Verantwortung die Rechtfertigung oder Verteidigung einer Handlung vor Gericht.[37] Sie bezieht sich auf die Übertragung bzw. Übernahme von Aufgaben und Kompetenzen sowie die entsprechende Zurechnung und Kontrolle von Handlungsfolgen. Verantwortung kennzeichnet demnach eine Relation zwischen Subjekt (auch Akteur oder Träger der Handlung, *moral agent*), Objekt (auch Gegenstand oder Handlung, *moral patient*) und einer Instanz (Adressat oder Kontrollinstanz, z. B. das Gericht). Nach heutigem formalrechtlichem Bewusstsein muss sich die Instanz als legitim ausweisen durch transparente Kriterien der Beurteilung (moralische Regeln), die man entsprechend als vierte Dimension der Verantwortung ergänzen kann.

Verantwortung lässt sich demnach als eine Beziehung definieren, die vier Elemente enthält: Sie ist eine Zuständigkeit, die (1) bei jemandem, (2) für etwas, (3) gegenüber jemandem und (4) nach Maßgabe bestimmter Kriterien liegt. Diese vier Dimensionen der Verantwortung gelten nicht nur für die Ethik, sondern auch für das Recht: Alle Rechenschafts- und Haftungsfragen spielen sich in einem solchen vierstelligen Spannungsfeld ab.[38]

Verantwortungssubjekt: Der Zivilisationsprozess ohne Verantwortungssubjekt?

Die Steuerungs- und damit auch Verantwortungsfähigkeit der Politik in der globalisierten Welt-Gesellschaft ist begrenzt: Die hochkomplexe Vernetzung wirtschaftlicher Arbeitsteilung, informa-

---

37 Korff/Wilhelms 2001; De Fabio 2002.
38 Höffe 1993, 23. Zugleich ist Verantwortung in diesem fundamentalen Sinn der Zuschreibung von Kompetenz und Rechenschaftspflicht der normative Kern dessen, was gesellschaftliche Institutionen und Organisation ausmacht (Bayertz 1995, 43).

tionstechnischer Kommunikation, ökologischer Wirkungsketten und kulturellen Autonomiestrebens zeigt ein wachsendes Maß an Eigenschaften chaotischer Systeme (Vogt 1996, 162–169). Einzelne Menschen, politische und gesellschaftliche Institutionen und ganze Völker erfahren sich in solchen komplexen Wirkungszusammenhängen mehr als Spielbälle schicksalhafter Geschehensabläufe denn als Handlungssubjekte:

> „Wir machen gegenwärtig Erfahrungen unserer Abhängigkeit von evolutionären Verläufen unserer Zivilisation, die handlungsbestimmt sind, aber ersichtlich gesamthaft weder im guten noch im bösen handlungsrational interpretiert werden könnten. Man kann das auch so ausdrücken: Der Zivilisationsprozess ist ein Vorgang ohne Handlungssubjekt."[39]

Der Vernunft- und Steuerungsoptimismus der Moderne scheint an sein Ende gekommen zu sein. Diese Skepsis gibt der Epoche, an deren Beginn wir stehen und – mehr behelfsweise – als Postmoderne bezeichnen, auch ethisch eine neue Signatur. Die Finanzkrise ist ein anschauliches Beispiel für die komplexe Anonymisierung von Verantwortung. Aber auch die Entwicklung von Megastädten, die ihre eigene Dynamik entfalten und sich nur sehr begrenzt Planungen unterwerfen lassen, verdeutlichen dies. In manchen Bereichen dominiert das Ungeplante; so lebt inzwischen jeder siebte Mensch in Slums, die nicht geplant sind und deren Signatur dadurch geprägt ist, dass sie außerhalb der bürgerlichen Ordnung verortet sind.[40] Auch der demografische Wandel hat seine eigene Dynamik, die sich nicht hinreichend von den individuellen Handlungssubjekten her verstehen und nur begrenzt politisch steuern lässt. Er ist Teil des globalen Zivilisationsprozesses, der mit zunehmender Komplexität sein Tempo und seine Eigenlogik erhöht und für den kein übergeordnetes Steuerungssystem als Verantwortungssubjekt existiert.

---

39 Lübbe 1994, 299.
40 Zugleich weisen die Slums einen hohen, oft unterschätzten Grad an Selbstorganisation auf; vgl. Davis 2006.

Verantworten – im Horizont demografischer Entwicklung

Verantwortungsobjekt: Die Erweiterung der Verantwortung als „Preis der Moderne"

Die Klagen über Moralverfall sind so alt wie die Geschichte der Ethik selbst. Auch in Bezug auf die Gegenwart scheinen sie mir nicht sehr überzeugend: Die Verantwortungsprobleme postmoderner Gesellschaft lassen sich nicht nur als Sinken der moralischen Standards deuten, sondern eindeutiger und klarer als Folge der vielfältigen Erweiterung und Vernetzung der Handlungsmöglichkeiten. Der Preis für die Offenheit und Dynamik moderner Gesellschaft ist die zunehmende Ausweitung der Gegenstände individueller und kollektiver Verantwortung (z. B. Gentechnik oder weltwirtschaftliche Zusammenhänge). Otfried Höffe nennt diesen Sachverhalt „Moral als Preis der Moderne".[41]

Da die Lebenschancen künftiger Generationen sowie zahlloser Menschen in anderen Kontinenten heute aufgrund der technisch potenzierten und global vernetzten Auswirkungen unseres Handelns eine abhängige Variable unserer Entscheidungen sind, können die Grenzen der Verantwortung heute kaum noch national und kurzfristig definiert werden. Wer heute in den Zusammenhängen postmoderner Gesellschaft den Anspruch erhebt, verantwortlich zu handeln, muss dies auch gegenüber den Auswirkungen unseres Handelns auf Menschen in anderen Kontinenten und auf künftige Generationen rechtfertigen können. Die zeitliche und räumliche Entgrenzung der Verantwortung ist also aus sachlichen Gründen unvermeidbar.[42] Es entstehen ständig neue Felder der Verantwortung, in denen sich die zwischenmenschliche Unmittelbarkeit und die sozial übersichtlichen, von eindeutigen Aufgabenstellungen und Zurechenbarkeiten geprägten Handlungskontexte zunehmend auflösen[43].

Damit ändert sich jedoch auch die Form der ethischen Verpflichtung. Man kann künftige und fern lebende Menschen nicht einfach als zusätzliche Fürsorgeobjekte addieren. Das würde zu Verflachung und Überforderung des ethischen Anspruchs führen. Zukunftsver-

---

41 Höffe 1993.
42 Zur intergenerationellen Verantwortung: vgl. Jonas 1884, 26–30 und 61–69; Vogt 2010, 386–405.
43 Bayertz 1995; Korff /Wilhelms 2001.

antwortung ist wesentlich antizipativ und präventiv. Sie kann deshalb nur unzureichend mit einem kausalen Denken der Zurechnung erfasst werden. Künftige Generationen, die es noch nicht gibt, können nicht unmittelbar zu Vertragspartnern der Gerechtigkeit gemacht werden. Wir können uns nur indirekt gegenüber ihnen verhalten, indem wir begreifen, dass der Lebensraum der Schöpfung, in dem wir leben, nicht unser Eigentum ist, sondern dass wir diesen gewissermaßen nur „von den Nachkommen geliehen" haben (indianische Redewendung), oder – im ökonomischen Sprachspiel ausgedrückt – nur den Ertrag der Erde nutzen, nicht aber ihre Substanz schädigen dürfen[44].

Bezogen auf den demografischen Wandel: Die durch medizinische und landwirtschaftliche Technik ermöglichte Erhöhung der Zahl von Menschen erfordert antizipativ, kollektiv und bezogen auf alle gesellschaftlichen Handlungsfelder eine Anpassung an die Kapazitäten der jeweiligen Lebensräume. Das Kernproblem des demografischen Wandels ist die Aushebelung traditioneller Anpassungsmechanismen durch den segmentierten Import von Fortschrittspotentialen. Soll Verantwortung hier „funktionieren", darf sie nicht einfach additiv und paternalistisch als Ausweitung von Fürsorgepflichten gedacht werden, sondern muss ganzheitlicher auf Entwicklungsprozesse bezogen werden.

Verantwortungsinstanz: Grenzen der Privatisierung von Verantwortung
Im jahrhundertelangen Ringen um Religionsfreiheit hat in den westlichen Gesellschaften das Gewissen als oberste Moralinstanz weitgehend Anerkennung gefunden. Alle staatliche Macht muss sich folglich dadurch legitimieren, dass sie sich als Schutz der (Gewissens-) Freiheit seiner Bürger ausweist. Wenn Personen, Lebewesen oder Sachen, für die eine staatliche Schutzpflicht definiert ist, bedroht sind, hat der Staat die Pflicht, als Instanz aufzutreten, die Rechenschaft fordert und Verfehlungen ahndet. Auch für ungeborenes Leben hat der Staat eine nicht delegierbare Schutzpflicht. Zugleich sind gerade im Bereich der Sexualethik die Gewissensfreiheit und das Recht auf Selbstbestimmung besonders sensibel.

---

44 John Locke nennt dies in seiner liberalen Eigentumstheorie „usus fructus"; vgl. Höffe 1993, 185.

Verantworten – im Horizont demografischer Entwicklung

Ideal ist die Organisation von Verantwortungsinstanzen dann, wenn es gelingt, diese entlang der eigenen Anreize zu organisieren, so dass der Einzelne sein Handeln aufgrund seiner eigenen Interessen kontrolliert und möglichst wenig äußere Kontrolle nötig ist. China kontrolliert die Kinderzahl hauptsächlich indirekt über hohe Kosten für jeden über die Ein-Kind-Familie hinausgehenden Nachwuchs. Die europäischen Staaten zahlen Anreize für mehr Nachwuchs. Angesichts der vielschichtigen ökonomischen Nachteile einer ganz auf wirtschaftliche Produktivität und marktvermittelten Konsum eingestellten Gesellschaft bleibt dies jedoch weit hinter dem gerechten Maß zurück. Zudem kann man kann die Anreize nur begrenzt steigern, da sie teuer sind, stets umstrittene Interventionen in den Privatbereich darstellen und finanzielle Aspekte aus ethischen Gründen prinzipiell nicht zum Leitmotiv bei der Entscheidung zum Kind werden sollten.

Hier wird deutlich, dass weder der Staat noch das individuelle Gewissen hinreichende Kontrollinstanzen sind. Hinter ihnen muss eine öffentliche Meinungs- und Willensbildung der Gesellschaft stehen. Auch den Medien, den Nichtregierungsorganisationen sowie den Kirchen und Bildungseinrichtungen kommt eine unverzichtbare Funktion als Beobachtungsinstanzen der Verantwortung zu. Die Kirche hat hier nicht ein übergeordnetes „Wächteramt", wie es in der Sozialethik traditionell formuliert wurde, sondern eine spezifisch religiöse Beobachterperspektive, die sich aus dem christlichen Menschenbild und der daraus abgeleiteten Ethik sowie aus ihrer Rolle als ältestem „Global Player" ergibt.[45]

Verantwortungskriterien: Menschenwürde und Folgenabwägung
Leitendes Kriterium der Verantwortung in demokratischen Gesellschaften ist die Würde des Menschen, die nach christlicher Vorstellung in der Gottebenbildlichkeit des Menschen begründet ist, die – in dieser Form des kategorischen Imperativs von Kant – zum Ausgangspunkt für die ethische Wende zum Subjekt wurde, die nach dem deutschen Grundgesetz als „unantastbar" gilt und in individuellen Freiheits-, sozialen Anspruchs- und politischen Mitwirkungs-

---

45 Zu den damit verbundenen Potenzialen und Aufgaben für globale Entwicklungsverantwortung vgl. Vogt 2010, 482–494.

rechten stets neu erkämpft werden muss. Die Menschenwürde ist der Dreh- und Angelpunkt der Diskursfähigkeit christlicher Sozialethik in pluraler Gesellschaft. Sie ist die normative Grundlage der demokratischen Gesellschaften, die Hans Joas in einer „affirmativen Genealogie" als Ergebnis eines spezifischen Sakralisierungsprozesses auffasst, nämlich „eines Prozesses, in dem jedes einzelne menschliche Wesen mehr und mehr und in immer stärker motivierender und sensibilisierender Weise als heilig angesehen und dieses Verständnis im Recht institutionalisiert wurde."[46] Auch wenn die rechtliche Kodifizierung des Gedankens der Menschenwürde in den Menschenrechten eher gegen die Kirchen eingeklagt als von diesen vorangebracht wurde, bleibt der christliche Glaube doch eine wesentliche Grundlage zu ihrem Verständnis. Die Geschichte der Menschenrechte ist eine Lerngeschichte – auch für die Kirchen; diese ist, gerade im Bereich der Demografie, noch keineswegs abgeschlossen.

Der unbedingte Anspruch der Menschenwürde muss in den vielfältigen Bedingtheiten des Alltags eingelöst werden. Anwendungsorientierte Ethik konzentriert sich vor allem auf Entscheidungskriterien und Folgenabwägungen als „Handwerkszeug" der Ethik für die Bewältigung von Konflikten. Hier liegen die entscheidenden methodischen Konflikte um unterschiedliche Bewertungen in der Sexualethik (aber auch in vielen anderen Feldern), die für die Debatten um Demografie von erheblicher Relevanz sind. Ohne diesen Hintergrund lassen sich die Differenzen zwischen Positionen des katholischen Lehramtes und konkurrierenden Perspektiven in Wissenschaft, Kirche und Gesellschaft schwerlich verstehen. In dem Abschnitt „Verantwortung als Methode" bin ich darauf bereits eingegangen. Klärungen hierzu sind eine Voraussetzung dafür, dass Missverständnisse und Differenzen hinsichtlich katholischer Positionen zur Demografie überwunden werden und das positive Potential christlicher Perspektiven und Praxen zum Tragen kommt.

---

46 Joas 2011, 18.

Verantworten – im Horizont demografischer Entwicklung

B: Demografische Verantwortung

1. Fakten und Prognosen zur Bevölkerungsentwicklung

Sieben Milliarden Menschen – sieben Milliarden Chancen
„Wir durchleben eine außergewöhnliche Periode der Geschichte der Menschheit, eine Ära des beispiellosen Wachstums unserer Spezies."[47] Am 31. Oktober 2011 hat die Zahl der Bevölkerung der Erde sieben Milliarden Menschen erreicht. Heute (11. August 2012) leben 7.064.200.000 Menschen auf der Erde. Jährlich wächst die Weltbevölkerung um 82 Millionen Menschen, täglich um 227.000 Erdenbürger.[48] Voraussichtlich 2025, vielleicht auch erst 2050, werden wir 8 Milliarden Menschen sein. Hinsichtlich der Prognosen gibt es seit kürzerem wieder erneut kontroverse Debatten. Wichtiger als diese ist aber zunächst die Frage, was es überhaupt bedeutet, wenn wir Menschen in der Form von Zahlen und damit abstrakt als anonyme, konturlose Masse wahrnehmen. Hier schlägt auch der Bevölkerungsbericht der UNO von 2011 einen nachdenklich-kritischen Ton an:

> „Wenn wir nur auf die großen Zahlen schauen, laufen wir Gefahr, uns davon überwältigen zu lassen und die Chancen zu übersehen […]. Statt uns Fragen wie »Sind wir zu viele?« zu stellen, sollten wir lieber fragen: »Was kann ich tun, um unsere Welt besser zu machen?« oder »Wie können wir unsere wachsenden Städte in Quellen der Nachhaltigkeit verwandeln?«. Wir sollten uns fragen, wie jeder von uns den Älteren helfen kann, eine aktivere Rolle in der Gemeinschaft zu spielen. Wie wir dazu beitragen können, die Kreativität und das Potenzial der größten Jugendgeneration in der Geschichte der Menschheit zu mobilisieren. Und wie wir mithelfen können, die Hindernisse aus dem Weg zu räumen, die der Gleichberechtigung von Frauen und Männern entgegenstehen, damit alle Menschen eigene Entscheidungen fällen und ihr volles Potenzial verwirklichen können."[49]

---

47 Steven Sinding, zit. nach UNFPA 2011, 5f.
48 Vgl. zum Folgenden: Hauser/Müller 1998; Husted 2001; Erbrich 2004, 45–58; Birg 2011; Deutsche Stiftung Weltbevölkerung 2012.
49 UNFPA 2011, ii.

Sicher steckt hinter diesen Formulierungen des United Nations Population Fonds [UNFPA] ein gehöriges Stück Zweckoptimismus. Man kann kritisieren, dass hier statt Analysen große Moralappelle geboten werden. Dennoch ist das Motto, das UNFPA-Exekutivdirektor Osotimehin dem Bericht gegeben hat, bemerkenswert: „Wir sind sieben Milliarden Menschen mit sieben Milliarden Möglichkeiten." Der Satz steht programmatisch für eine methodisch, ethisch und human keineswegs nebensächliche Perspektivenumkehr gegenüber der lange dominierenden rein problemorientierten Sicht.

Wenn man den Blick auf Menschen statistisch abstrahiert und sie als Masse und als Problem der großen Zahlen wahrnimmt, sollte man nicht vergessen, dass sie zunächst Individuen sind, jeder und jede für sich wertvoll und ein Reichtum an Möglichkeiten. Man sollte nicht vergessen, dass die immer größere Zahl von Menschen, die auf der Erde lebt, zunächst einen großen Erfolg für die Menschheit darstellt: Wir leben heute länger und gesünder als je zuvor. Wenn man diesen Zusammenhang aus dem Blick verliert, entstehen verzerrte Perspektiven und Bewertungen.

Es geht also nicht um Zweckoptimismus, sondern um Differenzierung, um die Wahrnehmung des komplexen Gemischs aus Erfolgen, Rückschlägen, Nebenwirkungen und Ungleichzeitigkeit von Entwicklungen und Wirkungsfaktoren. Das rapide Bevölkerungswachstum ist eng mit den Problemen von Armut und Ungleichheit zwischen den Geschlechtern verbunden. Es ist nicht nur ein Problem der Zahlen, sondern auch der Verteilung und der Gestaltung von Lebenschancen. „Der Meilenstein von sieben Milliarden Menschen steht für Errungenschaften, Rückschläge und Widersprüche."[50]

Trotz abnehmender Fruchtbarkeitsrate anhaltendes Wachstum
Zunächst ist das Bevölkerungswachstum Ergebnis eines beispiellosen zivilisatorischen Erfolges. Es setzte in den 1950er Jahren ein, vor allem durch Verringerung der Sterblichkeitsraten auch in Ländern

---

50 UNFPA 2011, 1; die Stiftung Weltbevölkerung betont in ihrem Report 2012 dagegen wieder eher die demografisch bedingten Rückschläge in der Armutsbekämpfung; Deutsche Stiftung Weltbevölkerung 2012, 2–6.

Verantworten – im Horizont demografischer Entwicklung

des Globalen Südens sowie durch den weltweiten Anstieg der durchschnittlichen Lebenserwartung (von 48 auf 68 Jahre seit Mitte des letzten Jahrhunderts). Zugleich sank die durchschnittliche Kinderzahl pro Frau um über die Hälfte von 6,0 auf 2,5.[51] Die Geschwindigkeit des Bevölkerungswachstums hat seit Ende der 1980er Jahre im globalen Durchschnitt abgenommen; dennoch ist der Trend keineswegs gebrochen. Aufgrund des geringen Durchschnittsalters in den Entwicklungsländern wird die Zahl der Menschen auch in den kommenden Jahrzehnten weiter zunehmen. Bis zum Jahr 2050 ist – wenn die Menschheit nicht von Katastrophen größeren Ausmaßes heimgesucht wird – mit ca. 9 Milliarden Menschen zu rechnen. Zwischen 2050 und 2100 erwarten die meisten wissenschaftlichen Prognosen ein Maximum zwischen 9 und 10 Milliarden Menschen und dann einen allmählichen Rückgang der Weltbevölkerung.[52] Neuere Prognosen rechnen auch mit der Möglichkeit deutlich höherer Zahlen, so etwa der „World Population Prospects" der Vereinten Nationen, der ein Wachstum auf bis zu 15 Mrd. zum Ende des 21. Jahrhunderts nicht ausschließt.[53]

51 Vgl. zu diesen Zahlen und ihren Hintergründen UNFPA 2011, 2–4.
52 Noch vor zehn Jahren hat die Laxenburg-Prognose (*International Institute for Applied Systems Analysis* in Laxenburg bei Wien) das Maximum der Weltbevölkerung um 2075 mit knapp 9 Mrd. erwartet und für die Zeit danach ein Absinken auf 8,4 Mrd. bis 2100 prognostiziert (vgl. hierzu sowie zu konkurrierenden älteren Prognosen und ihren methodischen Grundlagen: Erbrich 2004, 58ff). Die Unsicherheiten dieser Prognosen sind allerdings relativ hoch, da wir bisher „über keine allgemeingültige, vollständige und adäquate Theorie der demographischen Entwicklung" verfügen (Hauser/Müller 1998, 348). Der „World Population Prospects: the 2010 Revision" der Vereinten Nationen prognostiziert 9,3 Mrd. Erdenbürger bis 2050 und gut 10 Mrd. bis zum Ende des Jahrhunderts; möglich seien aber auch 10,6 Mrd. bereits im Jahr 2050 und 15 Mrd. Im Jahr 2100 (zitiert nach UNFPA 2011, 4). In jüngerer Zeit sind die Prognosen also erheblich nach oben korrigiert bzw. in weit voneinander abweichende Szenarien differenziert worden.
53 UNFPA 2011, 4. Zu wissenschaftlichen Grundlagen der Prognosen vgl. Birg 2011, 4–35. Prognosen über Bevölkerungsentwicklung, Lebenserwartung und Versicherungsbeiträge in 30 und mehr Jahren sind mit erheblichen Unsicherheiten belastet; dennoch können Politik und Wirtschaft nicht darauf verzichten – so das Resümee zur paradoxen Gleichzeitigkeit von „Glauben" und Zweifel im Umgang mit Statistiken (Das Parlament vom 6.8.2012, 9).

Markus Vogt

Die Unsicherheit der Prognosen ergibt sich wesentlich aus der ambivalenten Rolle von möglichen humanitären und ökologischen Katastrophen, die nicht auszuschließen sind und die paradoxerweise das Bevölkerungswachstum auch steigern können, da die Menschen auf Unsicherheit oft mit einer erhöhten Kinderzahl reagieren. Katastrophen größeren Ausmaßes bahnen sich bereits heute im Zusammenhang mit Klimawandel, Wasserknappheit, Erosion von fruchtbaren Böden und damit verbundenen Massen-Migrationen und sozialen Destabilisierungen an[54]. Insbesondere das Risiko der Ausbreitung von Seuchen aufgrund des Klimawandels ist schwer abzuschätzen. Die demografische Wirkung von Aids ist ambivalent, da die Krankheit zu Verelendung führt, die ihrerseits wieder das Bevölkerungswachstum antreibt oder zumindest Maßnahmen zu dessen Stabilisierung verhindert.[55]

Alternde Gesellschaften im reichen Norden
Auch in Deutschland ist das Thema Demografie höchst aktuell. Im April 2012 wurde die Demografiestrategie der deutschen Bundesregierung unter dem Titel „Jedes Alter zählt" publiziert, Anfang August erschien eine Nummer in der Zeitschrift „Das Parlament" zur Demografie und im Oktober 2012 wird der erste deutsche Demografiegipfel stattfinden: So ist das lange vernachlässigte Thema nun auch in der politischen Agenda ganz oben angekommen. Insgesamt sind die verschiedenen Analysen überraschend positiv. Deutschland (und ähnlich die meisten anderen reichen Länder) wird zwar immer älter, aber damit sind auch Chancen verbunden. Entscheidend ist die Integration der älteren Menschen. Der Blick

54 Vgl. Vogt 2010, 44–76.
55 Die sich verstärkt seit den 1980er Jahren weltweit verbreitende Epidemie Aids ist demografisch betrachtet von eher regionaler Bedeutung, insbesondere für das südliche Afrika: Bisher sind weltweit 20 Millionen Menschen an Aids gestorben, derzeit sind 40 Millionen erkrankt und jährlich kommen 5 Millionen Neuerkrankungen hinzu. Über das unermessliche Leid und Elend der Betroffenen sowie ihrer Kinder und Familien hinaus führt Aids zu enormen Strukturproblemen der demografischen Entwicklung, weil in einigen Ländern die arbeitsfähige Bevölkerung zwischen 15 und 35 so dezimiert ist, dass das Sozialsystem zusammenbricht. Vgl. zum Zusammenhang von Aids und Bevölkerungsentwicklung: Hauser/Müller 1998, 350; Birg 2011, 29.

wird konsequent von Nachwuchszahlen auf Integrationsaufgaben verlagert, was produktiv ist, wenngleich die Vernachlässigung der Lebensbedingungen von Familien in der aktuellen demografischen Debatte auch verwundern kann. Diese sind trotz manch guter Einzelmaßnahmen finanziell wie strukturell in Deutschland massiv benachteiligt und werden in Teilbereichen (z. B. durch Bildungsausgaben) schleichend höher belastet. Ohne einen Kurswechsel der Familienpolitik von großen Versprechungen zur angemessenen Anerkennung der Familien als Leistungs- und Verantwortungsträger der Gesellschaft verfehlt jede Demografiepolitik ihre Wurzel.

Deutschland hat 2011 erstmals seit längerem wieder ein Bevölkerungswachstum verzeichnet, obwohl es so wenig Geburten gab wie nie zuvor seit dem Zweiten Weltkrieg, nämlich 663.000, denen 852.000 Sterbefälle gegenüberstanden. Der Grund für das Wachstum ist der Zuzug von 958.000 Menschen (gegenüber 679.00 Fortzügen)[56]. Deutschland wird ein Einwanderungsland. 1964 betrug die Zahl der Geburten noch knapp 1,4 Millionen und war damit doppelt so hoch wie heute. „Im Jahrzehnt nach dem Baby-Boom nahm die Zahl der Geburten in beiden Teilen Deutschlands beeinflusst durch veränderte Einstellungen zur Familie und die Verbreitung der Antibaby-Pille ab. Im früheren Bundesgebiet setzte sich der Geburtenrückgang bis Mitte der 1980er Jahre fort. […] In den 1990er Jahren gab es wieder mehr Geborene, was vor allem damit zusammenhing, dass es mehr Frauen im gebärfähigen Alter gab. Auch ein leichter Anstieg der durchschnittlichen Kinderzahl pro Frau trug dazu bei. Seit 1998 sinken die Geburtenzahlen im früheren Bundesgebiet. Ein geringfügiger Zuwachs wurde lediglich in den Jahren 2007 (+1,3 %) und 2010 (+1,9 %) verzeichnet."[57]

Deutschland hat mit 1,39 Kindern pro Frau zwar nicht die niedrigste Geburtenrate, führt jedoch weltweit die „Negativstatistik" hinsichtlich der Kontinuität der extrem niedrigen Rate an. In den wenigen Ländern mit noch geringerer Anzahl von Kindern pro Frau wird dies als ein Übergangsphänomen gedeutet (insbesondere in den Transformationsgesellschaften in Mittel- und Osteuropa); in Deutschland sind die Zahlen nun bereits seit über vierzig Jahren

---

56 Vgl. Das Parlament vom 6.8.2012, 1.
57 Statistisches Bundesamt 2012, 6.

sinkend und haben sich auf einem Niveau stabilisiert, das ohne die Geburten von Frauen mit Migrationshintergrund auf eine Halbierung der Bevölkerung in einer Generation hinausliefe. Wir werden älter und weniger. Da immer weniger Frauen im gebärfähigen Alter sind, wird sich dieser Trend mit hoher Wahrscheinlichkeit weiter fortsetzen. Dies führt zu enormen Problemen für Siedlungsstrukturen, Altersaufbau, Arbeitsmärkte und die Sozialversicherungen. Der demografische Wandel kann und muss durch Zuzug sowie eine stärkere Integration der älteren Menschen kompensiert werden. Der Weltbevölkerungsbericht kommentiert:

> „In einigen der wohlhabendsten Länder hingegen lassen niedrige Geburtenraten und ein Mangel an jungen Arbeitskräften die Frage aufkommen, ob die Wirtschaft dauerhaft wachsen kann und die sozialen Sicherungssysteme noch tragfähig sind. Obwohl in etlichen Industrieländern die Wirtschaft immer lauter über einen Mangel an qualifizierten Arbeitskräften klagt, werden die nationalen Grenzen immer häufiger vor arbeitssuchenden und auswanderungswilligen Menschen aus Entwicklungsländern (und den Fähigkeiten, die sie möglicherweise anzubieten haben) verschlossen. Während wir einerseits Fortschritte bei der Bekämpfung der extremen Armut erzielen, verschärft sich andererseits nahezu überall das Gefälle zwischen Arm und Reich."[58]

Weltweit sind die Herausforderungen der demografischen Entwicklung sehr unterschiedlich. Sie reichen von den hohen Geburtenraten vor allem in Indien und im südlichen Afrika (die derzeitige Geburtenrate liegt dort bei 5,1 Kindern pro Frau) bis hin zu alternden Bevölkerungen in fast allen Industrienationen. Bis zur Mitte des Jahrhunderts werden 2,4 Milliarden Menschen älter als 60 Jahre sein.[59] Der rapide Anstieg der Zahl älterer Menschen ist in China aufgrund der dortigen Ein-Kind-Politik besonders virulent und wird die Zukunft des Landes prägen. Die Dynamik Indiens

---

58 Weltbevölkerungsbericht 2011, 1; vgl. auch Deutsche Stiftung Weltbevölkerung 2012.
59 UNFPA 2011, ii sowie Birg 2011, 19–29. Dort auch die folgenden Daten.

Verantworten – im Horizont demografischer Entwicklung

wird durch das rapide Bevölkerungswachstum und damit die Masse der heranwachsenden Jugend geprägt werden. Weltweit sind mehr Menschen jünger und mehr Menschen älter als je zuvor.

2. Deutungsmodelle und Dynamiken der demografischen Entwicklung

Das Bevölkerungsgesetz von Malthus
Die erste wissenschaftliche Auseinandersetzung mit der Demografie ist das sogenannte „Bevölkerungsgesetz" des britischen Nationalökonomen und Sozialphilosophen Thomas Malthus (*An Essay on the Principle of Population*, 1798). Das Bevölkerungsgesetz geht davon aus, dass es ein unaufhebbares Missverhältnis zwischen dem exponentiellen Bevölkerungswachstum und dem maximal linearen Wachstum der Lebensmittelproduktion gibt. Malthus widerspricht deshalb dem Optimismus einiger Aufklärungsphilosophen, die das menschliche Elend für überwindbar halten, und hält Enthaltsamkeit für die einzige Alternative zur Reduktion der „überzähligen" Menschen durch Hunger und Not. Malthus wurde zu einem entscheidenden Impulsgeber für Darwins Evolutionstheorie, aber auch für die Sozialdarwinisten, die humanitäre Maßnahmen als langfristig kontraproduktiv ablehnten:[60] Die Thesen von Malthus können inzwischen als widerlegt gelten, und zwar aus folgenden Gründen:
- Die These, dass Nahrungsmittelknappheit der entscheidende Restriktionsfaktor des Bevölkerungswachstums sei, trifft auf moderne Industriegesellschaften nicht und auf die natürliche Evolution nur bedingt zu. Heute haben wir beispielsweise zwar eine Milliarde Hungernde, aber etwa ebenso viele Übergewichtige. In den reichen Gesellschaften des Nordens wird bis zu 50% an Nahrungsmitteln weggeworfen. Dies zeigt exemplarisch, dass es sich nicht um einen naturgesetzlich unausweichlichen Mangel handelt, sondern um eine Frage der Verteilung und der Gestaltung von Agrar- und Sozialstrukturen. Die Erde könnte auch 12 oder 15 Milliarden Menschen ernähren, wenn wir die Strukturen entsprechend anpassen würden. Globale Er-

---

[60] Vogt 1997, 87–101.

nährungssicherung ist also kein Schicksal, sondern eine Frage der Verantwortung[61].
– Vielfach ist zu beobachten, dass soziales Elend das Bevölkerungswachstum beschleunigt, während soziale Sicherungssysteme, ein hoher Ausbildungsstandard, Frauenemanzipation u.a. dieses drosseln. Die Strategie, die die Sozialdarwinisten zur demografischen Kontrolle aus dem Bevölkerungsgesetz von Malthus abgeleitet haben, ist also genau das Gegenteil von dem, was heute auf der Grundlage vieler empirischer Studien als wirksam erwiesen wurde.

Bei aller Kritik an Malthus ist anzuerkennen, dass seine Analysen zu einer ersten systematischen Auseinandersetzung mit den Fragen einer Geburtenkontrolle führten. Auch die ethische Leitmaxime, die er formuliert, ist nach wie vor gültig: Soll maßloses Elend vermieden werden, gibt es eine aktive Pflicht zu verantworteter Elternschaft und Geburtenkontrolle. Dazu gibt es heute mehr Wissen und mehr Möglichkeiten.

Historische Demografie
Um die künftigen Entwicklungen abzuschätzen, ist der Rückblick der historischen Demografie hilfreich: Hunderttausende von Jahren wuchs die Bevölkerung mit einigen Schwankungen um durchschnittlich 0,002% pro Jahr. Insbesondere seit der grünen Revolution (Beginn des Ackerbaus im Neolitikum vor ca. 13.000 Jahren) und vor allem seit der industriellen Revolution stieg die Wachstumsrate sprunghaft auf 0,2%. Heute beträgt das jährliche Wachstum 0,011%. Da die Vermehrungsrate mathematisch die Eigenschaft eines exponentiellen Wachstums hat, befinden wir uns heute trotz der gegenläufigen Entwicklung in den Industrieländern „mitten in einem Bevölkerungswachstum bisher völlig unbekannten Ausmaßes"[62].

61 Zu aktuellen Analysen und Strategien hierzu aus der Sicht christlicher Ethik vgl. Wissenschaftliche Arbeitsgruppe für weltkirchliche Aufgaben der Deutschen Bischofskonferenz 2012.
62 Hauser/Müller 1998, 347. Es brauchte Hunderttausende von Jahren, bis die Weltbevölkerung etwa zu Beginn der neolitischen Agrarrevolution 10 Mio. erreichte, dann zu Beginn der christlichen Zeitrechnung auf 100 Mio. stieg, bis zur Mitte des 20. Jahrhunderts 2,5 Mrd. er-

Verantworten – im Horizont demografischer Entwicklung

Eine signifikante Struktur, die sich in der historischen Demografie nachweisen lässt, ist die verzögerte Reaktion auf sinkende Sterblichkeitsraten.[63] Dies ist eine der Hauptursachen für das extrem schnelle Bevölkerungswachstum in der zweiten Hälfte des 20. Jahrhunderts. Durch den Export von Medizin in die armen Gesellschaften sank dort die Sterblichkeitsrate rapide; da es sich weitgehend um eine „externe" Intervention handelte, mit der die sonstige Entwicklung der Sozialstrukturen kaum mithielt, ist die Anpassung der Geburtenraten noch verzögerter, als es früheren historischen Erfahrungen entspricht. Das oft als „Bevölkerungsexplosion" bezeichnete extrem schnelle Wachstum ist von daher als Transformationsphänomen zu begreifen. Eine lineare Extrapolation auf die Zukunft wird daraus heute nicht mehr abgeleitet.

Die Überlagerung von ökologischen und demografischen Transformationsprozessen
Auch wenn man das exponentielle Bevölkerungswachstum als Transformationsphänomen deutet, wird seine Problematik dadurch noch lange nicht entschärft. Der Grund hierfür ist vor allem die negative Überlagerung von ökologischen und demografischen Transformationsprozessen: In vielen Entwicklungsländern übersteigt die Wachstumsrate schon heute häufig die Versorgungskapazität an Wasser, Nahrung, Energie, Wohnraum und kultureller Integration. Weltweit wurde in den letzten fünfzig Jahren ca. ein Viertel der fruchtbaren Böden und ein noch weit größerer Anteil der tropischen Wälder – die als Wasserspeicher und Reservoir für Biodiversität grundlegende Funktionen haben – vernichtet.

Der Druck auf die natürlichen Ressourcen erhöht sich erheblich dadurch, dass zugleich mit dem Bevölkerungswachstum weltweit das Anspruchsniveau bezüglich Konsum und Energieverbrauch ra-

---

reichte und nun in nur 60 Jahren auf fast das Dreifache angestiegen ist.
63 Erbrich 2004, 47–57, durch den Vergleich der Transformationsprozesse in Industrie- und in Entwicklungsländern anhand einiger Beispiele zeigt Erbrich allgemeine Strukturen der demografischen Dynamik auf. Birg 2011, 4–29, stellt deutliche Besonderheiten (z. B. von Europa) heraus und ist daher gegenüber der Ableitung von allgemeinen Tendenzen etwas vorsichtiger.

pide ansteigt. Zwei Drittel des Naturverbrauchs in reichen Ländern wie Deutschland, Österreich oder der Schweiz sind ausgelagert in andere Länder, die auf ihren Flächen Rohstoffe produzieren bzw. der Natur entnehmen (man spricht in der Forschung vom „ökologischen Rucksack"[64]). Hinzu kommt das Modell der nachholenden Entwicklung (das besonders im asiatischen Raum erfolgreich ist) sowie die starke Ressourcenübernutzung in afrikanischen und lateinamerikanischen Ländern. Viele Leistungen der ökologischen Systeme werden gegenwärtig so stark in Anspruch genommen, dass ihre Regenerationsfähigkeit und damit ihre Produktivität rapide sinkt.[65]

Das polarisierte, mit wachsender Armut auf der einen und steigenden Ansprüchen auf der anderen Seite verbundene Bevölkerungswachstum führt zu Stress, Degradation und abnehmender Tragekapazität ökologischer Systeme.[66] Der enorme Druck, der heute durch die hohe Zahl der Bevölkerung und die wachsenden Ansprüche auf die natürlichen Ressourcen ausgeübt wird, erzeugt Schäden, die nicht wieder auszugleichen sind. Armut, Bevölkerungswachstum und Umweltzerstörung bilden einen „Teufelskreis" sich wechselseitig verstärkender Größen. Die Tatsache, dass die durchschnittliche Kinderzahl mit wachsendem Wohlstand sinkt, garantiert also keineswegs eine Entlastung. Wer die demografische Verantwortung an die vermeintlichen Naturgesetze von Katastrophenreduktion oder Wohlstandssättigung delegiert, riskiert, dass zuvor die massiv übernutzen Ökosysteme kollabieren. Um die negative Überlagerung von ökologischen und demografischen Transformationsprozessen zu durchbrechen, ist präventives Handeln unerlässlich.

Demografie und die Grenzen der Natur
Die malthusianisch-pessimistische Deutung der Grenzen der Natur als Schicksal, das angesichts des demografischen Wachstums nur Elend oder radikale Enthaltsamkeit als Alternativen zulässt, ist nicht zwingend. Denn die Tragekapazität ökologischer Systeme ist eine variable Größe, die unter den Bedingungen von kultureller

64 Vogt 2010, 123; 133; 147.
65 Eine zusammenfassende Bilanz mit Literaturangaben hierzu findet sich in Vogt 2010, 40–76.
66 Zur demografisch-ökologischen Transformationstheorie:- Hauser/Müller 1998, 351f; Husted 2001, 209–232.

Verantworten – im Horizont demografischer Entwicklung

Anpassung, technischer Kreativität und politischer Verantwortung erheblich erweitert werden kann –, unter den Bedingungen von Unvernunft, Korruption und global steigender Anspruchshaltung allerdings auch ebenso radikal verringert werden kann.

Die Tragekapazität der ökologischen Systeme hat sich bezüglich der Ernährung im Laufe der Kulturgeschichte des Menschen – wie der Freiburger Biologe Hans Mohr ausrechnet – vertausendfacht[67]. Grund hierfür ist vor allem die neolitische Revolution des Übergangs zum Ackerbau und die seither vielfach erfolgte landwirtschaftliche Ertragssteigerung. Weltweit bestehen hier noch große Spielräume. Nicht zuletzt, wenn man beispielsweise eine Reduktion des Fleischkonsums in Betracht zieht.[68]

Die Grenzen der Natur sind vor allem *qualitativer Natur*: Die erste Frage ist nicht, wie viele Menschen die Natur verträgt, sondern wie wir leben. „Der größte globale Risikofaktor ist gegenwärtig das Wohlstandsmodell der Industrieländer; denn wenn alle Menschen in der gleichen Weise Ressourcen verschwenden und die Umwelt zerstören würden, dann wäre die Erde schon heute ‚überbevölkert'."[69] Die Dramatik des Bevölkerungsproblems ergibt sich also nicht allein aus der Zahl, sondern vor allem aus deren Verbindung mit dem wachsenden Anspruch auf fossile Energien, auf Mobilität, Konsum und fleischintensive Ernährung. Auch die mangelnde Verteilungsgerechtigkeit, die die demografische Polarisierung fördert, führt auf doppelte Weise zur Übernutzung der natürlichen

---

67   Clar/Dore/Mohr 1997, 7.
68   Fleischernährung verbraucht durchschnittlich etwa das Siebenfache an Ackerfläche im Vergleich zur direkten Nutzung als Nahrung für den Menschen. Es gibt auf der Erde ca. „doppelt so viel Biomasse Rind wie Biomasse Mensch" (Josef Reichholf). Eine Reduktion der Rinderhaltung wäre aus vielen Gründen vernünftig und könnte die ökologische Tragekapazität der Erde für Menschen erheblich steigern. Dabei ist allerdings zu beachten, dass die Landwirtschaft ein komplexes Gefüge ist, in dem man wenig Erfolg haben wird, wenn man nur Einzelfaktoren ändert. Der baldige Kurswechsel zu einer nachhaltigen Landwirtschaft gehört zu den wichtigsten Grundlagen der Bewältigung des demografischen Wandels; vgl. Wissenschaftliche Arbeitsgruppe für weltkirchliche Aufgaben der Deutschen Bischofskonferenz 2012; Vogt 2010, 441–451.
69   Hauser/Müller 1998, 358; vgl. auch Hustend 2001; Mohr 1987.

Ressourcen: Bei den Armen aus Not, bei den Reichen wegen des Verschwendungswohlstandes. Als Antwort auf die primär von den reichen Industrienationen des Nordens geäußerten Rufe nach Geburtenkontrolle im Süden kontert Farida Akhtar aus Bangladesch: „Wir fordern Geburtenkontrolle für Autos im Norden und nicht nur für Familien im Süden."[70]

Nur im Rahmen eines Gesamtkonzeptes von nachhaltiger Entwicklung, das gleichermaßen eine Abkehr des westlichen Wohlstandsmodells von fossilen Energien und Ressourcenverschwendung wie Armutsbekämpfung im Süden umfasst, also Verteilungs- und Ökologiefragen kombiniert, wird die Forderung nach Geburtenkontrolle in den südlichen und asiatischen Ländern auf Akzeptanz stoßen. Die Reform des Nordens hin zu einem sozial gerechten und ökologisch tragfähigen Zivilisationsmodell ist Voraussetzung für die Lösung des Bevölkerungsproblems. Da die Drosselung des Bevölkerungswachstums aufgrund der Verzögerungseffekte frühestens in 50 Jahren gelingen wird, muss sie langfristig angelegt sein und mit Maßnahmen der Siedlungs- und Sozialentwicklung kombiniert werden, die auch den Ärmsten und Ausgestoßenen ein Mindestmaß an Lebensqualität ermöglicht.

Es geht keineswegs allein um Reduktionen. Die wichtigsten Ressourcen einer nachhaltigen Entwicklung sind Kreativität und Bildung. Schon der Begriff „Ressource" ist keine naturgegebene Konstante, sondern eine kultur- und technikabhängige Größe. Durch die Erfindung von Wasserstoffmotoren wird beispielsweise Wasserstoff zur Ressource. Demografisch bedingtes Elend ist nicht Schicksal, sondern eine Herausforderung für kulturelle Kreativität und soziale Verantwortung.

Einflussfaktoren auf die demografische Entwicklung
Will man die demografische Entwicklung verantwortlich steuern, ist eine differenzierte Analyse der unterschiedlichen Einflussfaktoren nötig.[71] Mit all diesen Faktoren, die sich wechselseitig überlagern

---

70 Akhtar ist Mitarbeiter bei „Brot für die Welt"; für den Hinweis auf das Zitat danke ich Prof. Paul Velsinger.
71 Vgl. zum Folgenden Hauser/Müller 1998, 348f sowie Vogt 2010, 399–405.

Verantworten – im Horizont demografischer Entwicklung

und kulturabhängig sehr unterschiedlich ausgeprägt sein können, sind jedoch vielfältige Unsicherheiten verbunden, so dass man sie am besten als Hypothesen charakterisiert:
- *Fruchtbarkeits-Mortalitäts-Hypothese:* Sie besagt, dass abnehmende Mortalität zu abnehmender Fertilität führe. Unsicher sind dabei insbesondere die enorm verzögerte Wirkung, die Ambivalenz, dass Mortalitätssenkung zunächst den Geburtenüberschuss steigert, und die unvollständige, abgeschwächte Rückkoppelung, wenn sich nicht das Kultursystem insgesamt ändert. Nur ein Teil der Geburten sind Kompensationsgeburten für hohe Mortalität. Der erhebliche Anteil ungewollter Schwangerschaften wird durch diese These nicht erfasst.
- *Altersversicherungshypothese:* Sie geht davon aus, dass Kinder wesentlich als Altersversicherung gewollt werden; die Unsicherheit in der Wirkungsanalyse besteht vor allem darin, dass staatliche Sicherungssysteme nicht notwendig zu niedrigerer Fertilität führen und auch hier keine kurzfristige Wirkung zu erreichen ist. Soziale Sicherheit im Alter ist ein wesentliches, aber im Rahmen verschiedener Kulturen sowie der Überlagerung durch andere Einflussfaktoren sehr unterschiedlich wirksames Motiv für den Kinderwunsch.
- *Bildungshypothese:* Danach sind Bildung und Ausbildung, besonders für Frauen, der Schlüsselfaktor für eine Senkung der Fertilität. Es ist jedoch schwierig, diese Faktoren zu isolieren; auch Emanzipation der Frauen in ihrer häuslichen und gesellschaftlichen Stellung, Schutz vor sexueller Gewalt, berufliche Perspektiven für Frauen und anderes mehr bilden ein eng verwobenes Netz komplexer Einflussfaktoren. Maßgeblich sind hier also nicht nur formale Bildungsprogramme, sondern ein wesentlicher, nur schwer beeinflussbarer Teil der Kultur.
- *Pro-Kopf-Einkommenshypothese*: Diese geht davon aus, dass die Hebung des Wohlstandes der Schlüssel zur Senkung der Fertilität ist. Es gibt jedoch auch Gegenbeispiele wie etwa einige reiche arabische Staaten, die trotz großen Reichtums hohe Geburtenraten in allen Bevölkerungsschichten haben; offensichtlich ist nicht allein das Wohlstandsniveau ausschlaggebend, sondern eine Kombination aus ökonomischen, sozialen, kulturellen und religiösen Faktoren. Die lange gehegte Erwartung,

dass die Hebung des Lebensstandards in Entwicklungsländern automatisch zu einem Stillstand des Bevölkerungswachstums führen würde, lässt sich heute nicht begründet vertreten.
- *Regierungs- und Motivationshypothese:* Sie geht davon aus, dass das Fertilitätsverhalten maßgeblich durch entsprechende Regierungsprogramme und die soziale Mobilisierung zu Familienplanung beeinflusst wird. Eine Einschränkung dieser These besteht darin, dass Sexualität und Kinderwunsch anthropologisch und kulturell dergestalt tiefsitzende Orientierungen sind, dass staatliche Anreize oder Verbote nur bedingt wirksam sind. Darüber hinaus ist eine Grenze staatlicher Programme durch das Menschenrecht auf Selbstbestimmung gerade in dem so sensiblen Bereich der Sexualität und Fertilität gegeben.

Als Resümee aus dieser kurzen Analyse von Einflussfaktoren und damit zugleich möglichen Hebelpunkten einer Steuerung ergibt sich: Die Hoffnung, dass eine Hebung des Pro-Kopf-Einkommens automatisch zu einer Senkung der Geburtenrate führt, hat sich nicht bestätigt. Maßgeblich ist vielmehr eine Vielzahl unterschiedlicher Faktoren, die sich recht gut in das Spektrum nachhaltiger Entwicklung einfügen. Insbesondere die Armutsüberwindung hat eine Schlüsselfunktion. Auch Verhütungsmittel wirken nicht automatisch, sondern nur im Kontext von Aufklärung, Frauenemanzipation und sozialer Sicherung. Da die Zahl der unerwünschten Geburten aber in vielen Regionen 30–40% beträgt[72], ist hier durchaus ein erheblicher Handlungsspielraum gegeben, der im Rahmen der jeweiligen kulturellen und religiösen Akzeptanz durch Information, Kommunikation und Angebote von effizienten Verhütungsmitteln und -methoden genutzt werden sollte.

3. Normative Debatten zur demografischen Verantwortung

Methoden verantwortlicher Geburtenkontrolle
Alle Völker der Welt kennen eine Geburtenkontrolle. Zeitweise oder dauerhafte Enthaltsamkeit wurde jedoch – so Paul Erbrich – nur im

---

72 Hauser/Müller 1998, 355.

Verantworten – im Horizont demografischer Entwicklung

christlichen Kulturkreis für möglich und zumutbar gehalten, wenn schwerwiegende Gründe vorlagen.[73]

Zwangssterilisationen in Indien haben nicht zum gewünschten Erfolg geführt: Indien hat inzwischen 1,26 Milliarden Einwohner und anhaltend hohe Wachstumsraten. In China hat die Einkindpolitik zwar die Fertilitätsrate deutlich gesenkt, sie hat jedoch tausendfach zur Ermordung unerwünschter Mädchen geführt. Das ist aus der Sicht einer humanistischen wie einer christlichen Verantwortungsethik nicht hinnehmbar. Darüber hinaus verstößt das chinesische Modell gegen das gerade für die Familienplanung wesentliche Selbstbestimmungsrecht.

Hinsichtlich der Methodenwahl sind aus christlich-verantwortungsethischer Sicht folgende Kriterien und Aspekte vorrangig:

– Schwangerschaftsabbruch, der insbesondere in Osteuropa immer noch eine verbreitete „Verhütungsmethode" ist, oder gar die Tötung unerwünschter Kinder sind aufgrund des ethisch vorrangigen Lebensschutzes keine ethisch akzeptablen Methoden der demografischen Steuerung. Der fließende Übergang zwischen pränataler Diagnostik und eugenischer Selektion, der sich weltweit nicht nur aufgrund von medizinischem Fortschritt, sondern auch aufgrund von gesetzlichen Graubereichen, medizinischen Gewohnheiten und entsprechenden Mentalitäten etabliert, ist ethisch höchst problematisch.

– Auch Arme haben ein Recht auf Familienplanung, weshalb erschwingliche und auch unter prekären sozialen Verhältnissen (z. B. ungeregeltes Familienleben, finanzielle und sexuelle Abhängigkeit von Frauen) praktikable Mittel der Verhütung zu bevorzugen sind. Die Kombination von sozial und kulturell adäquaten Verhütungsmethoden mit Gesundheitsfürsorge und -hygiene trägt wesentlich zu erhöhter Akzeptanz und Wirksamkeit bei.

73 Erbrich 2004, 47. Insbesondere durch verspätete Heirat sowie bis zu 10 % Ehelosigkeit mancher Jahrgänge haben sich die europäischen Gesellschaften an wirtschaftlich schwierige Zeiten angepasst. Mit der Ausbreitung des Proletariats im 19. Jahrhundert, für das die Möglichkeit materieller Vorsorge von vornherein nahezu ausgeschlossen war, sind die kulturellen Regulationsmechanismen weitgehend außer Kraft gesetzt worden.

– Aus der Sicht verantwortungsethischer Methoden sind die konkreten Folgen der moralischen Regeln im jeweiligen sozialen und kulturellen Kontext zu beachten und abzuwägen.[74] Die sehr unterschiedlichen Formen möglicher Pathologien von Moralsystemen sind dabei kritisch im Auge zu behalten und zu vermeiden.

Seit der Enzyklika *Humanae vitae* (1967) gehört das Verbot sogenannter „künstlicher Empfängnisverhütung" zu den umstrittensten Feldern katholisch-lehramtlicher Moraltheologie. Eine verantwortungsethische Analyse der naturrechtlichen Argumentationsmuster würde an dieser Stelle zu weit führen. Statt einer Anwendung der im ersten Teil dieser Vorlesung entfalteten Methoden und Kriterien der Verantwortungsethik will ich mich hier auf wenige Aspekte begrenzen:

1. Die Frage muss moraltheologisch und sozialethisch im Kontext der heutigen humanwissenschaftlichen Forschungen und methodischen Weiterentwicklungen des Naturrechts weiter diskutiert werden. Theologische Forschung braucht das Recht auf freie und unabhängige Äußerung. Polemik ist von allen Seiten zu vermeiden, auch wenn weitreichende Differenzen in den Bewertungen auftauchen.

2. Eine Engführung der bevölkerungsethischen Frage auf die spezifischen Probleme von Sexualethik und Verhütung ist unangemessen.[75] Denjenigen, die meinen, das Bevölkerungsproblem wäre durch Verteilen von Kondomen zu lösen, ist zu erwidern, dass das allein wenig weiterhilft, und dass die katholische Kirche mit ihrer intensiven Entwicklungs- und Bildungsarbeit in den armen Ländern des Südens seit Jahrzehnten in positiver Weise zur Bewältigung des Bevölkerungsproblems beiträgt.

Hinter dem heftigen kirchlichen Streit um die angemessene Mittelwahl bei der Empfängnisverhütung und damit auch bei der Bevölkerungspolitik steht im Kern eine Frage der ethischen Methode, nämlich des Naturrechtes, das die katholische Kirche seit Lactanz (ca. 250–320) prägt und das im Rahmen der Neuscholastik des

---

74 Vgl. dazu die Ausführungen im ersten Teil dieser Vorlesung sowie Vogt 2009.
75 Vgl. Hauser/Müller 1998, 360.

19. Jahrhunderts teilweise in das Gegenteil der ursprünglichen Intentionen verkehrt wurde.

Für die wissenschaftlich-interdisziplinäre und gesellschaftliche Diskussion katholischer Ethik ist die Frage interessant, wie groß der kirchliche und religiöse Einfluss auf das Fertilitätsverhalten tatsächlich ist. Nach dem Urteil von Johannes Müller wird der direkte Einfluss der Religionen hier meist weit überschätzt: „Empirische Untersuchungen zeigen, dass zwischen den Variablen Religion und Geburtenhäufigkeit keine signifikante Korrelation besteht."[76] Dies sei damit zu erklären, dass viele Gläubige die Vorschriften der Religion nicht kennen, flexibel interpretieren oder sich nicht an sie gebunden fühlen. Diese Differenzierung ist angesichts mancher linearen Verantwortungszuschreibung für demografische Fehlentwicklungen an die Adresse der katholischen Kirche sicher beachtenswert. Eine generelle Marginalisierung des religiösen Einflusses trifft allerdings wohl kaum auf alle Länder zu und kann heute im Kontext der vielfältigen Forschungen zur „postsäkularen" Mentalität der Gegenwart auch kaum noch aufrechterhalten werden. Gerade im Bereich des generativen Verhaltens ist der indirekte Einfluss der Religionen wohl durchaus erheblich, wenngleich nicht unmittelbar messbar. Die Denkmuster von *Humanae vitae* sind auch in der jüngsten Enzyklika wirksam.

Die biopolitischen Maximen in der Enzyklika Caritas in Veritate
Kerngedanke der Enzyklika *Caritas in veritate* (2009) zur Bevölkerungsentwicklung ist die Offenheit für das Leben als Kriterium für die Humanität einer Gesellschaft[77]. Die bioethischen Fragen der Achtung vor der Unverfügbarkeit des menschlichen Lebens im Kontext von Befruchtung, Schwangerschaft und Geburt, Embryonenforschung sowie dem Recht „auf einen natürlichen Tod" werden nach dem seit Johannes Paul II. etablierten Konzept der Humanökologie im Kontext von Umweltfragen angesprochen und als mit diesen zusammengehöriger Teil einer Biopolitik verstanden[78]. Die

---

76   Hauser/Müller 1998, 359.
77   Benedikt XVI, Papst (2009): Enzyklika *Caritas in veritate*, hrsg. von der Deutschen Bischofskonferenz, Bonn, zur Demografie besonders Nr. 44 sowie Nr. 28 und Nr. 50 .
78   Zum konzeptionellen Hintergrund der Humanökologie vgl. Netwig 2005.

Verbindung sieht der Papst in der Grundeinstellung zum Leben, die in den unterschiedlichen Feldern kohärent zu gestalten sei.

Streitbar ist die These der Enzyklika, dass es „genug Platz für alle auf dieser unserer Erde" gebe (Nr. 50). Mit Recht kann man manchen Umwelt- und Entwicklungsaktivisten, die eine restriktive Bevölkerungspolitik als zentrale Lösung für die ökologischen und sozialen Probleme in Ländern der Dritten Welt propagieren, entgegenhalten, dass dies eine verkürzte Sichtweise ist: Das erste Problem der Ressourcenübernutzung ist nicht die Zahl der Menschen als solche, sondern der wachsende Anspruch der Reichen. Der verschwenderische Lebensstil in den nördlichen Ländern belastet über die Nachfrage nach Ressourcen auch aus südlichen Ländern die dortige Natur mehr als die Lebensbedürfnisse der Armen. Inzwischen gehört auch die Lebensweise der Globalisierungsgewinner in den Schwellen- und Entwicklungsländern zu Schlüsselfaktoren der Naturzerstörung. Gleichwohl ist die rapide Bevölkerungsentwicklung in vielen südlichen Ländern ein akutes ökologisches und soziales Problem. Die positive Korrelation zwischen wirtschaftlichem und demografischem Wachstum, die die Enzyklika hervorhebt (Nr. 44), spiegelt eine einseitige westliche oder doch abstrakte, kontextvergessene Perspektive und ist kaum für südliche Länder – beispielsweise in Schwarzafrika – gültig.

Völlig ausgeblendet wird in der Enzyklika die Frage nach der Stellung der Frauen, obwohl dies für Entwicklungsfragen in südlichen Ländern von entscheidender Bedeutung ist[79]. Die blinden Flecken der Enzyklika in einigen Bereichen scheinen das Resultat eines innerkirchlich jahrzehntelang verweigerten Dialoges zu sein. Hier hätte die katholische Kirche aufgrund ihrer reichen Erfahrung in der weltweiten Entwicklungszusammenarbeit, die zunehmend auch auf die Befähigung und Eigenverantwortung von Frauen setzt, in ganz anderer Weise vermittelnd wirken können: Die Praxis kirchlicher Arbeit in südlichen Ländern ist besser als die theologisch-ethische Theorie. Durch die Hilfswerke und Orden trägt die Kirche über Bildung, Aufklärung, Alterssicherung, Gesundheitshilfe und Gewaltprävention ganz wesentlich zu einer verantwortlichen Bevöl-

---

79 Zur Frauenfrage in der kirchlichen Soziallehre und der christlichen Sozialethik vgl. Heimbach-Steins 2009, 11–177.

kerungsentwicklung bei. Die Kirche ist weit pluraler als es viele von außen wahrnehmen.

4. Tugenden und Postulate verantwortungsethischer Bevölkerungspolitik

Die Freiheit der Verantwortung als Leitmaxime
Da das generative Verhalten nur schwer beeinflussbar ist und – als ein Kernbereich personaler Selbstbestimmung und der geschützten Intimsphäre – nicht unmittelbar zum Gegenstand politischer Planungen gemacht werden sollte, ist hier behutsames und langfristig vorausschauendes Handeln nötig. Zwangsmethoden sind zu vermeiden. Jedes Ehepaar hat das Recht und die Pflicht, informiert, frei und eigenverantwortlich über die Größe seiner Familie zu entscheiden.[80] Sozialethisch vertretbar ist nur der Weg einer indirekten Beeinflussung über eine Änderung der Rahmenbedingungen unter Vorrang von Anreizen gegenüber Sanktionen sowie über Bildung, Aufklärung und Erziehung unter sensibler Berücksichtigung der jeweiligen kulturellen und religiösen Werte.

> „Wenn die Menschen selbst Ausgangspunkt, Ziel und Subjekt aller Entwicklung sind, so erfordert dies eine Politik der ‚Entwicklung von unten', welche die freie Selbstbestimmung der Menschen achtet und durch geeignete Rahmenbedingungen ihre aktive Partizipation fördert, nicht erst bei der Durchführung politischer Maßnahmen, sondern bereits bei der Entscheidungsfindung. Dies gilt ganz besonders für Programme zur Familienplanung."[81]

Synchronisation unterschiedlicher Entwicklungsaspekte
In lebenden Systemen sind Phasen des extremen Wachstums häufig Übergangsphasen zu einem neuen Ordnungsmuster. Das jeden makro-historischen Vergleich weit hinter sich lassende Bevölkerungs-

---

80 Auch das katholische Lehramt geht hier fundamental von einem Selbstbestimmungsrecht aus. Vgl. Benedikt XVI 2009, Nr. 44. Zur Bewertung aus deutscher kirchenamtlicher Sicht vgl. Deutsche Bischofskonferenz – Kommission Weltkirche 1993.
81 Hauser/Müller 1998, 357.

wachstum der vergangenen beiden Jahrhunderte ist Indiz für einen solchen Übergangs- und Umbruchprozess, dem vermutlich erst in einem veränderten Ordnungsmuster eine vergleichsweise stabile Phase folgen wird. Das „große Versprechen" einer automatischen Stabilisierung der demografischen Entwicklung durch wachsenden Wohlstand halte ich für illusionär, und zwar aus folgenden Gründen:

1. Wir werden es nicht schaffen, dass alle Menschen am globalen Wohlstandsniveau des Westens Anteil haben können.

2. Das generative Verhalten unterliegt vielen Einflussfaktoren. Wohlstand ist nur einer davon.

3. Die Überlagerung demografischer und ökologischer Stressfaktoren erzeugt eine komplexe Eigenlogik, die alles andere als stabil zu sein scheint.

Entscheidend ist, dass es zu einer Rückkoppelung und „Koevolution" zwischen Sterberate, sozialer Entwicklung und Geburtenrate kommt, um den ökosozialen „Dichtestress" durch entsprechende Anpassungen und Synchronisationen zu kompensieren, wie z. B. verbesserte Hygiene und Wasserversorgung, effiziente Landwirtschaft, Abkehr von fossilen Energien oder urbane Siedlungsstrukturen, die nicht einfach eine strukturlose anonyme Massengesellschaft fördern bzw. abbilden, sondern durch Infrastruktur, soziale Gliederung, attraktive öffentliche Räume, effektive Versorgungssysteme u.a. mehr Lebensqualität für alle fördern[82].

Die maßgeblichen Faktoren zur Minderung des Geburtenüberschusses wie Bildung und Aufklärung, Befreiung der Frauen von sexuellen Zwängen und besserer Zugang zu beruflichen Tätigkeiten, Einführung von Altersversicherung, besserer Hygiene, soziale Integration und Stabilisierung, Hebung des Wohlstandes sollten dringend gefördert werden.

Demografische Stabilisierung durch weniger Ungleichheit der Geschlechter

Wer über Demografie redet, muss über Geschlechterrollen reden. Ein gleichberechtigter Anteil von Frauen am gesellschaftlichen Le-

---

82 Vgl. dazu die folgende Vorlesung von Martina Löw; zum Konzept der Koevolution als neues Fortschrittsmuster vgl. Vogt 2010, 357–369.

ben und das Recht auf sexuelle Selbstbestimmung sind entscheidend für eine ausgewogene Bevölkerungsentwicklung.[83] Das Recht auf Zugang zu integrierter, altersgerechter Sexualaufklärung vor allem für Mädchen und junge Frauen und auf universellen Zugang zu den Diensten reproduktiver Gesundheit und Familienplanung ist als Menschenrecht zu verankern, nämlich als Teil des Rechtes auf Bildung sowie auf Zugang zu basalen Gesundheitsdiensten[84]. Männer, die sich im Bereich von Sexualität, Familienplanung und Erziehung häufig viel zu wenig als Verantwortungssubjekt begreifen, sollten hier ebenso Bildungszugang erhalten und in die Pflicht genommen werden. „Die anhaltende weit verbreitete Armut sowie die schwer wiegende Ungleichheit im sozialen Bereich zwischen den Geschlechtern [haben] einen erheblichen Einfluss auf demografische Parameter."[85]

Demografie und Nachhaltigkeit
In vielen Regionen der Erde sind die Spielräume, innerhalb derer die „Falle" einer negativen Überlagerung von öko-demografischer Transformation vermieden werden kann, nicht mehr groß. Vor diesem Hintergrund ist es problematisch, wenn der Bevölkerungsbericht 2011 der UNO „beschleunigtes geplantes wirtschaftliches Wachstum" als Ziel der Bevölkerungspolitik angibt.[86]

Die Bekämpfung von Armut und Ungleichheit kann das Bevölkerungswachstum verlangsamen. Dies wird jedoch nicht kurzfristig gelingen. Sie muss zugleich ökologisch verträglich stattfinden, und das heißt nach veränderten Modellen von Fortschritt, Wohlstand und Kultur, die sich erheblich von den bisherigen Mustern der fossilintensiven nachholenden Entwicklung unterscheiden. Demografische Verantwortung ist nur im Rahmen eines umfassenden Konzeptes von Nachhaltigkeit möglich.

---

83 UNFPA 2011, 7; vgl. auch ebd. 126.
84 UNFPA 2011, 6, zu Hintergrundanalysen über ungewollte Schwangerschaften, und „reproduktive Gesundheit" in verschiedenen Ländern vgl. ebd. 43–63.
85 Weltbevölkerungskonferenzen in Kairo 1993, zitiert nach UNFPA 2011, 7.
86 UNFPA 2011, ii.

Die Grenzen der Natur sind dabei nicht einfach vorgegeben. Im Rahmen einer intelligenten, postfossilen, ressourcenleichten und kulturell differenzierten Entwicklung verträgt die Erde auch 12 Milliarden Menschen. Nicht die Zahl ist das entscheidende, sondern die kulturelle, technische und ökologische Intelligenz.

Verantwortliche Bevölkerungspolitik braucht die Tugend einer nüchtern, realitätsnah, umsichtig abwägenden Klugheit und eines zupackend gestaltenden Mutes, der die vielschichtigen Widerstände mit dem notwendigen langen Atem angeht (vgl. dazu die Begriffsbestimmung von Verantwortung im ersten Teil der Vorlesung).

Demografie als Herausforderung für die Stadtentwicklung
Von zentraler Bedeutung bei dem bevorstehenden großen Transformationsprozess wird die Gestaltung der Städte sein. Denn die „nächsten zwei Milliarden Menschen werden in Städten leben, für diese müssen wir heute vorausplanen"[87]. In manchen Ländern strömen immer mehr Menschen in die boomenden Megastädte, wo es Arbeitsplätze gibt, die Lebenshaltungskosten jedoch hoch sind. Heute lebt jeder zweite Mensch in einer Stadt, in 35 Jahren werden es schon zwei Drittel sein. Bereits jeder siebte Mensch, also eine Milliarde, lebt in Slums. Manche westlichen Innenstädte sind mehr Arbeits- als Wohnorte. „Die globale Balance zwischen Land- und Stadtbevölkerung hat sich unumkehrbar auf die Seite der Städte geneigt."[88] Die traditionelle Symbiose zwischen Stadt und Land funktioniert häufig zu Lasten der ländlichen Regionen. Das ist auch ein massives Gerechtigkeitsproblem. So leben die meisten der eine Milliarde Hungernden auf dem Land, obwohl dort die Nahrungsmittel erzeugt werden. Stadtentwicklung muss auch um ihrer eigenen Zukunft willen nach neuen Formen der Kooperation mit dem ländlichen Umfeld suchen.[89]

Ganze Städte werden von Metropolregionen aufgesaugt, sie werden zu urbanen Zentren, wie etwa Tokio mit heute 35,7 Millionen Einwohnern, Delhi mit 22 Mio. und Sao Paulo und Mumbai mit

---

87 UNFPA 2011, 126.
88 UNFPA 2011, 77.
89 Das gilt auch für Deutschland. So ist „Mehr tun für ländliche Regionen" auch ein Leitsatz der Demografiestrategie der deutschen Bundesregierung, die im April 2012 veröffentlicht wurde.

Verantworten – im Horizont demografischer Entwicklung

je 20 Millionen Menschen.[90] Eine kontextsensible Gestaltung dieser Lebensräume, die den Menschen eine Identifikation ermöglicht und die Eigenlogik der jeweiligen Besonderheiten, Traditionen, Chancen und Schwierigkeiten berücksichtigt, wird ein entscheidendes Feld sein, um den demografischen Wandel so zu bewältigen, dass er nicht als Verlust von Lebensqualität erlebt wird, sondern tatsächlich als Chance. Die hohe Attraktivität und das erstaunlich gute Funktionieren vieler Megastädte zeigen, dass die bloße Zahl von Menschen nicht negativ sein muss, sondern in vieler Hinsicht auch große Chancen bietet. Zugleich sollten die enormen Probleme an Planung, Versorgung und Beheimatung der Menschen in den urbanen Zentren nicht vernachlässigt werden. Die Ausbildung von kollektiven Identitäten, die in sich plural sein können, aber das Gefühl der Zugehörigkeit der Menschen zu ihrem jeweiligen Lebensraum vermitteln sollten, stellt eine gewaltige kulturelle und stadtplanerische Herausforderung dar[91]. Möglicherweise kann ein Teil der abnehmenden Handlungsfähigkeit von Nationalstaaten in vielen Fragen der Zukunftsplanung durch eine zunehmende Handlungskompetenz der „Stadt als Form und Praxis"[92], als Akteur und Verantwortungssubjekt einer „Politik von unten" kompensiert werden.

Die Bewältigung des demografischen Wandels ist ganz wesentlich eine Frage der Herausbildung von Verantwortungskulturen auf ganz unterschiedlichen Ebenen, auch und gerade in den Städten, wo die Kräfte anonymer, allein von ökonomischen Maximen geprägter Entwicklung stark sind und ein Gegengewicht brauchen. Die Entfremdungsprozesse durch die Gesichtslosigkeit der Städte, z. B. aufgrund der Dominanz global standardisierter Geschäfte[93], scheint mir weit problematischer als die mögliche Überfremdung durch die wachsende Präsenz von Menschen mit Migrationshintergrund. Gerade für Städte ist die kulturelle Vielfalt eine Chance – jedoch zu-

90 UNFPA 2011, 77, zur Urbanisierung insgesamt 77–81.
91 Vgl. hierzu den folgenden Beitrag von M. Löw sowie Löw 2010, 65–115; 122–129; Augé 1994.
92 Löw 2010, 69–75.
93 Der Soziologe Marc Augé charakterisiert die standardisierte Raumgestaltung in Großstädten als „Nicht-Orte" und analysiert ihre soziale Wirkung unter dem Stichwort „Ethnologie der Einsamkeit"; vgl. Augé 1994.

gleich eine nicht zu unterschätzende Integrationsaufgabe. Die Stadt der Zukunft wird ein Schmelztiegel unterschiedlicher Sprachen, Kulturen und Ethnien, was zugleich die Attraktivität erkennbarer Unterschiede erhöht.

Für ein neues Miteinander der Generationen und Nationen
Deutschland wird ein Einwanderungsland sein, wir brauchen intelligente junge Menschen und Facharbeiter aus anderen Ländern. Die Zuwanderung muss jedoch gestaltet werden und fordert einen höheren Aufwand an Kommunikation, Verständigung und bewusster Entscheidung für die je eigenen Tradition und Zugehörigkeit. Verstärkte Bemühungen um Integration sind die notwendige Antwort auf den demografischen Wandel in Deutschland und vielen anderen reichen Ländern. Hier kann sich jeder beteiligen, gerade auch die Kirchen, denn sie sind von ihrem Selbstverständnis her international. Für die Kirchen gibt es keine Ausländer. Wir haben bisher jedoch kaum eine Kultur des aktiven Ansprechens von Menschen aus anderen Ländern, beispielsweise bei Gottesdiensten. Die Kirchen sind hier in neuer Weise als Orte der kultur-, generationen- und milieuübergreifenden Integration gefragt, was nur gelingen wird, wenn wir Vielfalt auch als Reichtum verstehen. Gegenüber einer biologistischen Sicht nationaler Identität, die die Geschichte der Bevölkerungspolitik beispielsweise im NS-Regime geprägt hat, ist der kulturelle Zugang zum Verständnis von Identität und Zugehörigkeit ein auch heute höchst bedeutsames Korrektiv.

Die zweite große Integrationsaufgabe in Folge des demografischen Wandels betrifft das Zusammenleben der Generationen. Medizinische Untersuchungen zeigen, dass die Menschen bis ins hohe Alter eine erstaunliche Leistungsfähigkeit behalten können. Der körperliche und geistige Abbauprozess wurde lange zu sehr als biologisch zwangsläufig gedeutet[94]. Er ist jedoch kein Schicksal, sondern kann hinausgezögert werden durch Bewegung sowie beständiges körperliches, mentales und soziales Training, durch stärker auf

---

94 Vgl. hierzu und zum Folgenden „Das Parlament" vom 6.8.2012, 1 (bes. den Beitrag „Alle können profitieren. Demographie: Deutschland altert, aber es gibt unzählige konstruktive Strategien, um damit umzugehen").

Verantworten – im Horizont demografischer Entwicklung

primäre Prävention im Alltag bezogene Gesundheitsdienste sowie nicht zuletzt durch Anpassung der Art und Weise, wie wir arbeiten. Die Leistungsfähigkeit älterer Bürger anzuerkennen und angemessen in die wirtschaftlichen und gesellschaftlichen Prozesse einzubeziehen, ist eine notwendige Bedingung für die Bewältigung des demografischen Wandels. Chancenreich ist eine gezielte Nutzung der spezifischen Potentiale älterer Arbeitnehmer, die zwar Extrembelastungen nicht so leicht wegstecken können, dafür aber oft ein hohes Maß an Erfahrung, Zuverlässigkeit und Durchhaltevermögen einbringen. Auch schwierige Themen wie z. B. das Rentenalter sollten nicht ausgespart werden. Ein späterer Renteneintritt für akademische Berufe, in denen die Menschen nach langer Ausbildung oft erst spät zu arbeiten beginnen, wäre durchaus zumutbar. Man darf diese Diskussion jedoch nicht isoliert führen. Nur wenn die Arbeitsbedingungen so sind, dass die Menschen bis ins hohe Alter fit und leistungsfähig bleiben, macht eine flexible Erhöhung des Rentenalters Sinn.[95] Auch die stärkere Einbeziehung der Älteren in ehrenamtliche Tätigkeiten, in denen sich viele bereits mit hoher Professionalität engagieren, ist gesellschaftlich notwendig und hilfreich.

Es gibt unzählige Möglichkeiten und Aufgaben, den demografischen Wandel der älter werdenden Bevölkerung zu gestalten, z. B. altersgerechtes Wohnen, Mehrgenerationenhäuser, Beschäftigungsmöglichkeiten nach der Rente oder eine Stärkung des dritten Bildungssektors für lebenslanges Lernen, auch innerhalb der Betriebe bei Fortbildungen, bei denen bisher ältere Arbeitnehmer häufig vernachlässigt werden. Wichtig sind Innovationen im Bereich der Pflege, auch mit Besserstellungen der Frauen, die häufig mit Beruf(seinstieg), eigenen Kindern und Pflege der Eltern oder Schwiegereltern eine lange Phase extremer Überlastung durchstehen müssen. Auch die Männer sind hier gefragt, sich stärker zu engagieren. Die verantwortliche Gestaltung des demografischen Wandels

---

95 Nach dem Prinzip der Generationengerechtigkeit sollte die Verlängerung der Lebenszeit nicht allein der Rentenzeit zugeschlagen, sondern zur Hälfte als Verlängerung der Arbeitszeit eingefordert werden. Das geht aber nicht bei allen Berufen. In einigen ist die entscheidende Grenze nicht das gesetzliche, sondern das faktische, häufig gesundheitsbedingt vorgezogene Rentenalter. Vgl. Landeskomitee 2009.

der älter werdenden Gesellschaft berührt vielfältige Gerechtigkeitsfragen – z. B. zwischen den Geschlechtern, zwischen den Generationen, zwischen Familien und Kinderlosen. Die Herausforderungen können nur zum Teil durch politisch-strukturelle Maßnahmen bewältigt werden. Der demografische Wandel fordert eine Kultur der Verantwortung. Auch dieses Feld ist eine große Herausforderung für Kirche und Zivilgesellschaft.

Von der Koexistenz zur Kooperation
Um das komplexe Geflecht von sich ändernden und voneinander abhängigen Lebenschancen der Menschen zu verstehen, genügen nicht statistische Durchschnittsdaten: Auch in einer Welt der sieben Milliarden Menschen braucht man ein Verständnis für regionale und lokale Besonderheiten demografischer Trends, da die Menschen auf Grundlage der Bedingungen vor Ort Entscheidungen treffen müssen. Der Weltbevölkerungsbericht der UNO sammelt deshalb nicht nur statistische Daten, sondern schildert auch exemplarisch anhand ausgewählter Länder, was der demografische Wandel für die Menschen konkret bedeutet. Der Globalisierungsprozess spiegelt sich in vielfältiger und unterschiedlicher Weise in den lokalen Entwicklungen. Viele Städte werden zu einem Mikrokosmos der zusammenwachsenden und oft auch tief zerrissenen globalen Welt. Verantwortung ist immer konkret und beginnt vor Ort.

Inzwischen kann kein demografisches Thema mehr als isoliert wahrgenommen und gestaltet werden, da die Wechselwirkung zwischen den unterschiedlichen Aspekten – beispielsweise durch Arbeitsmigration – zum dominierenden Faktor geworden ist.[96] Sieben Milliarden Menschen erzeugen einen Druck, der zur Kooperation zwingt. Dies gilt gleichermaßen auf lokaler wie auf globaler Ebene. Auch das Völkerrecht muss transformiert und vom Koexistenz- zum Kooperationsrecht weiterentwickelt werden, beispielsweise im Blick auf Migration, Ernährungssicherheit für alle, den Schutz des Wasserhaushalts und des Klimas oder durch eine Transformation der Energieversorgung. Sieben Milliarden Menschen und ein zu erwartendes Wachstum auf neun oder zehn Milliarden im Laufe dieses Jahrhunderts bei gleichzeitigem Wachsen des Anspruchsniveaus –

---

96 Birg 2011, 33–35.

das bedeutet vor allem, dass die Menschen näher zusammenrücken. Wir werden schärfer um Lebensräume, Ressourcen und Märkte konkurrieren. Zugleich hängt die Chance auf Lebensqualität von der Fähigkeit ab, verlässlich zu kooperieren, kreative Ideen zu teilen und Zukunft zu verantworten.

Diskussionsthesen

A. Zum Begriff Verantwortung

1. Verantwortung „funktioniert" gesellschaftlich nur, wenn ihre vier Dimensionen klar zugerechnet werden können, d. h. wenn Träger, Gegenstand, Kontrollinstanz und Kriterien benannt werden.
2. Alle vier Dimensionen sind in postmoderner Gesellschaft in spezifischer Weise problematisch geworden, was dazu führt, dass der „Ruf nach Verantwortung" häufig ins Leere läuft.
3. Der Begriff Verantwortung eignet sich für ein existentielles Verständnis des Moralischen und seiner Pathologien in legalistischen, utopistischen, fatalistischen oder machiavellistischen Varianten.
4. Verantwortung ist Antwort auf Begegnung; sie setzt Freiheit nicht voraus, sondern hat sie zur Folge.
5. Ohne Schuldvergebung ist der Wille zur Verantwortung nicht denkbar, weil der gesamte Moraldiskurs sonst auf die Abwehr von Verantwortungszuschreibungen hinausläuft.

B: Demografische Verantwortung

1. Das bioethische Konzept der Enzyklika *Caritas in veritate*, das von der „Offenheit für das Leben" als Leitmaxime einer humanen Gesellschaft ausgeht (Nr. 44, 50), bedarf angesichts der demografischen Entwicklung der Differenzierung.
2. Die kirchliche Entwicklungsarbeit, deren Akteure mehrheitlich auf Bildung, Gesundheitswesen, Sozialsysteme sowie t.w. auch auf Aufklärung und Stärkung der Rolle der Frauen setzen, hat

einen positiven Einfluss auf demografische Verantwortung und ist der kirchlichen Theorie weit voraus.
3. Nicht die Zahl der Menschen, sondern das noch schneller wachsende Anspruchsniveau ist das zentrale ökologische Problem.
4. Das dominierende Konzept globaler Gerechtigkeit, das allen nach dem Muster „Wie im Westen so auf Erden" (W. Sachs) Teilhabe am wachsenden Wohlstand verspricht, ist höchst ambivalent und beruht auf fragwürdigen Prämissen.

Literatur

Augé, M. (1994): Orte und Nicht-Orte. Vorüberlegungen zu einer Ethnologie der Einsamkeit, Frankfurt.
Bayertz, K. (1995): Verantwortung. Prinzip oder Problem?, Darmstadt.
Beaufort, J./Gumpert, E./Vogt, M. (Hrsg.) (2003): Fortschritt und Risiko. Zur Dialektik der Verantwortung in (post-)modernen Gesellschaften, Dettelbach.
Benedikt XVI., Papst (2009): Enzyklika Caritas in veritate, hrsg. vom Sekretariat der Deutschen Bischofskonferenz, Bonn.
Birg, H. (2011): Bevölkerungsentwicklung (Informationen für politische Bildung 282, hrsg. v. d. Bundeszentrale für politische Bildung), Bonn.
Bonhoeffer, D. (1992): Ethik, Göttingen.
Clar, G./Dore, J./Mohr, H. (1997): Humankapital und Wissen. Grundlagen einer nachhaltigen Entwicklung, Berlin.
Das Parlament – Nr. 32–34: Sonderthema: Demografischer Wandel. Zukunft in der alternden Gesellschaft, vom 6.8.2012.
Davis, M. (2006): Planet of Slums. Urban Involution and the Informal Working Class, London.
Deutsche Bischofskonferenz – Kommission Weltkirche (1993): Bevölkerungswachstum und Entwicklungsförderung. Ein kirchlicher Beitrag zur Diskussion, hrsg. vom Sekretariat der Deutschen Bischofskonferenz (Erklärungen der Kommissionen 15), Bonn.
Deutsche Stiftung Weltbevölkerung (2012): Datenreport 2012. Soziale und demografische Daten weltweit, Hannover.
Di Fabio, U. (2002): Verantwortung als Verfassungsinstitut, in: Knies, W. (Hrsg.): Staat, Amt, Verantwortung. FS für Karl Fromme, Stuttgart, 15–40.
Dürrenmatt, F. (1980): Der Hund, Der Tunnel, Die Panne, Zürich.
Graf, F.W. (2011): Kirchendämmerung. Wie die Kirchen unser Vertrauen verspielen, München.
Gründel, J. (1985): Schuld und Versöhnung, Mainz.

Erbrich, P. (2004): Grenzen des Wachstums im Widerstreit der Meinungen. Leitlinien für eine nachhaltige ökologische, soziale und ökonomische Entwicklung, Stuttgart.

Haber, W. (2010): Die unbequemen Wahrheiten der Ökologie. Eine Nachhaltigkeitsperspektive für das 21. Jahrhundert, München.

Haering, B. (1967): Das Gesetz Christi, 8. Aufl. München.

Hasted, H. (1991): Aufklärung und Technik. Grundprobleme einer Ethik der Technik, Frankfurt.

Hauser, J./Müller, J. (1998): Bevölkerungsentwicklung/Bevölkerungspolitik, in: Korff, W. u. a. (Hrsg.): Lexikon der Bioethik, Gütersloh, Bd. 1, 347–360.

Heimbach-Steins, M. (2009): „… nicht mehr Mann und Frau" (Gal 3,28). Sozialethische Studien zu Geschlechterverhältnis und Geschlechtergerechtigkeit, Regensburg.

Hilpert, K. (2010): Solidarität mit den Schwachen und am Rand Stehenden, Kirchliches Engagement zwischen Anwaltschaft und Paternalismus, in: B. Fateh-Moghadam/S. Sellmaier/W. Vossenkuhl (Hrsg.): Grenzen des Paternalismus, Stuttgart, 303–340.

Hilpert, K. (2011): Zukunftshorizonte katholischer Sexualethik, Freiburg.

Hilpert, K. (Hrsg.) (2007): Theologische Ethik – autobiografisch, Bd. 1, Paderborn.

Höffe, O. (1993): Moral als Preis der Moderne. Ein Versuch über Wissenschaft, Technik und Umwelt, Frankfurt.

Huber, W. (1983): Sozialethik als Verantwortungsethik, in: Bondolfi, A. (Hrsg.): Ethos des Alltags. FS für Stephan Pfürtner, Zürich, 55–76.

Hustedt, M. (2001): Sind wir zu viele? Über das Verhältnis von Weltbevölkerung und Umweltzerstörung, in: Blasi, L. u. a. (Hrsg.): Nachhaltigkeit in der Ökologie, München, 209–232.

Johannes Paul II (1993): Enzyklika *Veritatis Splendor* über einige grundlegende Fragen der kirchlichen Morallehre, hrsg. von der Deutschen Bischofskonferenz (Verlautbarungen des Apostolischen Stuhls 111, korrigierte Fassung 1995), Bonn.

Joas, H. (2011): Die Sakralität der Person. Eine neue Genealogie der Menschenrechte, Berlin.

Jonas, H. (1984): Das Prinzip Verantwortung. Versuch einer Ethik für die technologische Zivilisation, 2. Aufl. Frankfurt.

Kaufmann, F.-X. (1992): Der Ruf nach Verantwortung. Risiko und Ethik in einer unüberschaubaren Welt, Freiburg.

Korff, W. (1985): Wie kann der Mensch glücken?, München.

Korff, W. (2001): Verantwortungsethik, in: LThK Bd. 10, 3. Aufl. Freiburg 2001, 600–603.

Korff, W./Wilhelms, G. (2001): Verantwortung, in: LThK, Bd. 10, 3. Aufl. Freiburg 2001, 597–600.

Landeskomitee der Katholiken in Bayern (2009): Für eine Kultur der Gesundheit. Ethische Orientierungen für die Gesundheitspolitik (Zeitansage 13), München.

Levinas, E. (1989): Humanismus des anderen Menschen, Hamburg.
Levinas, E. (1992): Jenseits des Seins oder anders als Sein geschieht, Freiburg.
Löw, M. (2010): Soziologie der Städte, Frankfurt.
Lübbe, H. (1994): Moralismus oder fingierte Handlungssubjektivität in komplexen historischen Prozessen, in: Lübbe, W: (Hrsg.): Kausalität und Zurechnung. Über Verantwortung in komplexen kulturellen Prozessen, Berlin, 289–301.
Luhmann, N. (1990): Paradigm lost: Über die ethische Reflexion der Moral. Rede von Niklas Luhmann anlässlich der Verleihung des Hegel-Preises 1989, Frankfurt.
Mieth, D. (2002): Was wollen wir können? Ethik im Zeitalter der Biotechnik, Freiburg.
Nentwig, W. (2005): Humanökologie. Fakten – Argumente – Ausblicke, 2. Aufl. Berlin.
Rahner, K. (1965): Der Mensch heute und die Religion, Schriften VI, Einsiedeln, 13–33.
Römelt, J. (1990): Theologie der Verantwortung, Innsbruck.
Scheule, R. (Hrsg.) (2009): Ethik der Entscheidung, Regensburg.
Splett, J. (1984): Zur Antwort berufen. Not und Chancen christlichen Zeugnisses heute, Frankfurt.
Statistisches Bundesamt (2012): Geburten in Deutschland, Wiesbaden.
Steffen, W./Grinevald, J./Crutzen, P./McNeill, J. (2011): The Anthropocene: conceptual and historical perspectives, in: Philosophical Transactions 369, 842–867.
UNFPA (United Nations Population Fonds) (2011): Weltbevölkerungsbericht 2011. Sieben Milliarden Menschen und Möglichkeiten, hrsg. von der Stiftung Weltbevölkerung, Hannover (http://www.weltbevoelkerung.de/fileadmin/user_upload/PDF/WBB_2011/WBB_2011_60dpi.pdf).
Vogt, M. (1997): Sozialdarwinismus. Wissenschaftstheorie, politische und theologisch-ethische Aspekte der Evolutionstheorie, Freiburg.
Vogt, M. (2009): Was wird aus meiner Entscheidung? Folgenabschätzung unter komplexen Bedingungen, in: Scheule, R. (Hrsg.): Ethik der Entscheidung, Regensburg, 47–75.
Vogt, M. (2010): Prinzip Nachhaltigkeit. Ein Entwurf aus theologisch-ethischer Perspektive, 2. Aufl. München (1. Auflage 2009).
Vogt, M. (2010b): Climate Justice, München.
Vogt, M. (2012): Der weite Weg in die Bildungsrepublik. Anmerkungen zu Aspekten der Wertevermittlung (Kirche und Gesellschaft 386), Köln.
Weber, M. (1919/1993): Politik als Beruf, Stuttgart.
Wissenschaftliche Arbeitsgruppe für weltkirchliche Aufgaben der Deutschen Bischofskonferenz (Hrsg.) (2012): Den Hunger bekämpfen. Unsere gemeinsame Verantwortung für das Menschenrecht auf Nahrung, Bonn.

Martina Löw / Gerhard Vinken

Anpassung und Wirkung
Anforderungen an Stadtentwicklung und Baukultur heute

Teil I
Stadtentwicklung verantworten. Die Eigenlogik der Städte

„Jede Stadt ist ein Seelenzustand", lässt Georges Rodenbach seinen Protagonisten Hugo Viane im Roman „Bruges-la-mortes" (zit. nach Das tote Brügge 2004, orig. 1904, S. 56) sagen. Nach dem Tod seiner Frau erträgt Viane die Stadt der gemeinsamen Liebe nicht länger und sucht einen Ort, der dem Witwerstand entspricht. Mit Brügge findet er eine neue Heimat, die in Schweigen und Schwermut ihm ähnlich zu sein scheint. „Dieses schmerzensreiche Brügge war seine Schwester" (ebda.), schreibt er, gegenseitiges „Durchdringen von Seele und Dingen! Wir dringen in sie ein, wie sie in uns […]" (ebda.).

Was Rodenbach hier 1904 zu beschreiben sucht, dass nämlich der Zustand der Stadt mit dem Betreten derselben in Menschen einwirkt, die Person erfasst und beeinflusst, gehört heute nicht mehr zu den selbstverständlichen Welterklärungen. Wohl aber haben wir uns daran gewöhnt, dass wir, ohne langes Nachdenken, Personen mit Hilfe der Städte, aus denen sie kommen, charakterisieren. Selbst Kurzvitas, wie sie Bewerbungen oder Dissertationen beigefügt werden oder auf Homepages gesetzt werden, beginnen nicht selten mit dem Hinweis auf den Geburtsort. Wenn man z. B. liest „geboren 1965 in Passau, Studium an der MLU München und an der TU Berlin", dann werden drei Formate genutzt, um von der vorgestellten Person ein Bild zu erzeugen: Zeit, Raum und Institution. Alter und Dauer, z. B. des Studiums, sind wichtige Quellen zur Interpretation der Persönlichkeit, ebenfalls der Ruf der Hochschulen, die besucht wurden, aber auch die Orte erzählen uns eine Geschichte. In dem Fall wäre die Erzählung wie folgt: Aufwachsen in der bayrischen Provinz, Wechsel in die bayrische Hauptstadt, größtmöglicher Autonomiebeweis in Deutschland durch freiwilligen Umzug zum preußischen Konkurrenten Berlin. Wir hätten ein anderes Bild dieser Person, wäre sie von Passau nach Nürnberg gegangen und dort geblieben oder wäre sie von Passau aus nach Hamburg und Kiel gewechselt. Mit anderen Worten: Es gehört zu den kulturellen Selbstverständlichkeiten, dass wir die Persönlichkeit eines anderen über die Vergesellschaftung durch Orte sowie über Ortswechsel bzw. Verweilen zu entschlüsseln versuchen. Wir nehmen an, dass wir dorthin ziehen, wo der Ort zu unserer Person passt, bzw. umgekehrt auch der Ort auf Dauer uns als Personen beeinflusst. Selbstverständlich kalkulieren wir ein, dass nicht jeder Wechsel freiwillig erfolgt, aber wenn man bleibt, wird man – so die Annahme – sich dem Ort nur schlecht entziehen können. Wer in Salzburg lebt, ist anderen Einflüssen ausgesetzt als in Wien oder in Innsbruck. Wer in Tel Aviv lebt, wird über andere Kontexte sozialisiert als in Haifa oder in Jerusalem. Thomas Mann hat in seinem Vortrag „Lübeck als geistige Lebensform" (1960, orig. 1926) darauf bestanden, dass Lübeck zu einer persönlichen Lebensform, -stimmung und -haltung geführt habe, die nicht nur sein Werk „Buddenbrooks", sondern alle seine Bücher beeinflusst hätte.

Diese Erkenntnis, dass sich Städte als Vergesellschaftungseinheiten in die Lebensführung der Menschen hineinweben, soll im Folgenden ausgeführt werden. Lebenschancen werden stadtspezifisch verteilt, Identitäten werden durch Städte vorstrukturiert. Stadtentwicklung und Baukultur muss sich an die Eigenlogiken der Städte anpassen, um verantwortungsvolle Baukultur zu sein. In diesem ersten Teil der Vorlesung wird die Stadt als soziale Gruppen verbindender Erfahrungsraum vorgestellt, durch den Identitäten strukturiert werden, Chancen der Lebensgestaltung begrenzt und erweitert werden und Weltsichten nahegelegt werden. „Verantworten" heißt hier gesellschaftliche Sensibilität für die Differenz der Erfahrungen je nach städtischem Kontext sowie für eine Stadtentwicklung, die nach Strategien passgenau für diese Stadt sucht. Im zweiten Teil der Vorlesung werden diese Einsichten für Überlegungen zum verantwortlichen Bauen nutzbar gemacht. Basis hierfür sind gemeinsame Forschungen mit dem Kunsthistoriker Gerhard Vinken zum Diözesanmuseum Kolumba in Köln. Was heißt es, in Köln zu bauen?

Anpassung und Wirkung

Identität und Raum

Das Themenfeld ‚Identität' wirft die Frage auf, wie Menschen die eigene Person zum Gegenstand des Nachdenkens machen und wie jener seltene Zustand des Identischen nur durch die gleichzeitige Konstruktion eines Anderen sinnhaft wird (Taylor 1994). Identität als historisch gewachsene Strategie zur Formung und Disziplinierung der eigenen Person (Joas 1994) basiert auf Selbstbeobachtung und Differenzierung gleichzeitig. Unabhängig davon, wie sehr man sich bewusst ist, dass man in verschiedenen Phasen und Bereichen seines Lebens unterschiedlich handelt, wie sehr man das Gefühl entwickelt, komplex und widersprüchlich zu sein, ist man doch in der Regel in der Lage, „Ich" zu sagen und sich zu beschreiben und zwar dadurch, dass das Ich, sowenig man dieses für einzigartig halten muss, doch von anderen Ichs unterschieden werden kann. Soziologisch wird damit das Projekt, die Struktur der Selbstbeziehung einer Person zu beschreiben, zur Frage nach dem Verhältnis von Prägung, Erzählung und Unterscheidung. Unzweifelhaft ist dieses Verhältnis kontextabhängigig. Erving Goffman hat jede Selbstpräsentation systematisch als über seine Rahmung strukturiert entworfen (Goffman 1971). Bei Anthony Giddens (1988) wird dies später als Raumbindung des Handelns weiter ausgeführt.

Nun ist diese Raumbindung in einer urbanisierten Welt ganz wesentlich über die Städte als Sinneinheiten organisiert. Mittlerweile existiert in Deutschland ein Verstädterungsgrad von 88%, in Österreich sind es 68%. Demzufolge ist davon auszugehen, dass neben globalen und nationalen Bezügen auch die Stadt als vergesellschaftender Sinnkontext relevant wird. Wie zunächst Thomas Mann sein Lübeck, so hat später der Chicagoer Soziologe Louis Wirth (1974, orig. 1938) Urbanität als *Lebensform* bezeichnet. Damit gemeint ist, dass, erstens Stadt sozial und räumlich anders vergesellschaftet als das Land oder als der Nationalstaat und zweitens, dass eine Stadt wie Lübeck dazu beiträgt, Identitätskonstruktionen über andere Plausibilitäten zu organisieren als z. B. Venedig. Deshalb ist in Thomas Manns „Tod von Venedig" auch immer ein bisschen Lübeck eingebaut.

Lange Zeit galt – angeregt durch Georg Simmels „Die Großstädte und das Geistesleben" (1984, orig. 1903) – die Differenzierung

Martina Löw / Gerhard Vinken

zwischen dem emotional kühlen, doch intellektuell flexiblen Städter und dem gemütvollen, aber weniger klugen Ländler als grundlegend für die Beschreibung von zwei Lebensformen. Diese Differenzierung hat angesichts der umfassenden Urbanisierung an Bedeutung verloren. Viel grundlegender ist daher für Identitätsbeschreibungen heute, dass alle sich in mindestens zwei Raumformate integrieren müssen, nämlich Nationalstaat und Stadt. Gerd Held (2005) argumentiert im Anschluss an Fernand Braudels, dass Stadt und Territorialstaat seit der frühen Moderne konkurrierende Organisationsformen räumlicher Einheiten darstellen. Während der moderne Nationalstaat als Territorialform eine räumliche Ausschlusslogik im Sinne einer geschlossenen oder schließbaren Behälterkonstruktion etablierte, verschrieb sich die moderne Großstadt (nach der Schleifung der Mauern) einer räumlichen Einschlusslogik. Anders als der Nationalstaat ist die moderne Stadt strukturell offen. Sie lebt von der Heterogenität.

So gewendet hat die Moderne zwei Vergesellschaftungsformen, nämlich „Territorium/Ausschluss" und „Stadt/Einschluss" systematisch verankert. Die moderne Stadt bildet das notwendige Pendant zum Nationalstaat und stellt eine eigene Form der Vergesellschaftung dar. Schließt man sich der Erkenntnis an, dass Städte sich strukturell – trotz vielfältiger sozialer Ungleichheit – dem Einschluss des Heterogenen als raumstrukturelles Organisationsprinzip verpflichtet sehen, bilden *Größe*, *Dichte* und *Heterogenität* – also die Bestimmungsmerkmale von Städten nach Wirth (1974, orig. 1938) – als qualitative Kriterien den Ansatzpunkt dafür, Städte zu bestimmen und auch zu differenzieren: Städte bilden eine vom Nationalstaat prinzipiell zu unterscheidende Form der Vergesellschaftung und Städte als Gebilde, die Heterogenität voraussetzen, und deshalb – trotz aller beobachtbarer sozialer Ungleichheiten – strukturell inklusiv konstruiert sind, unterscheiden sich in der Art wie Heterogenität, Dichte und Größe kombiniert sind.

Auch wenn Sozial- und Geisteswissenschaften dazu neigen, Identität entweder personenorientiert an Familie und Beruf oder makrodimensioniert an die Nationalform zu binden (Selbstbeschreibungen als Israeli, Deutscher, Österreicher zum Gegenstand zu machen), so existieren doch auch einige recht überzeugende Studien, die die These deutlich erhärten, dass es für individuelle Ent-

Anpassung und Wirkung

wicklung und Selbstbeschreibung einen fundamentalen Unterschied macht, ob man in Salzburg oder Wien, in Duisburg oder in Dresden, in New York oder in Los Angeles aufwächst. Das würde bedeuten, dass Stadt konstitutiv in die Selbstentwicklung und Selbstbeschreibung einwirkt. Es würde zudem folgen, dass Fragen nach der Verantwortung in Bezug auf Stadtentwicklung und Baukultur nie nur pauschal, sondern immer auch stadtspezifisch beantwortet werden müssen.

Die Stadt als konjunktiver Erfahrungsraum

Dass Menschen sich stärker mit ihrem Stadtviertel denn mit der Stadt identifizieren (z. B. Gemeinnützige Hertie-Stiftung Hg. 2010), zeigt im Umkehrschluss, dass sie auch die Stadt als Einheit mit Sinn für das eigene Leben anreichern. Städte sind (wie Quartiere und Nationen) auch – und ganz wesentlich – Orte, die die Erfahrung eines „Wir" ermöglichen (ebda.: 347). Dieses „Wir" (wir New Yorker, wir Salzburger, wir Darmstädter, ...) ist kein Ausdruck von einer Deckungsgleichheit möglicher Erfahrungen städtischer Bürger/-innen. Eine Weltsicht, die eine Stadt als Wir-Beziehung setzt, bedeutet zunächst nichts anderes als die Erfahrung sozialer Umwelt in räumlicher und zeitlicher Koexistenz (Schütz 1991: 227). Durch die Leibhaftigkeit des Miteinanders wird ein gemeinsames Bewusstsein, Bewohner/-innen dieser Stadt zu sein, möglich, das noch keine Aussage über den Inhalt der Erfahrung dieses „Wirs" ermöglicht. Die Erfahrung des „Wirs" in einer Stadt und als Stadt bedeutet nicht, dass diese Stadt Erfahrung homogenisiert. Ein „Wir" als konstitutiv zu setzen, negiert nicht die Existenz der Vielfalt der Lebenswelten. Perspektiviert wird schlicht die Erfahrung vom „Wir", welche die Erfahrung des Ichs überhaupt fundiert (ebda: 230. Scheler 1926: 475f.). Dies ist ein Gedanke, den auch Karl Mannheim ausarbeitet, wenn er schreibt, dass die „Vorbedingung der Selbsterkenntnis (...) die soziale Existenz" (Mannheim 1980: 213) ist. Wenn also, wie wir am Beispiel der Stadt Darmstadt zeigen konnten (Löw/Noller/Süß 2010), die Stadt in affekthaften Zuschreibungen, welche von Ruhe und Gelassenheit geprägt sind, erfahren wird, dann vermag man daraus keine Aussage darüber ableiten, was Ruhe und Gelassenheit für jeden einzelnen Darmstädter oder je nach Milieu bedeuten. Es mag der Eindruck dominieren, dass Probleme in dieser Stadt pragmatisch durch Konfliktvermeidung, langsame Entscheidungsfindung, Kommunikation, Kompromissbildung, Prozesse des Aushandelns sowie durch Schaffung einer günstigen Atmosphäre für gegenseitiges Kennenlernen gelöst werden (ebda.: 264ff.). Dieser Eindruck wird jedoch für die Politiker/-innen im Rathaus anders gefärbt sein als für die Punker, die vor dem Rathaus ihren Treffpunkt haben. Mehr noch: Manche werden umso schneller reden, arbeiten, laufen in einer Stadt, die man alltagsweltlich als phlegmatisch erleben kann, andere wiederum passen sich dem Rhythmus der Stadt an. Das „Wir" in Darmstadt bezieht sich auf die Erfahrung von Entschleunigung.

Karl Mannheim steht für das Projekt, eine sinnverstehende Soziologie weiterzuentwickeln, die das Individuum in seinen deutenden Handlungen stets als sozial und räumlich verortetes denkt. Kein Bewusstseinsakt ist von dem Gefüge (Mannheim spricht auch von dem Gewebe), in dem man denkt und das man erlebt, zu trennen. Wissen entsteht im Rahmen gemeinsamen Schicksals, gemeinsamen Handelns und in der Konfrontation mit gemeinsamen Schwierigkeiten (ausführlich Mannheim 1985, orig. 1929: 27ff.). Die Kategorie der Erfahrung ist gerade nicht subjektzentriert als einzigartige Sinngenese zu verstehen, sondern erfasst einen konjunktiven, d. h. die Gemeinschaft verbindenden, Erfahrungsraum. Der Begriff des konjunktiven Erfahrungsraums meint das gemeinsame und damit verbindende Erlebnis, das sich über Generationslagen ebenso herstellen kann wie über ortsgebundene Gemeinschaft.

Mannheim stellt sich Erfahrung als Inkorporation vor. „Die Dinge können ‚draußen' bleiben und dennoch ist das, was wir von ihnen in uns aufnehmen, eine Verschmelzung ihrer mit unserem Selbst, und ihre Erkenntnis ist nicht eine Distanzierung, sondern ein Aufnehmen ihrer in unseren existenziellen Bestand" (Mannheim 1980: 208). Wir schmecken seine „seelische Eigenart" (ebda.). Mit den „räumlichen Sensorien", so schreibt Mannheim weiter, werde zugleich „unsere Seele affiziert" (ebda.). Das Aufnehmen (einer Stadt) in die gewonnene Weltsicht ereignet sich, so kann man Mannheim zusammenfassen, durch den Umgang mit derselben, das Riechen, Tasten, Sehen, Hören oder schlicht durch die Einbettung

Anpassung und Wirkung

von Erfahrung (vgl. auch Giddens 1988; Loer 2007). Hans-Georg Gadamer beschreibt diese Inkorporierung explizit als Merkmal der Stadt und leitet genau hieraus die gestaltgebende Wirkung als eigene Einheit ab, wenn er schreibt, die Stadt sei „eine Welt, die man nicht von vornherein in objektiver Distanz eines Gebildes anschaut, sondern in der man lebt, die einem ins Blut geht und deren Gestalt sich langsam dem in ihr lebenden so heraushebt, wie sie sich selbst aus dem geschichtlichen Prozess ihres Wachsens zu ihrer nie ganz fertigen und vollendeten Gestalt bildet" (Gadamer 1977: 85).

Nun spricht Karl Mannheim nicht nur von Erfahrung, sondern vom konjunktiven Erfahrungsraum, weil soziale Prozesse keine individuellen, sondern kollektive Vorgänge sind. Er konstruiert einen gemeinsamen Erfahrungsraum – in dem hier diskutierten Fall wäre das die Stadt – welcher gemeinsames Erkennen, deutendes Handeln, nicht nur möglich macht, sondern auch nahelegt. Erfahrungsgemeinschaften sind vielfältig denkbar, eine relevante Form ist die Erfahrung, die man durch eine Stadt gewinnt. In diesem Sinne hat nicht nur Thomas Mann (1960, orig. 1926) die Stadt Lübeck als Auslöser einer persönlichen Lebensform, -stimmung und -haltung beschrieben, sondern auch Nikolai Anziferow versucht, die „Seele Petersburgs" (2003, orig. 1922) als Erfahrungsgemeinschaft zu verdichten.

Allgemeiner formuliert heißt das: Im Prozess des Vertrautwerdens mit einer Stadt bilden sich Erfahrungsgemeinschaften heraus, die Regelzusammenhänge vor Ort kennen und ihnen Sinn zuschreiben, die diese Erfahrung in Wort und Bild jedoch auch verbreiten. Dieser Prozess der existenziellen Bezogenheit auf die Stadt kann als „Eigenlogik der Städte" auf den Begriff gebracht werden (zum Begriff der Eigenlogik vgl. folgende Veröffentlichungen im Kontext der Darmstädter Stadtforschung: Berking 2008, Gehring 2008, Löw 2008, Zimmermann 2008, Löw/Terizakis 2011). „Eigenlogik" erfasst die verborgenen Strukturen der Städte, als vor Ort eingespielte, zumeist stillschweigend wirksame Prozesse der Sinnformung mitsamt ihrer körperlich-materiellen Einschreibung (vgl. zur „praktischen Logik" Bourdieu 1976: 228ff.). In diesem Sinne bezeichnet „Eigenlogik" auch eine Konstellation spezifisch zusammenhängender Wissensbestände und Ausdrucksformen, mittels derer sich Städte zu Sinnprovinzen (Berger/Luckmann 1980: 28ff.) verdichten. Eigenlogi-

Martina Löw / Gerhard Vinken

ken werden in regelgeleitetem, routinisiertem und über Ressourcen stabilisiertem Handeln permanent aktualisiert und gegebenenfalls mehr oder weniger spürbar (wiederum „eigenlogisch", das heißt auf eine für die jeweilige Stadt typische Weise) verändert. Der Begriff der Eigenlogik fokussiert die Einsicht, dass sich unhinterfragte Gewissheit über diese Stadt in unterschiedlichen Ausdrucksgestalten im Handeln finden und insofern rekonstruieren lassen. Die Grenzen einer Stadt können hierbei konzeptuell nicht als Verwaltungsgrenzen, sondern nur als Sinngrenzen der Stadt gedacht werden, die über Benennung aber auch über gemeinsame Erfahrung rekonstruiert werden. Keiner ist nur New Yorker, wie keiner nur Amerikaner ist, dennoch ist die Stadt ein Klassifikationsprinzip, das Weltsicht auf spezifische Weise nahe legt. Quer zu den Milieus entwickeln sich, so die Ergebnisse aktueller Forschungen z. B. im Feld der Politik und der Wirtschaft einer Stadt gemeinsame Praxisformen.[1]

Mannheim

Der Prozess der Reproduktion von Sinnstrukturen und die Herausbildung einer Eigenlogik lassen sich an einer Studie, die wir im Auftrag der Stadt Mannheim durchgeführt haben, verdeutlichen (Stadtforschungsschwerpunkt der TU Darmstadt 2012). Die Frage nach der vor Ort selbstverständlich eingespielten Praxis lässt sich in Mannheim zuspitzen auf die Frage, warum eine Stadt mit derart vielen Potentialen so wenig Aufmerksamkeit auf sich zu richten vermag. Die Antwort ist vielschichtig und berührt zwei grundsätzliche Leitmotive in der Stadt: Mannheim ist eine offene Stadt, die bereitwillig Fremde und Gäste integriert. Mannheim ist aber auch die Stadt, in der man unter Stolz versteht, entdeckt zu werden.

Unter der Überschrift „Weltoffenheit vor Ort" lassen sich die Strukturen von Mannheim gut zusammenfassen. Mannheimer sind stolz darauf, dass 169 Herkunftsländer die ehemalige Heimat ihrer Bürgerinnen und Bürger bilden. Mannheim wird über Interkulturalität und ehrenamtliches Engagement charakterisiert. Zugehörigkeit zu dieser Stadt wird großgeschrieben. Leicht gerät dabei in Vergessen-

---

1 Vgl. den DFG-Paket-Forschungsverbund „Eigenlogik der Städte".

Anpassung und Wirkung

heit, dass Weltoffenheit nicht nur eine Haltung ist, die sich auf die Vielfalt in der Stadt richtet, sondern auch eine Bewegung nach außen ist. Mannheim als Knotenpunkt in internationalen Netzwerken zu denken – das fällt vielen Bürgern und Bürgerinnen, Experten und Expertinnen in Mannheim nicht leicht. Eine wesentliche Ursache hierfür ist eine nach wie vor existierende Orientierung an der Industrievergangenheit. Eine Folge ist, dass das Eigene oft so selbstverständlich und so ausschließlich als soziales Miteinander gedacht wird, dass selbst Kinder über fehlende städtebauliche Qualitäten klagen.

Mannheims Bevölkerung nimmt regen Anteil an den Geschehnissen in der Stadt. Viele Mannheimerinnen und Mannheimer engagieren sich für ihre Stadt, für andere Menschen, für Sport, für Politik. Die kulturelle Vielfalt in Mannheim ist ein hoch geschätzter Teil der Spezifik der Stadt. In jedem Interview und jeder Fokusgruppe kamen die Mannheimer und Mannheimerinnen auf die Themen Toleranz und Integration zu sprechen. Eine tolerante, integrative Haltung gehört zu den wichtigsten Bezugspunkten der eigenen Stadt. Dabei sind die Mannheimerinnen und Mannheimer bei diesem Punkt nicht unkritisch. Das Zusammenleben funktioniert im Alltag recht gut, doch sehen nicht alle Bewohnerinnen und Bewohner Mannheim als Musterbeispiel für Integration. Vielen erscheinen die Welten noch zu getrennt, doch der Wunsch zusammenzuwachsen und zusammenzubleiben ist da.

Die historische Analyse zeigt (Stadtforschungsschwerpunkt der TU Darmstadt 2012), dass Mannheim ein Selbstverständnis entwickelt hat, den Herausforderungen „aus eigener Kraft" begegnen zu können und den Aufstieg „aus eigener Kraft" erreicht zu haben, gerade weil seine Geschichte von radikalen Brüchen und Wechseln geprägt war. Seit 1907 ist der Anspruch und das Selbstbild der eigenen Kraft eine stereotype Akzentuierung, die Anlass für städtisches Selbstbewusstsein ist. Hierin artikuliert sich ganz wesentlich die Mannheimer Eigenlogik. Der Appell, sich auf die eigene (gemeinsame) Kraft zu besinnen, fördert Inklusion, betont aber auch die Weltabgewandtheit.

Wenn heute Experten und Expertinnen aufgefordert werden, Mannheim als einen Menschen zu imaginieren, dann wird Mannheim beschrieben als männlich, erfahren, in sich ruhend, sich seiner selbst bewusst seiend, offen für andere. Durchweg charakterisieren

Martina Löw / Gerhard Vinken

Experten/Expertinnen und Bürger/Bügerinnen Mannheim als offene Stadt, in der sich die Menschen für gemeinsame Belange engagieren, aber auch als Stadt, die mit sich selbst zufrieden ist und zu wenig den Blick nach außen richtet.

Selbstverständlich ist Mannheim eine weltweit vernetzte Stadt. Wirtschaftlich agieren viele global aufgestellte Unternehmen in Mannheim. Die Musikbranche lebt von globalen Flüssen ebenso wie die Konsumenten. Wie jede andere europäische Stadt auch ist Mannheim in ein weltweites System an Informations-, Finanz- und Migrationsflüssen eingebunden. Allerdings – und das unterscheidet Mannheim von vielen anderen Städten – herrscht in Mannheim die Ansicht vor, dass die Stadt sich zu wenig nach außen orientiert. Diese Selbstwahrnehmung hat positive und negative Folgen. Dieses „Miteinander" in Mannheim impliziert genauso wie die historische Schwester „aus eigener Kraft", dass jeder, der nach Mannheim kommt – nach dem Selbstverständnis – als Teil der Gemeinschaft angesehen wird und es verbindet der Stolz, so vieles gemeinsam geschaffen zu haben. Hier genau wird als Widerspruch erfahren, für sich werben zu sollen – sei es im Marketing oder im repräsentativen Bauen. Zu beobachten ist eine strukturelle Schließung nach innen.

Mannheim hat den Umbau von einer Industriestadt zu einer Dienstleistungsstadt auf der Ebene der Arbeit bereits vollzogen. 69% der Beschäftigten arbeiten im Dienstleistungssektor. Gleichwohl ist der Bezug auf die Industrietradition Mannheims ungebrochen hoch. Von vielen Bürgern und Bürgerinnen wird die Stadt nach wie vor als „traditionelle Arbeiter- und Industriestadt" erfahren.

Carl Benz, der Pionier der Automobilindustrie, ist der einzige Mannheimer „Held", der in den Interviews regelmäßig aufgerufen wird, um Mannheim zu beschreiben. Helden geben Auskunft darüber, was in einem Gemeinwesen an Selbstvergewisserungen und Selbstbildern existiert. Sie sind ein Symbol dafür, was erarbeitet wurde und was möglicherweise noch einmal wiederholt werden kann. Mit Carl Benz, dem auf der Augustaanlage eines der wenigen personenbezogenen Denkmäler gesetzt wurde, wird technologischer Fortschritt und wirtschaftlicher Erfolg in den Vordergrund gerückt. Das Bild der Erfinderstadt, das auch in den Schulaufsätzen der Werksrealschüler gerne erwähnt wird, verschiebt das eher rückwärtsgewandte Industriebild in ein zukunftsträchtiges Innovationszentrum, reproduziert aber gleichzeitig den Fokus auf Industrie(geschichte) und Wirtschaft. Kultur lässt sich mit dieser Charakterisierung nicht leicht verbinden. Dazu gehören auch die – insbesondere im Film und in der Popmusik – gepflegten Darstellungen vom industriellen, derben Mannheim, wie Helmuth Berking und Birgit Glock (Stadtforschungsschwerpunkt der TU Darmstadt 2012) aufzeigen.

Auch wenn die Industrie heute für die Mannheimer Realität nicht mehr entscheidend ist, so lebt sie doch in Köpfen der Bewohner/-innen und Besucher/-innen weiter. Selbst diejenigen, die nur vermuten, dass sie von anderen als Bewohner einer (dann immer auch als dreckig, stinkend, proletarisch abgewerteten) Industriestadt wahrgenommen werden, halten das Band zur Industriestadt aufrecht. Das Selbstverständnis, es aus eigener Kraft zu schaffen, war typisch für den Kontext von Industrie und Arbeit. Die Kraft des eigenen Körpers wird hier ebenso Bezugspunkt des Handelns wie die Solidarität der Kumpel. Heute tritt zwar Muskelkraft in den Hintergrund, doch die Vorstellung „wir in Mannheim schaffen es gemeinsam" bleibt im Kern das Selbstbild der Stadt. Die Orientierung ist aus der Erfahrung einer starken Industrie vor Ort erwachsen und hält an der kulturellen Konvention der Orientierung auf den gemeinsamen Ort fest.

So oft und so gerne Weltoffenheit in den Mannheimer Gesprächen und Dokumenten zum Ausdruck gebracht wird, gemeint ist immer die Offenheit für Fremde und für Gäste, nie Offenheit im Sinne von „sich in die Welt verteilen". Es ist eine „Weltoffenheit vor Ort", welche die Eigenlogik Mannheims auszeichnet. Vom Ort in der Welt wird kaum gesprochen. Man sieht sich nicht als Knotenpunkt im Weltgeschehen (oder nur in der Wirtschaft – nicht in der Alltagskultur der Bürger/-innen). Zwar wird bedauert, dass die Welt so wenig von dem lebendigen, multikulturellen und grünen Ort Mannheim weiß, aber das Werben für die eigene Stadt in der Welt fällt den Mannheimer Bürgern und Bürgerinnen nicht leicht. Scheint es doch evident zu sein, dass Mannheim ein Ort voller Geselligkeit und Toleranz ist.

Das Nicht-Werben betrifft auch den Städtebau: Fragt man Mannheimer/-innen nach den typischen Orten in Mannheim, dann erhält man Antworten wie: „Ganz Mannheim ist Mannheim". Die meisten Befragten haben große Probleme, konkret attraktive Orte in

Martina Löw / Gerhard Vinken

der Stadt zu benennen, die zudem die Funktion erfüllen, das Besondere von Mannheim zum Ausdruck zu bringen. „Es gibt keine typischen Orte und Gebäude", klagt ein Bürger. Dem stimmen nicht alle zu. Man einigt sich in der Fokusgruppe: „Das einzige Gebäude, mit dem sich alle Mannheimer identifizieren, ist der Wasserturm".

Architektur ist eine der zentralen symbolischen Ausdrucksformen der Gesellschaft – mehr noch: Sie ist das Medium des Sozialen (Lynch 1968; Delitz 2010). Was aber, wenn sich die Architektur einer Stadt nicht für die Bewohner/-innen und Besucher/-innen erkennbar zu einem identifizierbaren Gefüge verbindet, wie dies für Bürger und Bürgerinnen in Mannheim der Fall ist? Wenn der Eindruck entsteht, es sei überall gleich bzw. wenig prägnant? Dann führt das dazu, dass die Menschen dem gebauten Raum keinen spezifischen Sinn zuschreiben können. Die Stadt wird nicht zum Resonanzraum für das eigene Leben. Wenn es gelingt, Bauten nicht nur als homogene Masse, sondern als spezifische Leistungen in Erscheinung treten zu lassen, entstehen unverwechselbare, einzigartige, sinnstiftende Orte. Mit diesen Orten und ihrer Verknüpfung zu einem unverwechselbaren Gesicht der Stadt werden Affekte verbunden. Sie geben der Stadt eine akzentuierte Sichtbarkeit, drücken Selbstverständlichkeiten des Gemeinwesens aus und schaffen – wenn es gelingt und gewünscht ist – Anmutungsqualität.

Mannheim findet baulich keinen Ausdruck der Erfahrungsgemeinschaft, sondern die Minimierung der Kosten zur Maximierung des Nutzens wird als Handlungsprämisse in der Baupraxis erlebt. Die Stadt wird als wenig attraktiv wahrgenommen und die Sorge, dass dieser Prozess sich noch verschlimmern könnte, bewegt bereits die Schüler und Schülerinnen in ihren Aufsätzen.

„Es ist einfach keine Stadt, wo man auf den ersten Blick sagen würde ‚Oh, schön!'" In Mannheim erscheint die wenig ausdrucksstarke Architektur verständlich als Resultat der eigenen Geschichte. Gerade die überpräsente Industriegeschichte macht es für die Bürger und Bürgerinnen nachvollziehbar, Objekt von Bombardierung geworden zu sein. Man akzeptiert den schwachen räumlichen Ausdruck als traurige Folge. Nur in den Experteninterviews taucht ab und an die Frage auf, warum die anderen kriegszerstörten Städte, die wie Mannheim in der Nachkriegszeit nicht auf Rekonstruktion bestanden haben, heute häufig als charmanter wahrgenommen wer-

Anpassung und Wirkung

den. Die Antwort liegt auf der Hand: Viele Städte standen durch noch schlechtere Wirtschaftsbedingungen stärker unter dem Druck, die Außenwirkung der Stadt durch Städtebau und Architektur zu verbessern. In Mannheim verbinden sich zwei Faktoren auf ungünstige Weise: Erstens führt der Stolz, so vieles gemeinsam geschaffen zu haben, nicht nur zu Kontinuitätsbrüchen in den Bemühungen, sondern auch zu geringen Investitionen in repräsentatives Bauen. Zweitens führt die Konzentration auf den Ausbau des Wirtschaftsstandorts Mannheim zu einer Logik der Effizienz, die für Anheimelndes und Anmutendes im gebauten Raum jenseits der Gartenarchitektur bislang noch wenig Sensibilität entwickelte.

Gerade am Beispiel der lokalen Kultur des Bauens tritt in Erscheinung, wie sich emotionale und räumliche Strukturen gegenseitig verstärken. Gebaut wird in Mannheim bislang, als wollte man ehrliche Bauwerke für Menschen bauen, die gerade heraus die Wahrheit sagen. Mannheim ist die Stadt, in der arrogante Menschen nicht alt werden, heißt es im Kriminalroman. Tatsächlich liegt es in einer Stadt mit dieser Grundweltsicht fern, das barocke Erbe in Szene zu setzen. Demonstrationen von mit Macht aufgeladene Bauten mögen der ‚Seele' der Stadt wenig Ausdruck verleihen. Hierin ist auch der naheliegende Grund zu suchen, warum auch das nach dem Krieg wiederaufgebaute Schloss als nur wenig identitätsstiftend erfahren wird, wohingegen ein funktionaler Bau wie der Wasserturm akzeptabel erscheint. Repräsentation muss – und kann in Mannheim – keine Demonstration von Macht sein, sondern ist vor allem der symbolische Ausdruck einer Spezifität. Wo Spezifität fehlt, fehlt auch Wahrnehmbarkeit und Identifikation.

Die Sorge von Gymnasiastinnen und Gymnasiasten in Mannheim ist, dass immer mehr als hässlich wahrgenommene Häuser gebaut werden, dass der Verkehr zu sehr dominieren werde und dass möglicherweise sogar Grünanlagen überbaut werden könnten. Dies deutet klar auf den Wunsch hin, die stark dominierende Orientierung an Funktionalität zu durchbrechen. Hier ergeben sich zahlreiche, für Mannheim spezifische Anknüpfungspunkte, die kulturelle Performanz der Stadt zu verbessern und durch Baukultur die Identifikation der Bürger und Bürgerinnen mit der Stadt zu erhöhen. Verantwortung für Mannheim zu übernehmen, das heißt Weiterbauen im Sinne des Herstellens von Signifikanz und Anmutungsqualität.

Martina Löw / Gerhard Vinken

Fazit

Die „one size fits all"-Strategien für Stadtentwicklung haben ausgedient. Sie hatten zur Folge, dass manche Städte in ihrem neuen Kleid gut aussehen – andere nicht. Der Blick auf die Eigenlogik der Städte bedeutet Handlungsfelder und Fragestellungen für diese Stadt und ihre Wirtschaft bzw. ihre Kultur zu entwickeln. Dahinter steckt nicht nur ein Plädoyer für mehr Bauqualität, sondern auch für einen verantwortlicheren Umgang mit der Differenz zwischen Städten. Dieser Anspruch stellt sich für soziale Fragen ebenso wie für baulich-räumliche. Sozial sind Städte als verbindende Erfahrungsräume, die in das Projekt „Identität" hineinwirken, weil sie mit den ihnen eingeschriebenen Sozial-, Raum- und Gefühlsstrukturen Menschen nicht äußerlich bleiben. Baulich-materiell stellt sich an eine verantwortungsbewusste und nachhaltige Baupolitik die Anforderung, nicht einfach neu, sondern die jeweilige Stadt weiterbauen zu wollen. Weiterbauen bietet die Chance, Bezüge zwischen Bauten herstellen zu können, neue Handlungsfelder zu ermöglichen und Zeichen bzw. Monumente im Stadtbild ins Bewusstsein zu rufen, wie im zweiten Teil der Vorlesung erläutert wird.

Teil II
Bauen verantworten. Das Diözesanmuseum Kolumba in Köln

Peter Zumthors Diözesanmuseum Kolumba in Köln ist ein Aufsehen erregendes Bauwerk. Es hat auch in der Fachöffentlichkeit eine große Resonanz hervorgerufen, schon wegen seines Architekten, des Schweizers Peter Zumthor, der für seine präzisen und kompromisslosen, akribisch umgesetzten Entwürfe berühmt ist. Aufmerksamkeit erhielt Kolumba aber auch wegen der Bauaufgabe. Gerade Museumsbauten als öffentliche Bauten und als Bauwerke, die selbst zu ihrer Aufgabe, Kunst zu zeigen, als Baukunst in Wettstreit treten, ziehen regelmäßig ein großes Interesse auf sich. Schon im Vorfeld gab es Streit um die Art und Weise, in der die St. Kolumba Kapelle in den Neubau integriert werden sollte, die Gottfried Böhm in den 1950er Jahren errichtete. Von vielen wurde das Bauwerk, gerade

Anpassung und Wirkung

im Kontrast zu der kleinen Kapelle, als zu groß, zu selbstbewusst auftrumpfend empfunden. Aber insgesamt ist Zumthors Kolumba gefeiert worden, als „Kirche für die Kunst" (Kleilein 2007: 18) oder „Kunstburg des Bischofs" (Loderer 2007: 20), als „Haus für Sinn und Sinne" (Pehnt 2007: 48). Gelobt wurde das neue Museum insbesondere für „Atmosphäre und lesbare Geschichte" (Hasler 2009: 4), „Reduktion und Sinnlichkeit" (Adam 2008: 22), „Echo und Aura" (Hartmann Schweizer 2007: 17).

Im Folgenden gehen wir vor allem zwei Strängen nach. Zunächst wird der Gedanke vom Bauen als Medium des Sozialen wiederaufgenommen und der Museumsbau an den Schnittstellen von Kunst, Religion und Gesellschaft analysiert. Der zweite Teil greift das Kongressthema „Verantworten" auf, indem der Beitrag von Bauen zur ‚Identität' einer Stadt diskutiert wird, in Zeiten von Globalisierung eine besonders lohnenswerte Frage. Muss nicht jede Architektur heute auch die Frage beantworten, inwiefern in Köln bauen immer auch Köln weiterbauen oder eben „Köln bauen" heißt? Heißt Verantwortung im Bauen nicht immer die Baupraxis an der Eigenlogik der Stadt zu orientieren?

Vorgeschichte und Bauaufgabe

Wie alles in Köln, so hat auch das Diözesan Museum eine lange Vorgeschichte. Die beachtliche Kunstsammlung des Kölner Erzbistums ist neben dem Wallraf-Richartz-Museum die älteste öffentliche Kunstsammlung der Stadt, hervorgegangen aus dem 1853 gegründeten „christlichen Kunstverein für das Erzbistum Köln". Seit 1972 war sie in der Nähe des Doms im Erdgeschoss eines Verwaltungsgebäudes am Roncalliplatz untergebracht, zusammen mit Läden, Büros und Wohnungen. Seit damals gab es immer wieder Pläne, den vielfältigen Sammlungsbeständen – Goldschmiede- und Elfenbeinkunst aus dem 11.-16. Jahrhundert, liturgisches Gerät und Devotionalien wie eine Rosenkranzsammlung, aber auch mittelalterliche und barocke Bildwerke – durch einen Neubau den angemessenen Rahmen zu schaffen. In jüngerer Zeit sind neben der Mittelaltersammlung vor allem die modernen Sammlungsbestände systematisch ausgebaut worden. Neben Arbeiten aus der Nachkriegszeit

Martina Löw / Gerhard Vinken

bis in die 1970er Jahre stehen dabei auch zeitgenössische Künstler im Zentrum der Ankaufspolitik. Es dauerte aber noch bis 1994, bis die Neubaupläne konkret wurden. Den endlich ausgeschriebenen Wettbewerb gewann 1996 der Schweizer Peter Zumthor, 2008 konnte Kolumba feierlich eröffnet werden.

Gefragt, was ihn als Architekten an der Übernahme des Auftrages besonders interessiert habe, antwortet Peter Zumthor „dass man dort die Geschichte am Ort und im Bau lesen kann. (…) 2000 Jahre Geschichte, römische Ausgrabungen, romanische und gotische Kirchen, der Trümmerhaufen nach dem zweiten Weltkrieg und die Kapelle aus den 50er Jahren als Symbol des Neubeginns, unglaublich. Und da als Architekt nochmals Geschichte schreiben zu dürfen, alles zusammenzufassen, alles zu einer neuen Einheit zusammenzufügen und respektvoll zu sagen, wir stehen hier" (Zumthor 2011: 134). Architektur wird hier aufgefasst als Stifterin sozialer Einheit und als Interpretin der Gegenwart.

Annäherungen

Auf den meisten Fotos präsentiert sich das Diözesanmuseum als ein großes, blockhaftes, fast freistehendes Bauwerk aus einem Material, das aus der Ferne nicht näher zu bestimmen ist. Nähert man sich ihm leibhaftig, so gibt sich der Bau zunächst ähnlich verschlossen. Auch ein Zugang erschließt sich zunächst nicht. Ins Auge springt vor allem der prägnante obere Abschluss durch zinnen- und turmartige Aufsätze, die die Ecken betonen. Weder Grundriss noch Gesamtform lassen sich ohne weiteres erfassen. Kaum scheint eine Voraussage darüber möglich, wie die vom Betrachter nicht einzusehenden Fassaden wohl aussehen mögen. Manche Details erwecken Neugierde. Die fugenlosen Oberflächen, die man von Weitem für einen hellen Sichtbeton halten mag, entpuppen sich von Nahem als Mauerwerk: ein handwerklich gefertigter und handversetzter weißgrauer Backstein in einem sehr gestreckten, schmalen Format, das an römische Ziegel erinnert, mit breiten handgestrichenen Fugen. Daneben fallen Wandpartien ins Auge, die offensichtlich älteren Datums sind und in den Neubau integriert wurden: mittelalterliche Mauerreste auf zwei Seiten – sowie neben dem in einer Nebenstra-

Anpassung und Wirkung

ße versteckten Eingang dunklere Wandpartien, die schwerer zu bestimmen sind (es sind dies die einzigen außen sichtbaren Teile der St. Kolumba Kapelle). Auch die übrigen Wandpartien weisen, bei aller Sparsamkeit, vielfältige und auch ungewöhnliche Elemente auf. Es sind breite Bänder zu sehen, wo die Ziegeln auf Lücke gesetzt scheinen und somit die Wände perforiert wirken; es wurden sehr hoch sitzende Fensterbänder und riesige vor die Wand tretende Öffnungen wie Schaufenster gebaut. Der Bau gibt sich verrätselt, fast hermetisch. Er bietet auch dem geschulten Auge wenig Information über seine innere Organisation, über Gliederung und Geschossteilung. Selbst seine Bestimmung bleibt unklar. Nichts weist darauf hin, dass hier eine Kapelle, eine große archäologische Grabungsfläche und ein Museum vor unseren Augen stehen.

Das Bauwerk strahlt so eine doppelte Nachricht aus: Es erweckt den Eindruck, dass man hier etwa Neuem, nie Gesehenen, Vorbildlosen gegenübertritt, aber dies nicht in der Form des Spektakels oder der großen Geste, wie etwas bei Frank Gehrys Museo Guggenheim-Bilbao. Zumthors Architektur rekurriert in ihrer Nüchternheit und eckigen Sachlichkeit dezidiert auf moderne Pattern. Gleichzeitig vermittelt Kolumba bei aller Originalität etwas Genaues, Sorgfältiges und Kalkuliertes, dem man sofort einen Sinn unterstellt. Bei Zumthors Architekturen ist ein bis in jedes Detail gehender Gestaltungswille spürbar. Doch wirken sie nicht willkürlich, weil ihre Formen in einen modernen Diskurs über Sachlichkeit und Angemessenheit (mit dem Fluchtpunkt Funktionalität) rückgebunden sind. Sie strahlen eine Selbstverständlichkeit aus, wie wenige Architekturen seit Mies van der Rohe dies vermochten. Es entsteht eine feine Balance zwischen autonomer Freiheit und einer Selbstverständlichkeit, die an Vertrautheit grenzt und die wie ein Signet von Zumthors Entwürfen ist.

Was sich dennoch auf den ersten Blick erschließt, ist, dass hier kein gewöhnliches Stadtgrundstück zu bebauen war, sondern ein Ort vielfältiger geschichtlicher Überprägungen. Der Bauherr hatte für das neue Museum ein kompliziertes Grundstück ausgewählt. Hier stand seit alters her die kriegszerstörte Pfarrkirche St. Kolumba, in Köln ein emotional besetzter Ort. St. Kolumba zählte nicht zu den kunsthistorisch bedeutenden Bauten dieser an mittelalterlichen Kirchen so reichen Stadt, aber sie war *Parochia primaria*, älteste und

Martina Löw / Gerhard Vinken

einst reichste Pfarrkirche Kölns. Die bis in die Spätantike zurückreichende Geschichte der Pfarre fand im 2. Weltkrieg ein Ende, als die getroffene Kirche bis auf die Umfassungsmauern ausbrannte. Eine spätgotische Madonnenstatue indessen, die während des Krieges am nördlichen Chorpfeiler eingemauert war, konnte unversehrt aus den Ruinen geborgen werden. Als „Madonna in den Trümmern" wurde sie ein Zeichen der Selbstbehauptung der zerstörten Stadt, Versprechen für die Möglichkeit ihrer Regeneration. So erging der Auftrag an Gottfried Böhm hier eine Kapelle für das Bildwerk zu errichten. Der Wiederaufbau der Kirche selbst erschien dagegen unsinnig, weil St. Kolumba durch die Umwandlung der Kölner Kernstadt zum Geschäftszentrum kaum mehr über eine aktive Gemeinde verfügte.

1950 schuf Böhm in dem romanischen Turmstupf einen Kapellenraum, der sich nach Osten durch einen polygonalen, in Beton ausgeführten Zentralbau mit Zeltdach erweiterte. 1957 kamen eine Beicht- und Sakramentskapelle hinzu (ihre Außenwand ist neben dem Eingang des Museum zu sehen). Als Oase in der Trümmerwüste entstanden, ist die Kapelle bis heute ein populärer Ort. Laut Auslobungstext für das Museum sollte sie ebenso in den Neubau übernommen werden, wie die erhaltenen Außenmauern der zerstörten Kirche, einer spätgotischen Basilika sowie umfangreiche Befunde, die bei Grabungen innerhalb ihrer Grundmauern ans Licht gekommen waren. Dazu zählen Mauerzüge von mehreren, bis in die Merowingerzeit zurückreichenden Vorläuferkirchen, aber auch römische Siedlungsreste und zahlreiche Grabgewölbe. Und zu alledem mussten selbstverständlich ausreichend Räumlichkeiten für die Zurschaustellung der heterogenen Sammlungsbestände geschaffen werden. Fürwahr eine ungewöhnlich anspruchsvolle Bauaufgabe.

Zumthors Lösung

Zumthors Neubau nimmt die gesamte Fläche der kriegszerstörten Pfarrkirche St. Kolumba und des ehemaligen nördlich anschließenden Minoritenklosters (ein Nachkriegsgebäude) ein. Der Eingang zum Museum ist fast demonstrativ unspektakulär. Eine ähnlich antirepräsentativ zu nennende Lösung suchte der Architekt schon bei seinem letzten großen Museumsbau, der Kunsthalle Bregenz. Nur

Anpassung und Wirkung

Eingeweihte, so scheint es, sollen hier Einlass finden. Ein Besucher, der Kolumba betritt, benennt die Schwellensituation explizit: „Es ist ja hier wie beim Betreten einer Kirche". Die Kassiererin nickt.

Bescheiden dimensioniert ist das Foyer, in dem sie sitzt: Sichtbeton, veredelt durch gezielt eingesetzte Materialien: die sehr warmen Töne der Edelhölzer an Empfangstresen und Garderobe, den Boden aus Muschelkalk. Als Leitmotiv des Museums ist bereits hier das Zeigen thematisiert. Und mit dem Zeigen einher geht der Entzug: Neugierde steigerndes Verbergen. So erschließen sich im Foyer weder der Zugang zu den Sammlungsräumen, noch zur archäologischen Zone. Stattdessen wird der Blick gleich wieder hinaus gelenkt. Durch ein wandhohes Fenster erhält man Einblick in den Museumsgarten. Bekiest, baumbepflanzt und eingefasst mit einer Stampfbetonmauer ruft er in seiner demonstrativen Aufgeräumtheit Klostergärten, auch asiatische auf. Die ausgestellten Skulpturen verstärken den meditativen Zug. Vom ersten Moment an wird Kunstgenuss hier mit Versenkung, Stille und Kontemplation assoziiert.

Die archäologische Zone befindet sich hinter einer verschlossenen Tür, die zudem noch ein lederner Vorhang abschirmt. Dahinter öffnet sich das überraschend große Ausstellungsgelände, ein zwölf Meter hoher, spektakulär beleuchteter Raum. Technisch ermöglicht wird diese Konstruktion durch schlanke Stahlstützen mit Mörtelmantel, die teils im doppelschaligen Mauerwerk verborgen werden und die das darüber liegende, oberste Museumsgeschoss tragen. Das Mauerwerk ist somit vom Tragen entlastet. Durch den vielfach durchbrochenen Raumabschluss herrschen konservatorisch günstige Außentemperaturen. Das nur gefilterte einfallende Licht wird durch starke Spots ergänzt. Böhms Kapelle ist diesem Schauraum wie ein leuchtendes Juwel eingestellt. Die akribisch gesicherten vielschichtigen Grabungsergebnisse sind weder beschriftet, noch werden sie erläutert. Ein in raumgreifenden Zickzack geführter Laufsteg trägt darüber hinweg. Dies ist kein Lehr-, sondern ein Stimmungsraum, in dem der ‚Atem der Geschichte' weht, Vergänglichkeit und Ruinenmelancholie, die „ewige Schaustellung des Kreislaufes vom Werden und Vergehen" (Riegl 1988, orig. 1903: 61), gerahmt und gesteigert durch eine ‚auratische' Architektur.

Die vom Foyer aus zu den eigentlichen Sammlungsräumen führende enge Treppe ist ein Schwellen- und Zwischenraum von de-

Martina Löw / Gerhard Vinken

monstrativer Kargheit und Steilheit. Die Annäherung an die Kunst ist hier als ein Aufstieg, ein „hinter sich lassen" in Szene gesetzt und mit Reinigung und Entschlackung assoziiert. Das zweite Hauptgeschoss nimmt in seiner Gliederung den Kirchengrundriss auf, transponiert ihn in die Höhe. Zumthor nutzt die Vorgabe zur Herstellung starker Kontraste zwischen einem unregelmäßigen platzartigen Hauptraum und kleineren Räumlichkeiten, die in den ‚Seitenschiffen' untergebracht sind. Dort wiederum sind jeweils zwei sehr unterschiedliche Raumeinheiten gekoppelt: kleine Kabinette, die mal nur künstlich, mal von wandhohen Fenstern beleuchtet sind, und hohe sehr steile Turmräume mit hochliegenden Fenstern. Die dadurch entstehenden räumlichen Kontraste werden durch die Materialwahl betont: Lehmverputzte Backsteinwände und Terrazzoboden auf den „Wegen" und „Plätzen", mit warmen Farben gestrichene Mörteldecken und Böden in den hausartigen Kabinetten.

Die Kabinette betritt man über akzentuierte Schwellen, die Zumthor von unten anleuchtet. Permanent ist der Besucher gezwungen, den Rhythmuswechsel der Räume körperlich nachzuvollziehen. Die Frage der Beziehung zwischen den ausgestellten Objekten und den Räumen stellt sich durch die Schwellen umso dringlicher. Stefan Kraus hat eine Ausstellung konzipiert die Kontraste schafft. Ein romanisches Kruzifix muss sich neben Joseph Beuys „Fichtenstamm und Berglampe" behaupten, ein blattvergoldeter Garderobenständer aus den 1970er Jahren neben einem spätgotischen Hausaltar. Es gehe um den unauflösbaren Zusammenhang von Denken und Glauben heißt es im Begleitbüchlein. Auch die Materialien wechseln. Im Armarium mit seinen Reliquien und Monstranzen überrascht das tiefe Schwarz der Wand bei zufälliger Berührung durch warme Samtverkleidung. Den Kirchenschatz kontrastiert im gleichen Raum eine Diashow über eine elegant möblierte Containerbibliothek. Die Ausstellungsstücke sind nicht durch Schilder markiert. Wer wissen will, muss lesen oder genau hinsehen. „Dann betrachten wir, schauen wir, und dann geht uns ein Licht auf. Das ist der Sinn des Konzepts" erläutert Joachim Kardinal Meisner im Interview (Meisner 2011: 13). Die Kunst sei die erste Tochter der Religion. Kunst werde museal (d. h. steril), so Meisner weiter, wenn sie von der doxa theou, der Kirche, der Spiritualität, dem „Lobgesang der Steine" so Meisner wörtlich getrennt werde (ebda.: 18).

Anpassung und Wirkung

Zumthor hat Räume geschaffen, die auf Stimmung und Wirkung angelegt sind: Sie intensivieren das Kunsterlebnis, das als eine Auseinandersetzung zwischen dem ‚eingestimmten' Individuum und einem autonomen Kunstwerk vorgestellt wird. Nicht nur die kontrastive Hängung auch die kontrastiven Raumerfahrungen zwingen zum Nachdenken über Glauben, über Entwicklung, über Ursprung, über die Frage, ob das Neue nicht nur die Fortschreibung des Alten, die Moderne Kunst immer noch die erste Tochter der Religion ist. Man sucht den Bruch und findet ihn nicht in der Beziehung zwischen Kunstwerken verschiedener Jahrhunderte, sondern zwischen Räumen mit ihren alten und neuen Werken. Die Außenwelt, die Stadt Köln, scheint im Museum fern. Gezielte Ausblicke öffnen sich auf die Stadt, die, gerahmt, entrückt, ebenfalls zum Anschauungsobjekt wird. Der Kölner Dom bleibt in Sichtweite, so als hätte man ihn extra für Kolumba an diese Stelle gerückt.

Peter Zumthor, so kann man zuspitzen, hat wenig Scheu, das Museum als Ort des Glaubens zu reinszenieren. Bei Zumthor hat das Zeigen und Verbergen, das Scheiden und Öffnen keinen institutionskritischen Impetus. Was sich beobachten lässt, ist eine durchgängige, von Architektur und Beleuchtung unterstütze Ästhetisierung der Objekte, ihre Inszenierung als ‚Kunst-Werke', die für sich stehen. Das auf Kolumba gemünzte und wohl als Kompliment gedachte Wort des Kardinal Meisner „Sakralbau in den Dimensionen eines Museums" (Kleilein 2007: 18) trifft bei aller Ungenauigkeit doch das Schaffen des Schweizer Architekten, der die Geschichte des Ortes in einem Bau zusammenfassen wollte, aber Glauben in einem Profanbau Ausdruck verleiht.

Peter Zumthor hat mit dem Diözesanmuseum Innenräume geschaffen, die Geheimnis, Einweihung, Kontemplation, Aufstieg, Heiligtum, Ehrfurcht und Schwelle inszenieren. Es ist die Herstellung eines außeralltäglichen Raums im Alltag. Der Bau vermittelt Ruhe, Besinnlichkeit, Nachdenklichkeit – und den Blick auf den Dom. Liest man das Museum als verkörperte Selbstdarstellung einer Ordnung, dann inszeniert der Bau in seiner Betonung der Nachdenklichkeit und der Entschleunigung, der Arbeit für die Ruhe und die Tradition geradezu die permanent drohende Gefahr des Versagens alltäglicher Ordnung in der Moderne und somit die Labilität menschlicher Existenz. Das Museum als Kunsttempel ist ein Archetyp bürgerlichen Selbstverständnisses, buchstäblich ausformuliert in den Tempelfassaden des Londoner British Museum, wie in Schinkels Berliner „Altem" Museum. Das Wort von der Kunst als bürgerliche Ersatzreligion wird im Diözesanmuseum ausbuchstabiert in exklusiven Kunsträumen der Kontemplation und Versenkung. Kolumba vermittelt den Eindruck, die Antwort auf eine (gottferne) Moderne zu wissen: als ein Profanbau, der transzendente Erfahrung ermöglichen will.

Köln bauen

Die Stärke der Entwürfe Zumthors liegt indessen, das ist unsere These, nicht in dem Anspruch, stimmungsvolle Räume zu schaffen oder, wie schon in der Valser Therme, herkömmliche Grenzen profaner und säkularer Architektur zu befragen. Die eigentliche Stärke der Bauwerke Zumthors liegt in ihrer vielschichtigen Bezogenheit auf den Ort, dem Schaffen von Bezügen und Interaktionen, die weit über ein Eingehen auf die konkrete bauliche Umgebung hinausgehen. Mit Kolumba übernimmt Zumthor Verantwortung für Köln, indem er die Aufgabe in Köln zu bauen, ernst nimmt. Diese These mag erstaunen angesichts der teilweise harten Kritik, die sich auf die Außenwirkung des angeblich zu großen Museums richtete. „Es hilft nichts" schreibt der dem Architekten ansonsten wohlgesonnene Wolfgang Pehnt im ‚Baumeister', „wie der Außenbau mit der Situation umgeht, das ist eine Schwäche des Entwurfs. Schwach ist er, weil er so stark auftritt" (Pehnt 2007: 57). Zu den Vorwürfen vom „übermäßigem Selbstbewusstsein" und „Überbietungswunsch" gesellt sich bei Pehnt noch ein weiterer. Das Diözesanmuseum biete ein „harmonisierendes Bild der Einheit", glätte die bestehenden Brüche und Konflikte; damit sei für Köln das „Ende der Wundpflege" angebrochen (ebda.; vgl. ders. 1998).

Interessant ist an dieser Kritik zunächst, mit welcher Selbstverständlichkeit als zentrale Aufgabe an diesem Bauplatz in der Kölner Innenstadt eingefordert wird, die Wunde des Krieges offen zu halten. Diese Wunde, die zu der Zeit von Böhms Kapelle noch frisch und offen war, ist inzwischen verwischt und von ganz anderen, banaleren Verletzungen überlagert: von einer Stadtplanung, die lange

Anpassung und Wirkung

die Bedürfnisse des Verkehrs an die erste Stelle rückte und mit der Nord-Süd-Fahrt eine Stadtautobahn durch das Kerngebiet des alten Köln trassierte, vor allem aber auch von einer gesichtslosen Investorenarchitektur, deren Zumutungen wir uns Normalität zu nennen gewöhnt haben. Zumthor war nicht nur mit einer komplexen Bauaufgabe und einem komplizierten Raumprogramm konfrontiert, sondern mit einem Grundstück in einem Bereich von Köln, der aus den Fugen geraten war. Am Westrand der City stand das Kapellchen verloren unweit jener die Räume zerschneidenden Stadtautobahn und der Hohen Straße, eine der ersten Fußgängerzonen Deutschlands, die das baulich traurige Schicksal anderer Konsummeilen und Shopping-Paradiese teilt. Heterogenes, Zufälliges, auch Missglücktes und Vermurkstes war hier kein Beiprogramm und Störfaktor in einer lesbaren Stadt – so etwas kann ja auch sehr erfrischend sein – sondern die triste Hauptstimme. Was für ein Zuruf, ein Maßstab wäre aus diesem Kontext zu gewinnen? Die direkte Umgebung besteht aus Büro- und Geschäftshäusern von teilweise beträchtlichem Volumen. Es finden sich auf den Nachbargrundstücken mehr oder weniger gelungene Beispiele aller Baustile und Formen von etwa 1900 bis heute: Repräsentationsbauten aus der Ausbauzeit der City im früheren 20. Jahrhundert, viel Wiederaufbauarchitektur, die im Vergleich zu jüngeren Schöpfungen oft erfrischend sparsam wirkt, und direkt gegenüber an der Brückenstraße eine Inkunabel der Vorkriegsarchitektur, das Dischhaus. 1929/30 von Bruno Paul in seinen schweren und doch eleganten Stromlinienformen errichtet, wird es von Zumthors Museum überragt – wie einst von der St. Kolumba Kirche.

Doch was heißt groß oder zu groß? Soll sich ein Museum, immerhin eine prominente öffentliche Bauaufgabe, an seine Umgebung anpassen, Einpassung suchen? Die inzwischen fast zu einem Konsens gewordenen Forderungen nach einer „Stadtreparatur" oder „einer kritischen Rekonstruktion" (Henneke 2010) scheinen das nahe zu legen: Dass die bestehende Stadtumgebung Maßstab und Muster für jede Intervention bereithält. Doch liegt dem Kontext-Argument oft ein Missverständnis oder zumindest eine Verflachung der ursprünglichen Argumentation zu Grunde. Gerade Aldo Rossi, der Autor der „Stadtarchitektur" (1982, orig. 1966) und Pate des „ortsbezogenen Bauens", hat sich gegen dieses Missverständnis zur

Martina Löw / Gerhard Vinken

Wehr gesetzt. Architektur solle sich am „Kontext" im Sinne der unmittelbaren Umgebung orientieren (Rossi 1982, orig. 1966: 126–127). Für Rossi hat Architektur im Ort (locus) ihren Ausgangspunkt (ebda.: 103–106). Sie ist eine ortsspezifische Handlung und in ihrem Kern ein Zeichen, das dieser Handlung Dauer verleiht. Ortsbezogenes Bauen ist für ihn ein künstlerisch-kreativer Prozess; keine Imitation oder Anpassung. Für den italienischen Rationalisten, der alle architektonischen Formen aus allgemeingültigen Typen ableiten wollte, begründet sich die notwendige Einzigartigkeit von Architektur (er spricht von Monumenten) in einem Rekurs auf die Spezifik des Ortes und seiner Geschichte. Monumente sind jeweils Unikate und sie sind fatti urbani, städtische Artefakte. Sie vergegenwärtigen den Ort und seine Geschichte. Sie sind bedingt und bedingend, Träger und Stifter städtischer Identität (ebda: 32–35).

Ist Zumthors Kolumba ein Monument, ein *fatto urbano* in Rossis Sinne? Bei allen unübersehbaren Unterschieden zwischen dem italienischen Rationalisten und dem Schweizer, der sich als einen Essentialisten bezeichnet (Kimmelman 2011), kann man einer solchen These mit Gewinn folgen. In der eingangs formulierten Annäherung zeigte sich bereits der Doppelcharakter des Diözesanmuseums. Es hat die Anmutung eines Unikats und gleichzeitig steht es mit einer großen Selbstverständlichkeit an diesem Ort, bedingt und bedingend, um einmal mehr Rossi zu zitieren: ein überaus gelungenes Beispiel für ein unemphatisches „Weiterbauen". Zumthors Architektur ist durchsetzt von Dopplungen, Ambiguitäten und Spannungen, die sich aus dieser Zweipoligkeit begründen: dem Anspruch, Monument zu sein und einem vielschichtig eingespielten Ortsbezug. Diese Dopplung und ihre Umschlagspunkte lassen sich auf vielen Ebenen aufspüren. Das beginnt mit der Grundform. Einerseits folgt Kolumba akribisch den Baufluchten des Vorläufers mit allen seinen Unregelmäßigkeiten. Diese Geste des Einpassens und Schließens konterkariert der obere Abschluss, der als Öffnen und Durchstoßen (einer imaginierten Traufhöhe etwa) wahrgenommen werden kann. Entsprechend wird das in den Zinnen und Türmen vage eingespielte Bild der fest an ihrem Ort stehenden Burg im selben Moment durchkreuzt von der ostentativen fugenlosen Leichtigkeit der Wände, die sich bei entsprechendem Licht und aus der Entfernung zu einer schimmernden Hülle entmaterialisieren. Benedikt Loderer

Anpassung und Wirkung

ruft angesichts von Kolumba Le Corbusiers berühmte Definition auf, wonach „Architektur das kunstvolle, korrekte und großartige Spiel der im Licht versammelten Volumen" sei (Loderer 2007: 21) um wenig später zu konstatieren: „Mauriger kann keine Mauer sein" (ebda.: 23). Tatsächlich gibt die Behandlung der Oberflächen in Materialität und Gestaltung nicht nur spannungsreiche Verweise auf moderne und vormoderne Bautraditionen, sie kommentiert auch klug das Verhältnis des Neubaus zu seinen Vorläufern. Die massiv gefügten, aus handgestrichenen Ziegeln geschichteten Mauern rufen auf einer ersten Ebene das (vormoderne) Thema ‚Tragen und Lasten' auf, aber nur, um es sogleich zu überführen zum (modernen) Thema ‚Haut'. Diese Hautmauer umspannt die schattenlose kubische Form und wirkt als Raumhülle. Sowohl die Behandlung des oberen Wandabschlusses als auch der Fenster verstärken diesen Eindruck. Die Fenster sitzen bündig in der Wand oder sogar davor; vermieden wird so jeder Eindruck von mauerhafter Tiefe und Schwere.

Die Integration von mittelalterlichem Mauerwerk ist für Wolfgang Pehnt ein Beleg für die harmonisierende Haltung Zumthors und nur „malerische Bereicherung" (Pehnt 2007: 57). Tatsächlich nutzt Zumthor die Architekturspolien zu einer erneuten Steigerung von Komplexität. Die mittelalterlichen Mauerpartien beglaubigen einerseits in ihrer handwerklichen Herstellung die Qualität der neuen Mauern. Andererseits ist jedem ersichtlich, dass die fragilen mittelalterlichen Reste ein solches Gebäude nicht zu tragen vermögen – dass diese mauern also „Haut" sind. Darüber hinaus spielen die unterschiedlichen Wandpartien auf sehr wirkungsvolle Weise mit dem Figur-Grund-Motiv, ein Effekt, der aus der modernen Malerei vertraut ist. Einerseits wirken die spitzbogigen gotischen Formen als Figur, als „lesbares" Motiv, das sich vor der leeren Wandfläche als Hintergrund abhebt. Andererseits bekommt dieser Hintergrund eine Eigenwertigkeit, so wie bei abstrakten Bildern die Leinwand zu einem eigenwertigen Bildelement werden kann. Geschichte und Gegenwart treten in ein Spiel wechselnder Authentizitätsbehauptungen und Durchkreuzungen ein, deren Rahmen die Kunst – hier die Baukunst – ist. Weiterbauen trifft als Beschreibung für diese Mauern in vieler Hinsicht zu. Weiterbauen heißt hier auch, die Grabungen und St. Kolumba von Böhm zu integrieren sowie den Kirchengrundriss zum Ausgangspunkt der Raumgliederung

Martina Löw / Gerhard Vinken

zu machen und buchstäblich auf den Resten der Vorläufer weiter zu bauen.

Ist dieses Bauen auch ein Köln weiter bauen? „Römisch ist in Köln, der Colonia Agrippinia, immer richtig" hat Benedikt Loderer in Bezug auf das Mauerwerk etwas spöttisch gesagt (Loderer 2007: 23). Köln gehört zu den Städten, die sich ihrer Besonderheit sehr sicher sind, die für alles Mögliche und Unmögliche die Wirkung eines *Genius Loci* in Anschlag bringen. Schon der Wiederaufbau stand unter der einprägsamen Formel „Köln bleibt Köln" (Vinken 2010: 161–184), und manche Rezension des Diözesanmuseums ist in der Diktion dieser Beschwörung ewig Kölnischen erstaunlich nahe, etwa wenn es heißt, der „geistige Gehalt, der geistige Bauplan" habe im Neubau überdauert oder die „prägende Bauform" entstamme „tieferen Wurzeln: den Wurzeln der alten Stadt Köln" (Hasler: 8, 11). Ähnliches kann man schon in vielen Streitschriften aus der Zeit des Wiederaufbaus finden, etwa bei dem unübertroffenen Carl Jatho (Jatho 1946: 23–25; Vinken 2010: 182–184). Sucht man nach konkreten Vorbildern, dann ist nicht zu übersehen, dass sich Zumthor mit der Baugeschichte der Stadt auseinandergesetzt hat, besonders mit der Zeit des Wiederaufbaus, der für das Köln von heute noch immer prägend ist. Es drängt sich der Vergleich auf zu einem der besten Bauten der 1950er Jahre, dem Wallraf-Richartz-Museum von Rudolf Schwarz. Auch Schwarz suchte hier eine eigenständige, explizit moderne Position mit dem Rekurs auf das Ortspezifische zu verbinden, der hier im Material und in der Typologie fassbar ist.

Weiterbauen, Köln bauen, lässt sich noch in einem weiteren Aspekt von Kolumba aufspüren, der vielleicht der Wichtigste ist. Zumthors Bau ist Wundheilung, aber auf andere Art, als Pehnt es kritisiert hat. Sicherlich schließt Kolumba eine Wunde, die Böhms Kapelle noch artikuliert hat, und überführt die Erinnerung an den Krieg in eine andere Art des Gedenkens. Aber falls das ein Verlust ist, steht ihm ein beträchtlicher Gewinn gegenüber. In einer aus den Fugen geratenen Stadt schafft Kolumba, so wie Rossi es für ein *Fatto urbano* konstatiert hat, einen neuen Bezugspunkt, ein Gravitationszentrum. Durch jeden Blick, aus nahezu jeder Perspektive ordnen sich die Verhältnisse neu. Werte und Bewertungen haben sich verändert, Banales wird marginalisiert, neue Bezüge werden geschaffen.

Anpassung und Wirkung

Der wichtigste Effekt ist, dass an dieser Scharnierstelle andere große Architekturen aufgewertet werden. Dazu gehört natürlich das Wallraf Richartz Museum, das am Rande der City immer so etwas wie eine Insel der Ruhe war, aber auch sehr vereinsamt dort stand. Das gilt erst recht für das Opern- und Schauspielhaus, das Wilhelm zusammen mit Hans Menne ebenfalls in den 1950er Jahren errichtet hat. Der große Bau jenseits der Schneise, die die Nord-Süd-Fahrt hier geschlagen hat, stand lange zur Disposition und wirkte hinter seinem verwahrlosten Vorplatz verloren. Jetzt, in direkter Blickbeziehung zu Kolumba, wird seine Bedeutung als Primärelement im Kölner Stadtbild wieder deutlich. Und auch das Dischhaus, vorher wie ein gestrandeter Walfisch aus einer besseren Zeit, hat durch sein neues Gegenüber Mut gewinnen können. Zumthors Kolumba ist groß, aber nicht zu groß. Es stellt Bezüge her, ruft andere Handlungen, Zeichen, Monumente im Stadtbild ins Bewusstsein zurück.

Zusammenführung

Verantworten, so sollte deutlich werden, ist eine komplexe Herausforderung in der Architektur und im Städtebau. Ein Architekt wie Zumthor zeigt, was beim Bauen möglich ist, wenn der Ort und die lokale Verortung konsequent zum Ausgangspunkt genommen werden. Seine Architektur orientiert sich, räumlich, typologisch und historisch, an der Eigenlogik der Stadt und ist insofern ein Monument und Primärelement in Aldo Rossis Sinn; zugleich bedingt und bedingend (Rossi 1992, orig. 1966: 32). Architektur reflektiert hier die Erfahrungen in der Stadt. Bauen wird zu einem Weiterbauen, das für die Spezifik des Ortes sensibel ist.

Gleichwohl ist Kolumba nicht nur eine „Antwort" auf die Stadt. Im Inneren bringt das Museum die Sehnsucht nach einem Jenseits der alltäglichen Existenz zum Ausdruck und vermittelt – und das ist wohl der stärkste und problematischste Aspekt – den Eindruck, das Kunst (und Architektur) die Antwort ist. Das Museum wird geliebt und gelobt. Erstmalig strömen die Besucher wieder in Scharen in ein Diözesanmuseum. Das Museum, ursprünglich vor allem ein Ort der Bildung, wird hier reformuliert als ein Ort der Kontemplation, der Ruhe, der Versenkung. Dem Guggenheim-Prinzip, der in der

Martina Löw / Gerhard Vinken

Kunstschau Spektakel mit Kommerz verschmelzen will (Hoffmann 1999), erteilt Kolumba so eine klare Absage. Doch hat die ausformulierte Alternative, Kunsträume als Andachtsräume zu inszenieren, ihre eigenen Probleme. Das Museum als eine Sphäre der Innerlichkeit aufzufassen, heißt, gerade die Rezeption moderner und zeitgenössischer Kunst entscheidend zu verengen, ist doch in vielen Arbeiten ein – oft kritischer – Weltbezug und gesellschaftliche Relevanz programmatisch ausformuliert worden.

Die Einordnung der Kunst in die Sphäre des Sakralen fügt sich zu recht banalen, überall zu beobachtenden Grenzverwischungen, in denen Kirchen vornehmlich als Orte des Massentourismus wahrgenommen werden, Urlaub im Kloster als Wellness gilt und gregorianische Gesänge es in die Hitparade schaffen (Knoblauch 2009: 187).

Die Anforderungen, die in der Forderung nach Sensibilität für Eigenlogik steckt, nämlich Differenz ernst zu nehmen, stellt sich auch und erst recht für die Bauaufgabe Museum. Gerade in Zeiten von Globalisierung macht es Sinn, auf die Erzeugung distinkter Orte Wert zu legen: auf die Eigenlogik der Städte und auf die Spezifik der Orte.

Literatur

Adam, Hubertus (2008): Reduktion und Sinnlichkeit – Peter Zumthor: Kolumba, Kunstmuseum des Erzbistums Köln. In: Archithese, 38, Nr.1, 2008, Seite 22–27.

Anziferow, Nikolai (2003, orig. 1922): Die Seele Petersburgs. München/Wien: Hanser.

Berger, Peter L./Luckmann, Thomas (1980): Die gesellschaftliche Konstruktion der Wirklichkeit. Eine Theorie der Wissenssoziologie. Frankfurt am Main: Fischer.

Berking, Helmuth (2008): „Städte lassen sich an ihrem Gang erkennen wie Menschen" – Skizzen zur Erforschung der Stadt und der Städte. In: Berking, Helmuth/Löw, Martina (Hrsg.) (2008): Eigenlogik der Städte. Frankfurt am Main: Campus, S. 15–31.

Bourdieu, Pierre (1976): Entwurf einer Theorie der Praxis auf der ethnologischen Grundlage der kabylischen Gesellschaft. Frankfurt am Main: Suhrkamp.

Delitz, Heike (2010): Gebaute Gesellschaft. Architektur als Medium des Sozialen, Frankfurt am Main: Campus.

Gadamer, Hans-Georg (1977): Philosophische Lehrjahre. Eine Rückschau. Frankfurt am Main: Klostermann.
Gehring, Petra (2008): Was heißt Eigenlogik? Zu einem Paradigmenwechsel für die Stadtforschung. In: Berking, Helmuth/Löw, Martina (Hrsg.) (2008): Eigenlogik der Städte. Frankfurt am Main: Campus, S. 153–167.
Gemeinnützige Hertie-Stiftung (Hrsg.) (2010): Hertie-Studie Frankfurt-RheinMain. Wissenschaftliche Leitung: Helmut Anheier, Klaus Hurrelmann, Andreas Klocke. Frankfurt am Main: Societätsverlag.
Giddens, Anthony (1988): Die Konstitution der Gesellschaft. Grundzüge einer Theorie der Strukturierung. Frankfurt am Main/New York: Campus.
Goffman, Erving (1971): Interaktionsrituale. Über das Verhalten in direkter Kommunikation. Frankfurt am Main: Suhrkamp.
Hartmann Schweizer, Rahel (2007): Echo und Aura. In: Tec 21, 2007, S. 17–23.
Hasler, Thomas (2008): Atmosphäre und lesbare Geschichte. Kolumba, Erzbischöfliches Museum in Köln. In: Werk Bauen + Wohnen, Jg. 95/62, Nr. 4, 2008, S. 4–13.
Held, Gerd (2005): Territorium und Großstadt. Die räumliche Differenzierung der Moderne. Wiesbaden: VS Verlag für Sozialwissenschaften.
Hennecke, Stefanie (2010): Die Kritische Rekonstruktion als Leitbild. Stadtentwicklungspolitik in Berlin zwischen 1991 und 1999. Hamburg: Verlag Dr. Kovać.
Hoffmann, Hilmar (Hrsg.) (1999): Das Guggenheim Prinzip. Ostfildern: DuMont Reiseverlag.
Jatho, Carl Oskar (1946): Urbanität. Über die Wiederkehr einer Stadt. Düsseldorf: Schwann Verlag.
Joas, Hans (1994): Kreativität und Autonomie. Die soziologische Identitätskonzeption und ihre postmoderne Herausforderung. In: Görg, Christoph (Hrsg.) (1994): Gesellschaft im Übergang. Perspektiven kritischer Soziologie. Darmstadt: Wissenschaftliche Buchgesellschaft, S. 109–119.
Kimmelman, Michael (2011): The Ascension of Peter Zumthor. In: The New York Times, Sunday Magazine, 13.3.2011, S. MM 32.
Kleinlein, Doris (2007): Eine Kirche für die Kunst. In: Bauwelt, 39, 2007, S.18–27.
Knoblauch, Hubert (2009): Populäre Religion. Auf dem Weg in eine spirituelle Gesellschaft. Frankfurt am Main: Campus.
Loderer, Benedikt (2007): Die Kunstburg des Erzbischofs. In: Hochparterre, 11, 2007, Titelgeschichte, S. 20–28.
Loer, Thomas (2007): Die Region. Eine Begriffsbestimmung am Fall des Ruhrgebiets, Stuttgart: Lucius & Lucius.
Löw, Martina (2008): Soziologie der Städte. Frankfurt am Main: Suhrkamp.

Löw, Martina/Noller, Peter/Süß, Sabine (Hrsg.) (2010): Typisch Darmstadt? Eine Stadt beschreibt sich selbst. Frankfurt am Main: Campus.
Löw, Martina/Terizakis, Georgios (Hrsg.) (2011): Städte und ihre Eigenlogik. Ein Handbuch für Stadtplanung und Stadtentwicklung. Frankfurt am Main/New York. Campus.
Lynch, Kevin (1968): Das Bild der Stadt. Bauwelt-Fundamente Band 16. Vieweg, Braunschweig 1968
Mann, Thomas (1960, orig. 1926): Lübeck als geistige Lebensform. Herausgegeben von Peter Walter, Frankfurt am M: S. Fischer Verlag.
Mannheim, Karl (1980): Strukturen des Denkens. Frankfurt am Main: Suhrkamp.
Mannheim, Karl (1985, orig. 1929): Ideologie und Utopie. Frankfurt am Main: Klostermann.
Meisner, Joachim Kardinal (2011): Kirche als Kulturträgerin heute. Interview mit Joachim Kardinal Meisner. In: Salve. Revue für Theologie, geistliches Leben und Kultur. Sonderheft: Kolumba. S. 13–30.
Pehnt, Wolfgang (1998): Das Ende der Wundpflege. In: Frankfurter Allgemeine Zeitung, 11.9.1998.
Pehnt, Wolfgang (2007): Ein Haus für Sinn und Sinne. Diözesanmuseum Kolumba in Köln. In: Baumeister 104, Nr. 11, 2007, S. 48–63.
Riegl, Alois (1988, orig. 1903): Der moderne Denkmalkultus, Sein Wesen und seine Entstehung. In: Georg Dehio/Alois Riegl: Konservieren, nicht restaurieren. Streitschriften zur Denkmalpflege um 1900. Mit einem Kommentar von Marion Wohlleben und einem Nachwort von Georg Mörsch (= Bauwelt Fundamente 80). Braunschweig / Wiesbaden: Vieweg, S. 43–87.
Rodenbach, Georges (2004, orig. 1904): Das tote Brügge. Stuttgart: Reclam.
Rossi, Aldo (1982, orig. 1966): The Architecture of the City. Cambridge: MIT Press, 1982 (Ital. Orig.: L'architettura della città 1966).
Scheler, Max (1926): Die Wissensformen und die Gesellschaft. Leipzig: Der neue Geist-Verlag.
Schütz, Alfred (1991, orig. 1932): Der sinnhafte Aufbau der sozialen Welt: eine Einleitung in die verstehende Soziologie. Frankfurt am Main: Suhrkamp.
Simmel, Georg (1984, orig. 1903): Die Großstädte und das Geistesleben. In: Simmel, Georg (Hrsg.) (1984, orig. 1903): Das Individuum und die Freiheit. Stuttgart: Wagenbach, S. 192–204.
Stadtforschungsschwerpunkt der TU Darmstadt (2012): Die Seele Mannheims – Eine Studie zur Eigenlogik der Stadt. Ostfildern: Thorbecke.
Taylor, Charles (1994): Quellen des Selbst. Die Entstehung der neuzeitlichen Identität. Frankfurt am Main: Suhrkamp.
Vinken, Gerhard (2010): Zone Heimat. Altstadt im modernen Städtebau. München/Berlin: Deutscher Kunstverlag.
Vinken, Gerhard (2011): Wiederaufbau als „Kampf um die Mitte". Stadtplanung zwischen technischer Erneuerung und Kontinuitätsverspre-

chen, in: Stadtplanung nach 1945 – Zerstörung und Wiederaufbau. Tagung Arbeitskreis Theorie und Lehre der Denkmalpflege, Utrecht 29.9.-2.10.2011, S. 14–21.

Wirth, Louis (1974, orig. 1938): Urbanität als Lebensform. In: Herlyn, Ulfert (Hrsg.) (1974, orig. 1938): Stadt- und Sozialstruktur. Arbeiten zur sozialen Segregation, Ghettobildung und Stadtplanung. München: Nymphenburger, S. 42–67.

Zimmermann, Karsten (2008): Eigenlogik der Städte – eine politikwissenschaftliche Sicht. In: Berking, Helmuth/Löw, Martina (Hrsg.) (2008): Eigenlogik der Städte. Frankfurt am Main: Campus, S. 207–230.

Zumthor, Peter (2011): Wenn alles, was ich geplant habe, wahr geworden wäre, wäre ich nicht so glücklich. Interview mit Peter Zumthor. In: Salve. Revue für Theologie, geistliches Leben und Kultur. Sonderheft: Kolumba. S. 125–140.

Andreas Weiß

American History „Exodus"

Ein biblisches Erzählmotiv als identitätssichernde Verantwortungsstrategie

Geschichten und Erzählungen prägen seit dem Auftreten der Sprache die unterschiedlichsten menschlichen Kulturen in den vielfältigsten Kontexten. Die zeitgenössische Kulturanthropologie rechnet diese Aktivität der Menschen zur expressiven Kulturausübung.[1] Dabei geschieht dies aber mehr als in einer rein deskriptiven Weitergabe von Information, sondern gerade in einem gruppenspezifischen Sinn generieren Erzählungen in der Dynamik von SprecherInnen und HörerInnen eine für die gesamte Gruppenidentität relevante Wirkung. „The ability of narrative to verbalize and situate experience in text (both locally and globally provides a resource for the display of self and identity."[2] Die Realisierung der sprachlichen Fähigkeit des Menschen, die vielen Anthropologen nach wie vor als sein bedeutendstes Wesensmerkmal gilt[3], stellt damit auch für die Gruppenidentität menschlicher Gemeinschaften eine zentrale Ressource dar. „It is only human to tell stories. No other animal outside the pages of *Mother Goose* or *Animal Farm*, can tell stories even half as well as we do."[4] Im Hören, Erzählen und kreativen Anpassen grundlegender Erzählmotive an gegenwärtige Situationen menschlichen Lebens vollzieht sich offenbar mehr als eine rein reflexive Bezugnahme auf Vergangenes: Hier erscheint eine beson-

1 Vgl. Kottak, Conrad Phillip, Anthropology. The Exploration of Human Diversity, Boston u.a. ⁹2002, 518f. „These manifestations are sometimes called expressive culture. People express themselves creatively in dance, music … storytelling, verse, prose, drama and comedy." (ebd.)
2 Schiffrin, Deborah, Narrative as Self-Portrait. Sociolinguistic Constructions of Identity (Language and Society, Vol. 25/2), Cambridge 1996, 167–203, hier: 167.
3 Rorarius, Winfried, Was macht uns einzigartig? Zur Sonderstellung des Menschen, Darmstadt 2006, 166–184.
4 Terrel, John, Storytelling and Prehistory (Archeological Method and Theory, Vol. 2), o.O. 1990, 1–29, hier 1.

dere Form menschlichen Verantwortungshandelns. Im Folgenden soll ein nicht-explizit moralischer Gebrauch von „Verantwortung" entwickelt werden. Verantworten in diesem Zusammenhang soll das „Antwort geben" von Menschen und Gruppen ausdrücken, die ihre eigene Lebenssituation verarbeiten und ihre jeweiligen prekären Lebensumstände kritisch und produktiv für ihre Identität rechtfertigen. Verantwortung in diesem gruppendynamischen Sinn soll ausdrücken, dass sich Mitglieder einer Gruppe durch das Aktualisieren zentraler Erzählungen in ihrem aktuellen Leben interpretativ und argumentativ im Bezug auf äußere Herausforderungen absichern. Man legt somit Rechenschaft über die eigene Identität in der jeweiligen Lage, in der sich die Gruppe oder Gemeinschaft befindet, ab, indem man auf vorhandene Erzählmotive und Traditionen zurückgreift und sich damit kreativ und reflexiv identifiziert. „Thus Polkinghorne 1988 suggests that narrative structure is a way to arrive at an understanding of the self as a whole; our actions and experiences gain meaning through their relationship to one another, as well as their relationship to general themes or plots."[5] Menschliche Gruppenidentität und Kulturgeschichte scheinen demnach nur in einem Plural, nämlich in den erzählten Geschichten und deren kontextueller Aktualisierungen zu existieren. Die Träger solch kollektiver Identitäten können – verunsichert, hinterfragt oder herausgefordert durch äußere kontextuelle Verhältnisse – auf solche Erzählmotive zurückgreifen und sich neu orientieren, wobei die benutzten Motive eine gewisse Stabilität ermöglichen. „It is also well established that stories are resources not only for the presentation of a self as a psychological entity, but as someone located within a social and cultural world."[6] Diese identitätssichernde Wirkung kann sowohl in religiösen als auch in säkularen Bereichen menschlicher Kulturgeschichte gefunden werden.[7]

5   Schiffrin, Narrative, 168f.
6   Ebd. 169.
7   So etwa im Bezug auf Identität von stigmatisierten Homosexuellen: Kaufmann, Joanne M./Johnson Catherine, Stigmatized Individuals and Identity (The Sociological Quarterly, Vol. 45/4), o.O. 2004, 807–833: „We propose that to more fully understand how gays and lesbians develop and manage their identities, we need to step back from the gay- and lesbian-identity literature and use broader theoretical ideas from

American History „Exodus"

Eines der prägendsten Verhältnisse zwischen einem kollektiven Narrativ und seiner interpretativen Aktualisierung kann im Judentum im Bezug auf die Exodus-Erzählung[8] gefunden werden. „The politics of Exodus constitute an exemplary case of the link between history and interpretive reading."[9] Nicht nur die Erinnerung und ritualisierte Aktualisierung des Exodus-Geschehens im Seder-Mahl am Passahfest[10], sondern auch die Identifikation mit zentralen Elementen des Buches Exodus, kann in der jüdischen Geschichte vielerorts gefunden werden. „The ancient tale of Israelites, Egyptians, and Canaanites resonates with a long series of historical narratives of conquest and of liberation."[11] Durch die persönliche Identifikation mit den Elementen von Erwählung, Errettung, Schutz und irdischen Prüfungen, vermochten jüdische Gruppierungen zahlreiche Formen von Unterdrückung und Benachteiligung, oftmals auch Verfolgung, kompensieren.[12] Daneben wurden aber auch mit der kreativen Anwendung des Exodus-Motivs auf die jeweiligen kontextuellen Umstände, Neuakzente in der Gruppenidentität und ihrer Verantwortung in der jeweiligen Zeit gegeben. Demnach ist die Anwendung eines solchen narrativen Motivs keinesfalls identisch mit Aktualisierungen derselben Geschichte in einer anderen Zeit.

This differs from the established notion of a „hermeneutic circle" linking only a given reader and a given text as sources and interpreters of each other, because it acknowledges the shaping force of a history of readings on the latest in their sequence. At

symbolic interactionism that aid in analyzing identity development and maintenance." (808)

8 „The book of Exodus is a theological essay in the form of narrative ... As narrative its form is very different from that employed by an Aquinas or a Karl Barth or a Tilllich." (Knight, George A. F., Theology as Narration. A commentary on the book of Exodus, Grand Rapids 1976, IX)

9 Boyarin, Jonathan, Reading Exodus into History (New Literary History Vol. 23/3), Baltimore 1992, 523–554, hier: 523.

10 Vgl. Schmitt, Rainer, Exodus und Passah. Ihr Zusammenhang im Alten Testament, Freiburg/Göttingen 1975, 87–98.

11 Boyarin, Reading, 524.

12 Vgl. Fischer, Georg/Markl Dominik, Das Buch Exodus (Neuer Stuttgarter Kommentar. Altes Testament Nr. 2), Stuttgart 2009, 391–394.

> no present moment are the potential readings of a text fully determined by its previous readings; but the range of plausible readings, of new directions of meaning, is constrained by the work the text has been used for in the past.[13]

Jedoch wäre es ein reduktionistischer Kurzschluss, die Exodus-Erzählung und ihre Anwendung nur auf die jüdische Tradition zu beschränken[14]. Vielmehr laufen Theologie und Religionswissenschaft oftmals Gefahr, die Stellung des Exodus-Motives in der Geschichte abseits europäischer Prägung nicht wahrzunehmen: Gerade die US-amerikanische Geschichte weist jedoch eine Vielzahl von Beispielen auf, die mit der Exodus-Erzählung als gruppenspezifische Verantwortungsstrategie arbeiten. Die zahlreichen Elemente des Buches Exodus wurden in der Geschichte der USA in unterschiedlichsten, sowohl explizit religiösen als auch religiös-inspirierten, säkularen Kontexten, identitätssichernd verarbeitet und aktualisiert. Die Vielseitigkeit und auch die bleibende Relevanz dieser Identitätsarbeit soll im Folgenden anhand von vier Beispielen aus der ferneren und näheren Geschichte der USA dargestellt werden. Diese dürfen als sichtbare Schlaglichter der Exodus-Erzählung und ihrer gruppenspezifischen Rechtfertigungswirkung in den USA gelten – alle Exempel stammen aus unterschiedlichen Zeiten, religiösen Wirklichkeiten und den jeweiligen Herausforderungen. Ihnen gemeinsam jedoch ist die bleibende Relevanz für fordernde Geschehnisse in der jeweils gegenwärtigen Zeit, ob im religiösen, politischen oder populärkulturellen Sinn. Dabei soll ein besonderes Augenmerk auf die Gruppenidentität der Menschen und die Stärkung dieser mit Elementen der biblischen Storyline gelegt werden. „Das uralte Bild des biblischen Exodus ist hochaktuell. Jede Zeit hat ihre ganz eigenen Herausforderungen, ihre Zwänge und Knechtschaften. Ein Aufbruch ist immer nötig."[15] Die eigene Position und die Stellung der eigenen Gruppe in der Gesellschaft und Geschichte zu verant-

---

13 Boyarin, Reading, 524.
14 Vgl. zur christlichen, islamischen und künstlerischen Wirkungsgeschichte: Fischer/Markl, Das Buch Exodus, 394–404.
15 Grasser, Patrick, Black Exodus. Die schwarzafrikanische Bürgerrechtsbewegung als Aktualisierung des biblischen Exodus, Saarbrücken 2007, 62.

American History „Exodus"

worten, kann als die fundamentale Ausrichtung der unterschiedlichen Aktualisierungen des Exodus-Geschehens gesehen werden.

I. Begründung einer Nation und ihres Sendungsbewusstseins

Als Robert Bellah 1967 mit seinem Artikel „Civil Religion in America"[16] das Sendungsbewusstsein der USA mit einer kollektiven Gottesvorstellung im Anschluss an Jean Jaques Rousseau interpretierte, stieß er damit eine Fragestellung an, die bis heute das Geschehen im intellektuellen Amerika beherrscht[17]: Wie religiös waren die Gründerväter der Vereinigten Staaten von Amerika bzw. wie sahen sich die ersten Siedler selbst? Auch wenn die Gründerväter in ihrer Formulierung der offiziellen Statuten der USA, wie Steven Waldman ausführlich zeigt[18], eine methodologische Abstraktion in einer „hands-off"-Politik wahrten, so scheint jedoch die Religion für die Masse der frühen amerikanischen Bevölkerung, besonders der ersten europäischen Siedler von biblischen Motiven nicht nur begleitet, sondern entscheidend geprägt worden zu sein. Und besonders bei diesen europäischen Auswanderern hatten Elemente der Exodus-Erzählung eine wesentliche Auswirkung auf ihre Gruppenidentität: „Die gläubigen, bibelfesten Einwanderer, die unter Todesgefahr das rettende Ufer erreicht hatten, sahen sich als das von Gott gerettete neue Israel, das in ein neues Kanaan geführt worden war."[19] Durch wortgewaltige Prediger wurde die kollektive Identi-

---

16   Bellah, Robert N., Civil Religion in America (Daedalus – Journal of the American Academy of Arts and Sciences Vol. 96/1), Cambridge 1967, 1–21.
17   Etwa die Diskussion zwischen Joseph Ellies, Michael and Jana Novak und Brooke Allen in: http://www.britannica.com/blogs/2007/05/founders-and-faith-forum-overview/
18   Waldman, Steven, Founding Faith. How Our Founding Fathers Forged a Radical New Approach to Religious Liberty, New York ² 2009.
19   Müller-Fahrenholz, Geiko, „Gott segne Amerika" Globalisierung – Religion und Politik in Amerika, in: Zager, Werner, Die Macht der Religion. Wie die Religionen die Politik beeinflussen, Neukirchen 2008, 13–35, hier: 13.

tät der Siedler angesprochen. So richtete sich etwa der puritanische Prediger John Winthrop an seine Hörer:

> We are entered into a Covenant with Him for his work. We have taken out a commission. The Lord hath given us leave to draw our own articles … For this end, we must knit together, in this work, as one man … We must uphold a familiar commerce together on all meekness, gentleness, patience, and liberality …We shall find that the God of Israel is among us. For we must consider that we shall be as a City upon a hill.[20]

Seit den ersten Besiedlungen der sogenannten „Neuen Welt" durch europäische Gruppierungen sind Zeugnisse biblischer Erwählung in vielerlei Bildern vorhanden: die Stadt auf dem Berge, das Neue Israel, das verheißene Land, der neue Bund und nicht zuletzt auch „God's own country". Der neue Kontinent war für die puritanischen Siedler nicht nur ein Ort für freie Religionsausübung außerhalb des alt-europäischen Sklavenhauses, sondern es war tatsächlich das neue Israel, „the *Promised Land* [eigene Hervorhebung] on which the faithful could build a holy commonwealth unencumbered by Old World corruption."[21] Nicht zuletzt durch die rechtliche Garantie auf freie Religionsausübung, ein politisches Resultat der Vielzahl an christlichen Strömungen und Konfessionen, verflüchtigten sich die biblischen Motive und theokratischen Bezüge im Laufe der Zeit. Jedoch das Element des Besonderen, des Erwählten – verbunden auch mit einer einzigartigen Verantwortungsüberzeugung für die gesamte Welt – blieb vorhanden.[22] „This sense of the New World's providential destiny continues to fascinate, mystify, and not infrequently horrify people in other countries."[23] Das Exodus-Motiv, das von den ersten Siedlern explizit verwendet wurde, trat zwar in seiner Ausdrücklichkeit in den Hintergrund, seine Wirkung auf die USA und die Identität ihrer Bürger blieb jedoch

---

20 Winthrop, John, Plan for a Godly Settlement 1630, zitiert nach: Allitt, Patrick (Hg.), Major Problems in American Religious History. Documents and Essays, Boston/New York 2000, 61.
21 Fowler, Robert B. u.a., Religion and Politics in America. Faith, Culture and Strategic Choices, Boulder/CO 2010, 2.
22 Vgl. Müller-Fahrenholz, Gott segne Amerika, 14.
23 Fowler, Religion, 2.

vorhanden. Die besondere Erwählung der Vereinigten Staaten von Amerika blitzte in nicht wenigen Ansprachen US-amerikanischer Präsidenten durchaus noch durch. So etwa Thomas Jefferson in seiner zweiten Antrittsansprache: „I shall need, too, the favor of that Being in whose hands we are, who led our fathers, as Israel of old, from their native land and planted them in a country of flowing with all the necessaries and comforts of life."[24] Auch heute werden biblische Zitate und zentrale Elemente der Exodus-Storyline noch in Reden amerikanischer Präsidenten eingesetzt[25], nicht zuletzt um die Identität des amerikanischen Volkes und seine Rolle in der Welt zu stärken. Und diese göttlich erwählte Vormachtstellung der USA spielt eine nicht zu unterschätzende Relevanz in der Politik der Globalisierung: „Understanding this legacy is especially important now that the United States strives to define its global responsibilities in a complex world – often in the face of resistance from other countries."[26] Robert Bellah selbst hat gezeigt, dass die amerikanische Zivilreligion auch mit anderen politischen Systemen verglichen werden kann[27], doch wird auch hier besonders die unvergleichlich wichtige Rolle der Exodus-Erzählung und ihre Wirkung auf die kollektive Identität US-amerikanischer Bürger unterschiedlicher ethnischer, religiöser und konfessioneller Zugehörigkeit betont.[28] Und diese Wirkung dauert fort, wie der letzte Präsident der Vereinigten Staaten George W. Bush mit seinem kollektiven Aufruf zu globaler Verantwortung im Krieg gegen den Terror gezeigt hat.[29] Die Art und Weise der gruppenspezifischen Verantwortungsstrategie weist auffallende Parallelen in der Geschichte auf. So etwa be-

---

24 Zitiert nach: Bellah, Civil Religion, 9.
25 Vgl. Berlinerblau, Jacques, Thumpin' It. The Use and Abuse of the Bible in Today's Presidential Politics, Louisville/London 2008, 77–94.
26 Fowler, Religion, 2.
27 Bellah, Robert/Hammond, Philipp, Varieties of Civil Religion, Cambridge u.a. 1980.
28 Vgl. zur Frage der Civil Religion und ihr Verhältnis zu den Konfessionen und zum Pluralismus: Schieder, Rolf, Civil Religion. Die religiöse Dimension der politischen Kultur, Gütersloh 1987, 217–234.
29 Vgl. Müller-Fahrenholz, Geiko, In göttlicher Mission. Politik im Namen des Herrn – Warum George W. Bush die Welt erlösen will, München 2003, 36–38.

reits in der Gründerzeit der USA selbst: George Washington erklärte bei seiner Amtseinführung[30]:

> Kein Volk ist stärker verpflichtet, die unsichtbare Hand anzuerkennen und zu verehren, die die Geschichte der Menschen lenkt, als die Vereinigten Staaten ... Die Erhaltung des heiligen Feuers der Freiheit ... [ist] recht betrachtet, tief und endgültig jenem Experiment zugehörig, das den Händen des amerikanischen Volkes anvertraut wurde.

II. Das Mormonentum und sein göttlicher Auftrag

Nicht erst die Diskussionen im aktuellen US-amerikanischen Präsidentschaftswahlkampf um die religiöse Zugehörigkeit des republikanischen Kandidaten Mitt Romney[31] hat gezeigt, dass die mormonische Gemeinschaft eine religiöse Herausforderung an die USA und ihre Bewohner darstellt. Seit dem Beginn der Formation der „Kirche Jesu Christi der Heiligen der Letzten Tage" (LDS Church) in der ersten Hälfte des 19. Jahrhunderts, wurden zentrale Bekenntnisse dieser Gruppierung infrage gestellt: Zum Einen sowohl die Authentizität der Offenbarungen des Propheten Joseph Smith und deren Zugehörigkeit zum biblischen Kanon[32], zum Anderen aber auch die Selbstidentifikation der mormonischen Kirche als spezifisch christliche Gruppierung.[33] Zahlreiche christliche Kirchen – evangelikale, fundamentalistische, aber auch Vertreter der s.g. „mainstream"-Kirchen wie Lutheraner, Presbyterianer oder Methodisten – haben nicht zuletzt wegen der Ablehnung der

30   Zitiert nach: Kippenberg, Hans G., Einführung in die Religionswissenschaft, München 2003, 94.
31   Sullyvan, Amy, Mitt Romney's Evangelical Problem. Quelle: www.washingtonmonthly.com/features/2005/0509.sullivan1.html (Zugriff am 03.01.2012)
32   Vgl. Davies, W. D., Reflections on the Mormon „Canon" (The Harvard Theological Review Vol. 79/ 1-3), Cambridge 1986, 44–66.
33   Vgl. Shipps, Jan, Is Mormonism Christian? Reflections on a Complicated Question, in: Eliason, Eric A. (Hg.), Mormons and Mormonism. An Introduction to an American World Religion, Urbana/Chicago 2001, 76–98.

American History „Exodus"

Trinitätslehre, dem Herzstück traditioneller christlicher Theologie, die Mormonische Gemeinschaft als einen „nicht-christlichen Kult" bezeichnet[34]. Diese aktuellen politischen Debatten sind jedoch nur die Resultate einer bereits in der mormonischen Gründerzeit gelegenen Ablehnung dieser Gemeinschaft. „Mormon history is filled with often heroic and always controversial accounts. From the founding of the LDS Church in 1830 to the murder of Joseph Smith in 1844 to the settlement of Utah a few years later, Mormons clashed with the broader American culture."[35] Von Anbeginn der mormonischen Formierung war diese Gemeinschaft innerhalb des US-amerikanischen Kontextes in einer äußerst prekären Lage. Man wurde von äußeren Umständen und den vorherrschenden christlichen Gruppierungen nicht nur in der persönlichen christlichen Authentizität hinterfragt, sondern auch verfolgt und unterdrückt. „The result was a great deal of pain and suffering for the Mormon people."[36] In dieser äußerst bedrohenden und aggresiven Umgebung unternahmen die Mitglieder der mormonischen Gemeinschaft eine Selbstidentifikation mit den zentralen Elementen der Exodus-Erzählung. Die Gläubigen identifizierten sich mit den in Ägypten unterdrückten Israeliten und sahen ihre lange Migrationsbewegung, die sie letztlich in das Gebiet des heutigen Utah führte, als eine von Gott geleitete Wanderung: „The Mormons have been influenced subsequentely by ritual tales [!] of privation, wandering, and delivery under God's hand, precisely as the Jews have been influenced by their stories of the Exodus."[37] Die Aktualisierung der Exodus-Storyline unter Brigham Young, dem Nachfolger des 1844 ermordeten Joseph Smith, und die Stärkung der Gruppenidentität führten zu einem starken Zusammenhalt unter den Mitgliedern der mormonischen Gemeinschaft. Man verarbeitete die eigene prekäre

---

34 Vgl. Rick Perry von Texas während des Wahlkampfes um die US-Präsidentschaft im Jahr 2008: „Rick Perry of Texas told a gathering of Christian conservatives that Mormonism is ‚a cult' and that ‚Mitt Romney is not a Christian.'" (NY Times, As Rivalry Tightens, Romney is Reflective, 13.12.2011)
35 Fowler, Religion, 67.
36 Ebd.
37 May, Dean L, Mormons, in: Eliason, Mormons and Mormonism, 47–75, hier: 47.

Lage und die damit verbundenen negativen Erlebnisse mithilfe einer biblischen Erzählung und legte somit Rechenschaft über die gegenwärtige Lage mitsamt ihren Herausforderungen ab. „They [The Mormons] in fact re-enacted in the sociologically conducive conditions of nineteenth-century America the experience of the biblical Hebrews, whom they sought to emulate."[38]

Diese bedrohende Erfahrung gepaart mit der Selbstidentifikation der Mormonen mit der biblischen Exodus-Erzählung führte zu einer starken gemeinschaftlichen Bindung und einem außerordentlichen Erwählungsbewusstsein. Wenngleich Mormonen von politischen Ämtern noch lange Zeit ausgeschlossen waren (als Reed Smooth 1903 als US-Senator gewählt wurde, wurde er noch bis 1907 nicht zugelassen) und mitunter durch christliche Propaganda schwer diffamiert wurden[39], entwickelten sich die mormonischen Staatsbürger der USA zu einer nicht zu unterschätzenden Wählergruppe. Ihre streng konservativen Werte für Familie, moralischer Konservatismus und ihr Engagement in der Bildung einer fundamental christlichen Gesellschaft werden durch die Erwählungsüberzeugung noch verstärkt: „Mormons are especially likely to vote, and they tend to be more conservative than the population as a whole on almost every political issue."[40] Durch die straffe Organisation der LDS-Church mit ihrer strengen Hierarchie und einem ekklesiologischen Bewusstsein, das den mormonischen Präsidenten (seit 1955[41] wird dieser mit einem lebenden Propheten identifiziert) in seinen Aussagen mit dem Status einer göttlichen Offenbarung gleichsetzt, etablierte sich die LDS-Church als eine wesentliche Größe in der US-amerikanischen Politik. Als zentrales Beispiel kann hier die Abstimmung über den Verfassungszusatz zur Gleichbehandlung der Frauen (Equal Rights Amendment – ERA) gesehen werden. Auf-

---

38 O'Dea, Thomas F./O'Dea Aviad, Janet, The Sociology of Religion, Englewood Cliffs ² 1983, 86.
39 Vgl. May, Mormons, 55f.
40 Fowler, Religion, 68.
41 Young, Neil J., „The ERA Is a Moral Issue": The Mormon Church, LDS Women and the Defeat of the Equal Rights Amendment, in: ., Griffith, R. Marie/Melani McAlister (Hg.), Religion and Politics in the U.S, Johns Hopkins University 2008, 97–118, hier: 101f.

American History „Exodus"

grund theologischer Bedenken[42] stellte sich der damalige Prophet der Mormonen, Spencer Kimball, gegen den Zusatz zur amerikanischen Verfassung und beeinflusste somit einen Großteil seiner mormonischen Glaubensbrüder und –schwestern. Durch die konzentrierte Besiedelung einiger US-amerikanischer Bundesstaaten mit Mormonen – auch ein Resultat ihres Exodus – waren die Mitglieder in der Lage, das Equal Rights Amendment (ERA) zu stürzen. „With just 2.7 million U.S. members by 1980, the Mormon Church could have little influence in a presidential election. But the localized process of ratification carried out in fifty state legislatures meant that the church was able to focus on states where it could be most effective."[43] Mormonen, unter ihnen auch hunderttausende Frauen, fühlten sich von Gott dazu berufen, gegen die Gleichbehandlung der Frauen, die in der mormonischen Theologie in ihrer Rolle und Wertigkeit von Männern unterschieden werden, vorzugehen. „Most women ... believed that this was not a voluntary decision, but a calling from God ... And Mormon women seized the opportunity to serve their church, accepting a political mission wrapped in a discourse of religious calling."[44] Als die Petition für den Gesetzeszusatz bis zum letzten Termin am 30. Juni 1982 die erforderliche Anzahl an amerikanischen Bundesstaaten nicht erreichte, war das Schicksal des Zusatzes besiegelt. Dabei wurde nicht nur die paradoxe Stellung mormonischer Frauen deutlich. „In opposing equality for American women, Mormon women grabbed a little more power and opportunity for themselves."[45] Es wurde zudem deutlich, dass die starke Gruppenidentität der mormonischen Gemeinschaft, die durch ihre Exodus-Erfahrung und die Identifikation damit besonders gestärkt wurde, eine zentrale politische Kraft in den USA geworden ist. Auch wenn die Mitglieder der LDS-Church nur in gewissen Gebieten der USA zahlreich angesiedelt sind, so sind sie in der Lage, Einfluss auf die gesellschaftliche Gestaltung der USA zu nehmen. „Mormon leaders encourage involvement in politics and foster a setting where conservative values and politics are a way of

---

42   Vgl. ebd. 104–106.
43   Ebd. 103.
44   Ebd. 109.
45   Ebd. 115.

life."⁴⁶ Auch dieses Beispiel aus der US-amerikanischen Geschichte macht deutlich, welch starke Wirkung die Exodus-Erzählung auf die Gruppenidentität von Menschen haben kann. Dabei wird nämlich nicht nur die prekäre Gegenwart religiös interpretiert, sondern auch ein wesentlicher Grundstein für einen starken Gruppenzusammenhalt gelegt. „Tales of ‚the exodus' or ‚the track' occupy a large place in Mormon folk tradition ... most Mormons can recall stories of sacrifice and heroism associated with this experience."⁴⁷ Das Beispiel des Equal Rights Amendments verweist erneut (ähnlich der Civil Religion) auf die politischen Auswirkungen der Exodus-Identitäten hin. Die Identifikation mit dem Israel, das in Ägypten unterdrückt wurde, dann aber in einem göttlichen Erwählungsvorgang in das verheißene Land einzieht, ist der zentrale Code, der für den starken Aktivismus in der tätigen Mitgestaltung der konservativen amerikanischen Gesellschaft durch die Mormonen die Richtung vorgab. Heute stellt die mormonische Gemeinschaft eine wichtige Wählergruppe der GOP, der republikanischen Partei in den USA, dar. In der Präsidentschaftswahl von 2008 unterstützten 88% der Mormonen den republikanischen Kandidaten John McCain. „Mormons are destinctively Republican in their party affiliation and voting behavior; they are an even more reliable part of the GOP base than evangelical Protestants."⁴⁸ Dies führt in weiterer Folge dazu, dass die Interessen und Werte, welche zentral für die mormonische Lebensführung sind, auch im aufkommenden Wahlkampf um die Präsidentschaft in den USA 2012 von allen Kandidaten berücksichtigt werden müssen.

III. „I have been to the Mountaintop ...!" – M. Luther King. Jr. und der „Black Exodus"

Nicht nur die US-amerikanische Nation stand unter Schock, als Dr. Martin Luther King Jr. am 4. April 1968 in Memphis, Tennessee, erschossen wurde. Seine letzte Predigt, die er in Memphis in der be-

---

46 Fowler, Religion, 68.
47 May, Mormons, 50.
48 Fowler, Religion 68.

rühmten Mason Temple Church hielt[49], wurde daraufhin zum sinnbildlichen Ausdruck der Theologie und des Selbstverständnisses von King. In dieser Rede nahm King deutlich Bezug auf eine mit der Exodus-Tradition wesentlich verbundenen Figur und ihr Schicksal, nämlich der Person des Mose.[50] King interpretierte sich selbst in einer Analogie zu Mose und zu dessen Führungsschicksal am Ende der Wüstenwanderung der Israeliten. Mose durfte das Heilige Land schauen, nicht aber betreten – es schien, als hätte Martin Luther King Jr. seinen Tod geahnt und im Schlussteil[51] dieser Rede verarbeitet.

Diese Selbstinterpretation Kings als eine analoge Führungsfigur zu Mose war nicht ein theologisches Novum, sondern passte in die lange Tradition afroamerikanischer Theologie und der religiösen Selbstidentifikation schwarzafrikanischer Bürger der USA.[52] Obwohl die Sklaverei offiziell schon abgeschafft war, lebten afroamerikanische Bürgerinnen und Bürger immer noch am Rande der Gesellschaft. In dieser segregierten Stellung in der Öffentlichkeit nutzten die bibeltreuen schwarzafrikanischen Christinnen und Christen die Exodus-Storyline, um ihren persönlichen und gruppenspezifischen Leidensweg zu interpretieren und sich gleichzeitig mit dem erwähl-

49 Vgl. Garrow, David J., Martin Luther King Jr.'s Leadership, in: Allitt, Major Problems, 379–384, hier: 383.
50 Vgl. Dtn 34, 1–5.
51 „We've got some difficult days ahead. But it doesn't matter with me now. Because I've been to the mountaintop. And I don't mind. Like anybody, I would like to live a long life. Longevity has its place. But I'm not concerned about that now. I just want to do God's will. And He's allowed me to go up to the mountain. And I've looked over. And I've seen the promised land. I may not get there with you. But I want you to know tonight, that we, as a people, will get to the promised land. And I'm happy, tonight. I'm not worried about anything. I'm not fearing any man. Mine eyes have seen the glory of the coming of the Lord." (zitiert nach: Allitt, Major Problems, 384)
52 „… by appropriating the stories of the Bible, especially that of Exodus, to their own story, black Christians articulated their sense of peoplehood. Exodus came to symbolize their common history and common destiny. Their identity as a specially chosen, divinely-favored people stood in stark contrast to the racist doctrine depicting them as inferior to whites" (Raboteau, Albert J., Down at the Cross: African-American Spirituality (U.S. Catholic Historian Vol. 8/1–2, o.O. 1989, 33–38), hier: 34)

ten, aber in ägyptischer Sklaverei befindlichem Israel zu identifizieren. „Diese Glaubensüberzeugung ... lässt nicht nur ihre Hoffnung und Zuversicht mitten in der Wüste der Segregation aufblühen, sondern ermutigt sie, für ihre Rechte auf die Straße zu gehen."[53] Auch wenn schon während der Zeit der Sklaverei die Exodus-Erzählung einen wichtigen Vergleich für die schwarzafrikanische Spiritualität darstellt[54], blieb das Motiv auch während der rassistischen Trennung von farbigen und weißen US-Bürgerinnen und Bürgern vorhanden.[55] Martin Luther King Jr. nahm dieses Motiv in seine christozentrische Kreuzestheologie[56] auf, die weiter vom „social gospel" des Walther Rauschenbusch, dem gewaltfreien Widerstand des Mahatma Ghandi, dem Personalismus von Edgar Brightman und nicht zuletzt dem postliberalen christlichen Realismus von Reinhold Niebuhr geprägt war[57]. Damit gelang es King Jr., das zugrunde liegende Exodus-Motiv neu zu interpretieren und zu einem politischen Aktivismus zu erweitern: „King's activist politics is biblical in its origin and evangelical in its method. While his method of non-violence was learned from Ghandi, his method of organizing was shaped in part by [evangelicals like] Billy Graham."[58] Die christozentrische Theologie von King, wie auch die Selbstinterpretation der Mitstreiter der schwarzafrikanischen Bürgerrechtsbewegung, basieren auf dem Motiv des israelitischen Exodus. Diese Interpretation kann als eine situationsspezifische Aktualisierung des biblischen Erzählmotivs innerhalb der schwarzafrikanischen Christengemeinde der USA gesehen werden: „From the beginning African American Christianity has emphasized an image of God as a consoler as well as a liberator of the oppressed. In this sense religion can be a vehicle of hope for the weary and the downtrodden ..."[59]

---

53 Grasser, Black Exodus, 50.
54 Vgl. Tindall, George B., The Liberian Exodus of 1878 (The South Carolina Historical Magazine Vol. 53/3), Charleston 1952, 133–145.
55 Vgl. Raboteau, Down at the Cross, 36.
56 Vgl. Heltzel, Peter G., Jesus and Justice. Evangelicals, Race, and American Politics, New Haven/London 2009, 45–70.
57 Vgl. Noll, Mark A., God and Race in American Politics, Princeton 2008, 107–111.
58 Heltzel, Jesus and Justice, 59.
59 Fowler, Religion, 278.

American History „Exodus"

Martin Luther King Jr. war nicht derjenige, der die Aktualisierung des Exodus-Motives in der schwarzafrikanischen Tradition in Gang gesetzt hat – jedoch war er theologisch in der Lage, diese Storyline politisch zu aktivieren und seine Mitstreiter zu mobilisieren. Die Identifikation mit dem erwählten, jedoch unterdrückten Volk Israel, das durch eine charismatische Führungsgestalt in die Freiheit zieht, war wohl das stärkste Motiv des Civil-Rights-Movements, ohne die christliche Interpretation dieses Motivs[60] zu vergessen. „It (African-American spirituality] is the product of a slave community that found consolation, hope and inspiration in the sufferings of Jesus Christ and in the Exodus story of the people of Israel."[61]

Dieses Motiv wurde auch wieder während der Präsidentschaft Barack Obamas aufgegriffen. So schreibt Earl Olaf Hutchinson am 17. Januar 2011 in der Huffington Post: „President Obama Does Fulfill King's Dream!"[62] Barack Obamas Wertschätzung für die Bürgerrechtsbewegung, die er in zahlreichen Reden betont hatte, wird von Hutchinson in eine innere Dynamik mit der Person Martin Luther King's gebracht. Damit kann Obama, um im biblischen Bild zu bleiben, als der neue Josua interpretiert werden, der die Mission des Moses vollendet. Obama, als der erste farbige Präsident der USA, der in seinem Wahlkampf auch durch zahlreiche schwarzafrikanische Baptistengemeinden unterstützt wurde, dient somit in der Identifikationsgeschichte der schwarzen amerikanischen Bevölkerung als eine neue Führungsperson, die in einem inneren Verhältnis zu Martin Luther King Jr. steht. Wenn King am Vorabend seines Todes das Bild des streitenden Mose, der die Israeliten aus der Knechtschaft Ägyptens geführt hat, mit sich identifiziert (und damit das kollektive Identifikationsgeschehen der schwarzen US-Bevölkerung bestätigt), so wird auch Obama von einigen Vertretern dieser Tradition in diesen kollektiven Vorgang integriert. Es bleibt abzuwarten, wie sich diese Perspektive entwickelt, doch zeigt sich hier deutlich, dass das Motiv des Exodus weiterhin vorhanden ist

---

60 Vgl. Heltzel, Jesus and Justice, 47–53.
61 Witvliet, Theo, Exodus in the African-American Experience, in: Religious Identity and the Invention of Tradition, edited by Jan Willem van Henten and Anton Houtepen, Assen 2001, 191–206, hier: 193.
62 www.huffingtonpost.com/earl-ofari-hutchinson/president-obama-does-fulf_b_809124.html (Zugriff am 04.01.2012)

und lebendig das Leben weiter Teile der USA begleitet. Ebenso wie die mormonische Aktualisierung des Exodus-Geschehens, bildet auch die Debatte um schwarzafrikanische Personen in öffentlichen Diensten ein gegenwärtig virulentes Szenario, in dem die biblische Verantwortungsstrategie ihre Nachwirkungen hat[63].

IV. Comicbücher als Ausdruck jüdischer Exodus-Identität

Als im Jahre 1938 das erste Comicbuch mit dem Titelhelden „Superman" gedruckt wurde[64], ahnte noch niemand, welch großartige Heldenfigur die beiden High-School-Schüler Jerry Siegel und Joe Shuster bereits 1933 entworfen hatten. Die Idee zu diesem Helden, der in zahlreichen Videospielen, Büchern und Filmen die Titelrolle spielt, kam Jerry Siegel während einer Sommernacht 1933. Er hatte Probleme einzuschlafen und sehnte sich einen Helden herbei, der nicht nur stärker als alle anderen Menschen war, sondern auch fliegen konnte und dadurch einen besonderen Schutz für die Menschen darstellte. „Superman actualized the adolescent power fantasies of its creators – two Jewish Depression kids craving a muscle-bound redeemer to liberate them from the social and economic impoverishment of their lives."[65] Diese jungen Menschen sehnten sich in einer Zeit der bedrückenden Wirtschaftskrise und angesichts der am Horizont heranziehenden Wolken eines Weltkrieges nach einer Figur, die schützend und befreiend für unterdrückte Menschen wirkte.[66] Dazu vereinigten

---

63 „… at the beginning of a new millenium, in a situation marked by individualism and globalisation, by cultural differences and hybridisation, the significance of the Exodus story is far more difficult to grasp. Nevertheless, the Exodus motif has not disappeared from the minds of people of African descent, and it will not disappear as long as white racism pervades the western world." (Witvliet, Exodus, 204)

64 Vgl. Kaplan, Arie, From Krakow to Krypton: Jews and Comic Books, Dulles 2008, 17.

65 Kaplan, Arie, How the Jews created the comic book industry. Part I: The Golden Age (1933–1955), in: Reform Judaism Magazine. http://reformjudaismmag.net/03fall/comics.shtml (Zugriff am 05.01.2012)

66 Vgl. Levitz, Paul, 75 Years of DC Comics. Die Kunst, modern Mythen zu schaffen, Köln 2010, 13.

sie in ihrem fantasievollen Entwurf drei besondere Gestalten ihrer jüdischen Tradition: zum Einen die mythische Figur des starken, wenn auch schwer zu beherrschenden Golem, der im mittelalterlichen Prag die Juden gegen Angreifer schützt. Zum Anderen griffen Shuster und Siegel aber auch auf biblische Traditionen zurück: Hier ist ebenso die Gestalt des Richters Simson[67] zu nennen, aber zentral ist auch die biblische Figur des Mose, der während seiner Kindheit durch die Vorsehung Gottes gerettet wird[68] und zum fundamentalen Führer der Israeliten in einem fremden Land avanciert[69]. „Superman mischte grundlegende Bausteine menschlichen Wunschdenkens auf eine neue Art zusammen … Supermans körperliche Fähigkeit, Lösungen in die Tat umzusetzen, von denen gewöhnliche Sterbliche nur träumen konnten, war ein Dauerbrenner."[70] In einer nicht nur für Juden in antisemitischen Gebieten gefährlichen Epoche, schien die Zeit reif zu sein, um eine neue Heldenfigur zu schaffen. Die biblische Tradition wurde kreativ in die neue Storyline eingebaut: „Man füge noch einen Schuss Moses im Weizenkörbchen hinzu – in moderner Form als Kind, das in eine Rakete gesetzt wird, um es vor der Explosion seines Heimatplaneten zu retten … und fertig war der Held."[71] Die Hauptfigur wurde noch mit einem sprechenden, hebräischen Namen, nämlich Kal-El („All das ist Gott") versehen und gelangte durch diese wundersame Rettung auf die Erde, wobei die Bevölkerung seines Heimatplaneten, ein Volk brillanter Wissenschaftler, vernichtet wird.[72] Die bleibende Fremdheit, die Superman alias Clark Kent auf der Erde dauerhaft durchlebt, wurde von Jules Feiffer auch als eine explizit jüdische Interpretation in Zeiten jüdischer Emigration aus Europa gedeutet.[73] „It wasn't Krypton that Superman came from; it was the planet Minsk or Lodz or Vilna or Warsaw."[74]

67 Vgl. Ri 13–16
68 Vgl. Ex 2,1–10
69 Vgl. Ex 3ff
70 Levitz, DC Comics, 14.
71 Ebd.
72 Vgl. Kaplan, http://reformjudaismmag.net/03fall/comics.shtml (Zugriff am 05.01.2012)
73 Vgl. Feiffer, Jules, The Minsk Theory of Krypton, in: New York Times Magazine (29.12.1996) 14f.
74 Ebd.

Hier wird deutlich, dass Jerry Siegel und Joe Shuster aus dem reichen Schatz jüdischer und biblischer Geschichten eine kreative Mischung aktualisierten, um die prekäre Situation der damaligen Zeit umzudeuten. Der Identifikationsprozess, den Superman auf der fremden Erde durchgemacht hat, wurde zu einem Paradigma für die ausgewanderten jüdischen Europäer: „Superman was the ultimate assimilationist fantasy ... Siegel's poetic construct spread outward, beyond Jews and other minorities, to the blond, blue-eyed hunks that we envied and wished to be. America cloned itself into a country made up of millions of Clark Kents."[75] Die Situation, vor die jüdische Menschen in der damaligen Zeit gestellt waren, hatte zur Folge, dass die althergebrachten Erzählmotive aktualisiert und kreativ auf die gegenwärtige Zeit umgedeutet wurden, um eine Grammatik für konstruktive Identitätsarbeit zu entwickeln[76]. Mithilfe dieser neugewandten Story versuchten die Autoren und Leser ihre eigene Situation zu verarbeiten und ihren Platz in der Geschichte und Gesellschaft den negativen Umständen zum Trotz zu verantworten. Das Exodus-Motiv taucht auch hier wieder als fruchtbringendes Element einer gruppenspezifischen Identitätskonstruktion auf: „It was a perfect fit, given the centrality of storytelling in Jewish culture: We are people of the Book; we are storytellers essentially and anyone who's expressed to Jewish culture, I think, walks away for the rest of his life with an instinct for telling stories."[77]

Die bleibende Kraft der Exodus-Story

Die behandelten Beispiele können als US-amerikanische Schlaglichter der Erfolgsgeschichte von Identitätsarbeit mithilfe der Exodus-Geschichte angesehen werden. Äußere Umstände stellen in nicht wenigen Situationen für Gemeinschaften und Individuen Heraus-

---

75 Ebd.
76 Vgl. Fina, Anna de, Identity in Narrative. A Study of Immigrant Discourse, Amsterdam/Philadelphia 2003, 15–31.
77 Eisner, Will. Zitiert nach: Kaplan, Arie, How the Jews created the comic book industry. Part I: The Golden Age (1933–1955), in: Reform Judaism Magazine. http://reformjudaismmag.net/03fall/comics.shtml (Zugriff am 05.01.2012)

forderungen an ihre persönliche Integrität und Selbsteinschätzung dar. Dabei fällt aber den betroffenen Menschen auch die Verantwortungsarbeit zu, d. h. die Art und Weise, wie sie sich selbst und ihre Rolle in einem jeweiligen Kontext sehen. Das Verantworten der persönlichen Lage ist eine nicht zu unterschätzende Herausforderung, die immer wieder eine tatsächliche Infragestellung der Identität der eigenen Person/Gruppierung beinhaltet. „Exodus anerkennt Israels Identität aus menschlicher Abhängigkeit und Ohnmacht."[78]

Das Exodus-Motiv wird oftmals in einem gewissen Anachronismus verwendet, der sein Aktualität und sein vielseitiges Potential in moderner Zeit außer Acht lässt. Doch lassen gerade die hier angesprochenen Situationen (religiös, politisch & ethnisch) einerseits die Mannigfaltigkeit der potentiellen Anwendungsbereiche der Exodus-Erzählung aufscheinen, andererseits weisen aber auch alle eine zentrale Verbindung zu aktuellen Geschehnissen in der US-Amerikanischen Politik, (Populär-)Kultur und Religion auf. Vielleicht, folgt man dem französischen Denker Jean-Francois Lyotard[79], ist die Zeit der großen Erzählungen, der umfassenden Wissenssysteme, vorbei, so scheinen aber gerade die kreativen Anwendungen bestehender Motive auf die Gegenwart weiterhin besonders relevant für die menschliche Identität zu sein. „Wie Gesellschaften mit den Grenzen der eigenen Macht umgehen, bleibt eine politische und sozialpsychologische Wegsuche zwischen Selbstunterwerfung und Allmachtswahn. Das 20. Jh. hat dafür zahlreiche Beispiele geliefert, und aus dieser Problematik resultierende Kriege setzten sich fort."[80] Die narrative Erschließung menschlicher Identität und Gruppenverständnisses mit der Exodus-Storyline ermöglicht eine Dynamik und Beständigkeit in der Bildung und Veränderung eines jeweiligen Selbstbildes. Die Art und Weise, wie man seine persönliche Situation, die eigene Rolle, Entscheidungen und Handlungen verantwortet, kann damit in der Verbindung zu solchen Erzählungen beeinflusst werden: „Identities change and evolve according to situations, interlocutors and contexts, ways in which identities

---

78 Fischer/Markl, Das Buch Exodus, 402.
79 Vgl. Lyotard, Jean-Francois, Das postmoderne Wissen. Ein Bericht, herausgegeben von Peter Engelmann, Wien ⁴1999.
80 Fischer/Markl, Das Buch Exodus, 402f.

are created, imposed, enjoined, or repressed through social institutions and interactions."[81] Die Exodus-Erzählung ist keinesfalls die einzige solcher Erzählmotive, die auf die unterschiedlichsten Zeiten und Kontexte der Menschen angewendet werden kann. Jedoch sind ihre vielschichtigen Facetten ein besonders prägendes Element, die in der gruppenspezifischen Verantwortungsdynamik ihre Wirkung entfalten kann.

> Es ist eben dieser universale, dynamische und für die Zukunft offene Charakter, der den Exodus nicht nur zu einem biblischen Paradigma macht, sondern darüber hinaus überall dort zum Hoffnungsbild werden lässt, wo Unterdrückung und Unrechtsstrukturen herrschen ... Der Exodus entfaltet bis heute seine Wirkung![82]

Literatur

Allitt, Patrick (Hg.), Major Problems in American Religious History. Documents and Essays, Boston/New York 2000.

Bellah, Robert N., Civil Religion in America (Daedalus – Journal of the American Academy of Arts and Sciences Vol. 96/1), Cambridge 1967, 1–21.

Ebd. /Hammond, Philipp, Varieties of Civil Religion, Cambridge u.a. 1980

Berlinerblau, Jacques, Thumpin' It. The Use and Abuse of the Bible in Today's Presidential Politics, Louisville/London 2008.

Boyarin, Jonathan, Reading Exodus into History (New Literary History Vol. 23/3), Baltimore 1992, 523–554.

Davies, W. D., Reflections on the Mormon „Canon" (The Harvard Theological Review Vol. 79/ 1–3), Cambridge 1986, 44–66.

Feiffer, Jules, The Minsk Theory of Krypton, in: New York Times Magazine (29.12.1996) 14f.

Fina, Anna de, Identity in Narrative. A Study of Immigrant Discourse, Amsterdam/Philadelphia 2003.

Fischer, Georg/Markl Dominik, Das Buch Exodus (Neuer Stuttgarter Kommentar. Altes Testament Nr. 2), Stuttgart 2009.

Fowler, Robert B. u.a., Religion and Politics in America. Faith, Culture and Strategic Choices, Boulder/CO 2010.

---

81 Fina, Identity, 16.
82 Grasser, Black Exodus, 30.

Garrow, David J., Martin Luther King Jr.'s Leadership, in: Allitt, Major Problems, 379–384.

Grasser, Patrick, Black Exodus. Die schwarzafrikanische Bürgerrechtsbewegung als Aktualisierung des biblischen Exodus, Saarbrücken 2007.

Heltzel, Peter G., Jesus and Justice. Evangelicals, Race, and American Politics, New Haven/London 2009.

Kaplan, Arie, From Krakow to Krypton: Jews and Comic Books, Dulles 2008.

Kaplan, Arie, How the Jews created the comic book industry. Part I: The Golden Age (1933–1955), in: Reform Judaism Magazine. http://reformjudaismmag.net/03fall/comics.shtml (Zugriff am 05.01.2012)

Kaufmann, Joanne M./Johnson Catherine, Stigmatized Individuals and Identity (The Sociological Quarterly, Vol. 45/4), o.O. 2004, 807–833.

Kippenberg, Hans G., Einführung in die Religionswissenschaft, München 2003.

Knight, George A. F., Theology as Narration. A commentary on the book of Exodus, Grand Rapids 1976, IX.

Kottak, Conrad Phillip, Anthropology. The Exploration of Human Diversity, Boston u.a. ^{9} 2002.

Lyotard, Jean-Francois, Das postmoderne Wissen. Ein Bericht, herausgegeben von Peter Engelmann, Wien ^{4} 1999.

May, Dean L, Mormons, in: Eliason, Mormons and Mormonism, 47–75.

Müller-Fahrenholz, Geiko, In göttlicher Mission. Politik im Namen des Herrn – Warum George W. Bush die Welt erlösen will, München 2003.

Müller-Fahrenholz, Geiko, „Gott segne Amerika" Globalisierung – Religion und Politik in Amerika, in: Zager, Werner, Die Macht der Religion. Wie die Religionen die Politik beeinflussen, Neukirchen 2008, 13–35.

Noll, Mark A., God and Race in American Politics, Princeton 2008.

O'Dea, Thomas F./O'Dea Aviad, Janet, The Sociology of Religion, Englewood Cliffs ^{2} 1983.

Raboteau, Albert J., Down at the Cross: African-American Spirituality (U.S. Catholic Historian Vol. 8/1–2, o.O. 1989), 33–38.

Rorarius, Winfried, Was macht uns einzigartig? Zur Sonderstellung des Menschen, Darmstadt 2006.

Schieder, Rolf, Civil Religion. Die religiöse Dimension der politischen Kultur, Gütersloh 1987, 217–234.

Schiffrin, Deborah, Narrative as Self-Portrait. Sociolinguistic Constructions of Identity (Language and Society, Vol. 25/2), Cambridge 1996, 167–203.

Schmitt, Rainer, Exodus und Passah. Ihr Zusammenhang im Alten Testament, Freiburg/Göttingen 1975.

Shipps, Jan, Is Mormonism Christian? Reflections on a Complicated Question, in: Eliason, Eric A. (Hg.), Mormons and Mormonism. An Introduction to an American World Religion, Urbana/Chicago 2001, 76–98.

Sullyvan, Amy, Mitt Romney's Evangelical Problem. Quelle: www.washingtonmonthly.com/features/2005/0509.sullivan1.html (Zugriff am 03.01.2012).

Terrel, John, Storytelling and Prehistory (Archealogical Method and Theory, Vol. 2), o.O. 1990, 1–29.

Tindall, George B., The Liberian Exodus of 1878 (The South Carolina Historical Magazine Vol. 53/3), Charleston 1952, 133–145.

Waldman, Steven, Founding Faith. How Our Founding Fathers Forged a Radical New Approach to Religious Liberty, New York ² 2009.

Witvliet, Theo, Exodus in the African-American Experience, in: Religious Identity and the Invention of Tradition, edited by Jan Willem van Henten and Anton Houtepen, Assen 2001, 191–206.

Young, Neil J., „The ERA Is a Moral Issue": The Mormon Church, LDS Women and the Defeat of the Equal Rights Amendment, in: Griffith, R. Marie/Melani McAlister (Hg.), Religion and Politics in the U.S, Johns Hopkins University 2008, 97–118.

Online-Quellen

www.huffingtonpost.com/earl-ofari-hutchinson/president-obama-does-fulf_b_809124.html (Zugriff am 04.01.2012)

www.washingtonmonthly.com/features/2005/0509.sullivan1.html (Zugriff am 03.01.2012)

http://reformjudaismmag.net/03fall/comics.shtml (Zugriff am 05.01.2012)

Übersicht über die Veranstaltungen der Salzburger Hochschulwoche 2012
6. bis 12. August

Festrede

Hubert Wolf
„Die Kirche fürchtet gewiß nicht die Wahrheit,
die aus der Geschichte kommt" (Johannes Paul II).
Zur Verantwortung der Kirchengeschichte

Theologischer Preis

Hans Joas
Laudatio für José Vasanova zur Verleihung des
Theologischen Preises der Salzburger Hochschulwoche

José Casanova
Dankrede nach Verleihung des Theologischen Preises

Publikumspreis

Andreas Weiß
American History „Exodus"
Ein biblisches Erzählmotiv als identitätssichernde
Verantwortungsstrategie

Vorlesungen

Friedrich Wilhelm Graf
Die gesellschaftliche Verantwortung der Kirchen in der pluralistischen Moderne. Ihre Chancen, ihre Probleme und neuen Herausforderungen

Gregor Maria Hoff
Verantwortung des Glaubens –
Exposé einer messianischen Topologie

Armin Nassehi
Verantwortung versus Opportunität.
Ein Plädoyer für aufgeklärten Opportunismus

Heiner Bielefeldt
In „Anerkennung der inhäteren Würde aller Mitglieder der menschlichen Familie": Menschenrechte als Eckpunkte demokratischer Verantwortung

Markus Vogt
Verantworten – im Horizont demografischer Entwicklung

Martina Löw
Anpassung und Wirkung.
Anforderungen an Stadtentwicklung und Baukultur heute

Vorlesungen mit Kolloquium

Mark W. Roche
The Beautiful and the Ugly

Karin Wilkening
Verantwortung am Lebensende – gesellschaftliche, institutionelle und individuelle Herausforderungen und Chancen der Hospizbewegung

Rainer Hagencord
Die Gott-Ebenbildlichkeit des Menschen: Kein Persilschein,
sondern Auftrag

Martin Gehlen
Mit schwacher Stimme – der Arabische Frühling und seine Frauen

Kerstin Schmalenbach
Responsibility and Accountability – an International Law
Perspective

Peter Eigen
Good Governance for a Global Economy – the Contribution of
organised Civil Society in the Fight against Corruption

Workshops für Studierende

Regina Polak
Christ sein (neu) lernen: Gemeinden als Geburtsorte der Zukunft

Kristin F. Klindworth
Alternative Lifestyles – Islam, Femininity and Issues
of Responsibility

Lektüreseminar für Studierende

Andreas R. Batlogg
Karl Rahner: „Hörer des Wortes"

Die Autoren des Bandes

Prof. Dr. Hubert Wolf, Professor für Mittlere und Neuere Kirchengeschichte an der Universität Münster

Prof. Dr. Hans Joas, Soziologe und Sozialphilosoph, Fellow am Freiburg Institute for Advanced Studies (FRIAS) in Freiburg

Prof. Dr. José Casanova, Professor am Department of Sociology der Georgetown University, Washington, D.C., und Leiter des Berkley Center's Program on Globalization, Religion and the Secular

Prof. Dr. Friedrich Wilhelm Graf, Ordinarius für Systematische Theologie und Ethik an der Universität München

Univ.-Prof. Dr. Gregor Maria Hoff, Professor für Fundamentaltheologie und Ökumen. Theologie an der Paris-Lodron-Universität Salzburg

Prof. Dr. Armin Nassehi, Professor für Soziologie an der LMU München

Prof. Dr. Markus Vogt, Professor für Christliche Sozialethik an der Katholisch-Theologischen Fakultät der LMU München

Prof. Dr. Martina Löw, Professorin für Soziologie mit dem Schwerpunkt Stadt, Raum und Architektur an der TU Darmstadt

Mag. Andreas Weiß, Studium der Philosophie an der Katholischen Fakultät der Universität Salzburg. 2001–2012 Auslandsstudium an der Missouri State University, USA